Par les **compétences**

BTS 1re et 2e années **MUC**

Management des Unités Commerciales

Management et Gestion des Unités Commerciales

Patrick BEAUGRAND
Professeur agrégé d'économie et gestion

Brigitte DRUESNE
Professeur certifiée d'économie et de gestion

Nathan TECHNIQUE

Sommaire

Crédits photographiques

Couverture Robert Kneschke/Fotolia

5, 6, 7, 9 © Carrefour ; **8g** jerome berquez/Fotolia ; **8m** contrastwerkstatt/Fotolia ; **8d** Jeanette Dietl/Fotolia ; **18h** contrastwerkstatt/Fotolia ; **18m** maho/Fotolia ; **20** nyul/Fotolia ; **22** © IKKS ; **23h** zix777/Fotolia ; **23bg** taka/Fotolia ; **23bd** Jeanette Dietl/Fotolia ; **24** Kzenon/Fotolia ; **25** Stefan Gräf/Fotolia ; **26a** javiindy/Fotolia ; **26b** iko/Fotolia ; **26c** Jeanette Dietl/Fotolia ; **26d** Kurhan/Fotolia ; **27** contrastwerkstatt/Fotolia ; **33h** Vincent Rioult ; **33b** Adam Gregor/Fotolia ; **34** solivo/Fotolia ; **36** il-fede/Fotolia ; **39** Didier Maillac/REA ; **41** Jeanette Dietl/Fotolia ; **51h** vladimirfloyd/Fotolia ; **51b** WavebreakmediaMicro/Fotolia ; **53** Robert Kneschke/Fotolia ; **54** WavebreakMediaMicro/Fotolia ; **55h** queidea/Fotolia ; **55b** Stefano Tinti/Shutterstock ; **56h** kornienko/Fotolia ; **56b** sabine hürdler/Fotolia ; **66h** Tyler Olson/Fotolia ; **66b** WavebreakMediaMicro/Fotolia ; **67** Adam Gregor/Fotolia ; **68** Jenoche/Fotolia ; **69** Mikael Lever/Fotolia ; **71** pio3/Fotolia ; **75** © www.lineaires.com ; **76** JackF/Fotolia ; **77** © Système U ; **78** Terence Mendoza/Fotolia ; **87** homydesign/Fotolia ; **88** Monkey Business/Fotolia ; **89** Kruwt/Fotolia ; **91** adisa/Fotolia ; **92** Brad Pict/Fotolia ; **93** © MAIF ; **95** leungchopan/Fotolia ; **101** © Ça me regarde ; **103h** Andrey Rakhmatullin/Fotolia ; **103b** mediagram/Fotolia ; **107** © Advitam ; **108h** meailleluc.com/Fotolia ; **108b** Pictures news/Fotolia ; **109** Robert Wilson/Fotolia ; **115h** someman/Fotolia ; **115b** Lsantilli/Fotolia ; **118** M.studio/Fotolia ; **119h** Tilio & Paolo/Fotolia ; **119b** Elenathewise/Fotolia ; **120** tsach/Fotolia ; **127** geargodz/Fotolia ; **128** Monkey Business/Fotolia ; **130** Kzenon/Fotolia ; **131** adisa/Fotolia ; **132h** © Au pays de Nounours ; **132b** svetlana67/Fotolia ; **139** Schlierner/Fotolia ; **140** Markus Mainka/Fotolia ; **141** Giuseppe Porzani/Fotolia ; **143** © METRO ; **151h** Lana Langlois/Fotolia ; **152h** © BigMat France-Ezy-sur-Eure/Nantes ; **152b** Africa Studio/Fotolia ; **154h** stokkete/Fotolia ; **154b** canovass/Fotolia ; **155** Alex Tihonov/Fotolia ; **156** apops/Fotolia ; **157** serdarerenlere/Fotolia ; **165** Deyan Georgiev/Fotolia ; **166** Chekunov Alexandr/Fotolia ; **169** Nicolas Thibaut/Photononstop ; **170** LU0810/Fotolia ; **171** contrastwerkstatt/Fotolia ; **181** vectorass/Fotolia ; **182** © Gitem ; **184** chamillew/Fotolia ; **185** © Go Sport ; **193h** nikkytok/Fotolia ; **193b** misha_ru/Fotolia ; **195h** crzy77/Fotolia ; **195b** terex/Fotolia ; **197** Kzenon/Fotolia ; **198** scaliger/Fotolia ; **207h** © Élephant Bleu **; 207b** © Carrefour ; **208** © Laforêt ; **210** Friedberg/Fotolia ; **211** Lydie Lecarpentier/REA ; **212** © Auchan ; **223h** shock/Fotolia ; **223b** Gennadiy Poznyakov/Fotolia ; **224** Production Perig/Fotolia ; **225h** celeste clochard/Fotolia ; **225b** Nomad_Soul/Fotolia ; **226h** hati/Fotolia ; **226b** Africa Studio/Fotolia ; **227** xy/Fotolia ; **228** sarymsakov.com/Fotolia ; **235** Budimir Jevtic/Fotolia ; **237** celiafoto/Fotolia ; **238** Tyler Olson/Fotolia.

Édition : Julie Besné, Isabelle Remy
Conception maquette : Anne-Danielle Naname
Conception couverture : Vincent Rioult
Infographies : Nathalie Guéveneux Nourry, Vincent Landrin
Mise en pages : Domino
Fabrication : Olivier Le Gall
Recherche iconographique : Claire Balladur
Logos : Lucas Cholewa

ISBN : 978-2-09-163788-4

Chapitre 1

Déterminer les besoins en ressources humaines et recruter

C. 111 Déterminer les besoins en ressources humaines de l'unité commerciale
C. 112 Recruter

Situation

Nom : Carrefour Market (deuxième enseigne de supermarchés en France)

Parc de supermarchés en France : environ 1 000

Magasins : environ 60 % intégrés et 40 % franchisés

Superficie moyenne : 2 000 m²

CA : entre 7 et 45 M€

Effectif moyen : 40 salariés

Nombre de références : 12 000 à 23 000

Vous assistez le directeur d'un supermarché Carrefour Market situé dans la région d'Argelès-sur-Mer. Cette station balnéaire et touristique est la plus importante de la côte catalane française. Chaque été, sa population est multipliée par dix. L'équipement commercial de la zone d'Argelès-sur-Mer et des villes voisines est dense. Il compte une quarantaine de supérettes, supermarchés et hypermarchés.

Comme chaque année, le directeur du point de vente doit renforcer l'équipe de caisse et estimer le nombre d'employés supplémentaires à recruter pour les mois de juillet et août N. Il doit également préparer et prendre en charge le recrutement des nouveaux hôtes/hôtesses de caisse. Il vous sollicite pour l'aider dans cette démarche.

Annexe 1 Composition et organisation de l'équipe de caisse

Hors saison estivale, l'équipe de caisse comprend 10 employés en CDI, à temps partiel de 26 heures.

Pour la période estivale, il a été demandé aux employés de décaler leurs congés. Il ne leur est pas demandé de faire des heures complémentaires*.

Les recrutements prévus seront des contrats de 26 heures par semaine.

** Les heures complémentaires sont les heures effectuées par un salarié à temps partiel au-delà de la durée normale prévue par son contrat de travail et sans lui faire atteindre l'horaire légal de 35 heures/semaine.*

Annexe 2 Le fonctionnement des caisses en juillet-août N[1]

Horaires d'ouverture : du lundi au samedi de 8 h 30-20 h 00	
Jours de **forte affluence** : lundi, vendredi, samedi	7 caisses ouvertes[2]
Jour de **moyenne affluence** : mercredi	5 caisses ouvertes[2]
Jours de **faible affluence** : mardi, jeudi	3 caisses ouvertes[2]

1. Ces prévisions sont établies sur la base des ventes et des flux clients de l'année précédente.
2. Par souci de simplification, on considère que l'ouverture des caisses se fait sur toute l'amplitude d'ouverture du magasin.

Annexe 3 Site recrute.carrefour.fr

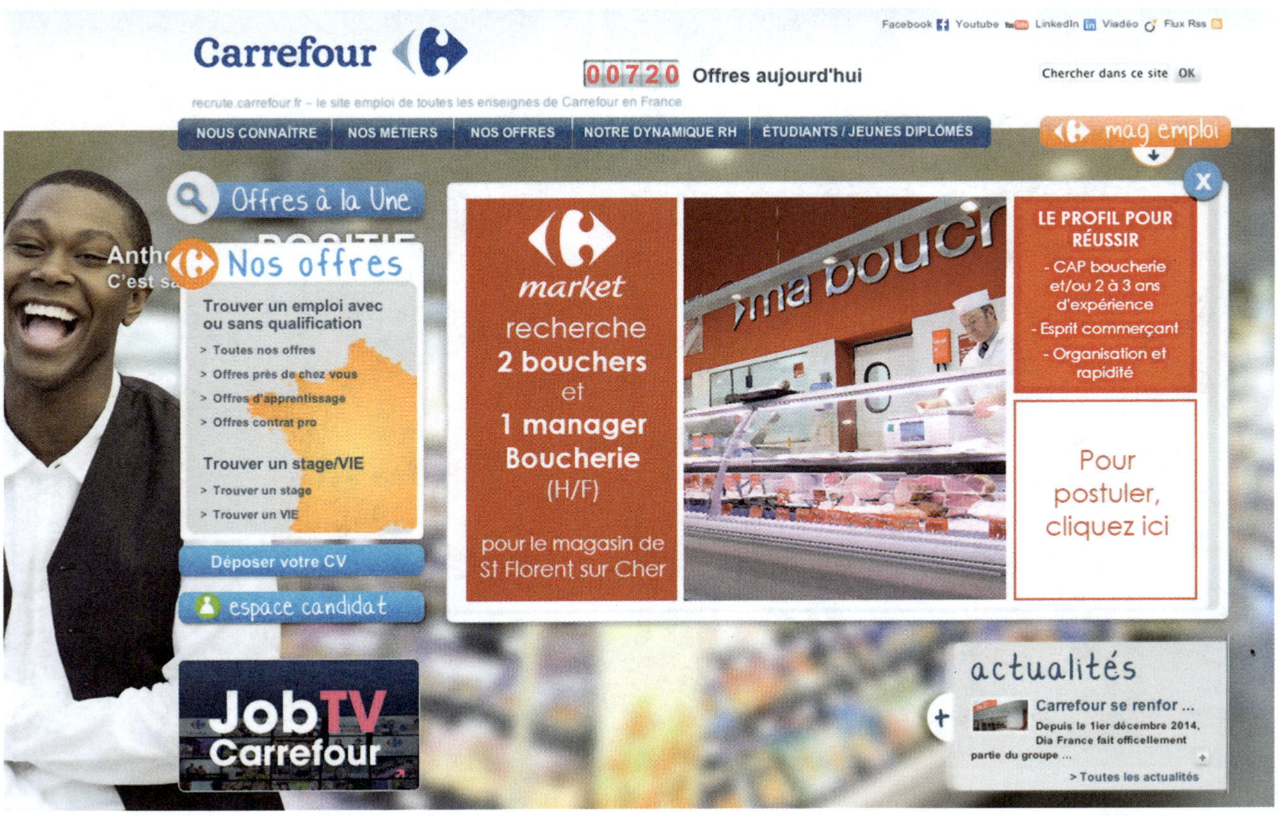

Annexe 4 **Fiche de poste d'un(e) hôte/hôtesse de caisse**

Description du poste

L'hôte/hôtesse de caisse accueille et renseigne le client, assure l'enregistrement et l'encaissement des produits en caisse afin d'optimiser la durée du passage.

Carrefour market

Missions et activités

- **Accueillir la clientèle :** créer une relation de confiance, informer sur les promotions du jour, écouter attentivement les remarques du client, y répondre avec tact et les transmettre à la hiérarchie, tenir sa caisse propre, porter la tenue du magasin.
- **Tenir et gérer la caisse :** veiller à un enregistrement rapide des achats, manipuler les produits avec soin, vérifier que tous les articles ont bien été enregistrés, signaler les articles abandonnés en caisse.
- **Fidéliser la clientèle :** faire bénéficier des avantages des programmes de fidélité aux porteurs de la carte du magasin, faire adhérer les non-porteurs en argumentant sur les avantages de la carte.
- **Respecter les procédures :** respecter les procédures d'encaissement et les consignes de sécurité concernant la manipulation des fonds.

Formation

Pas de formation spécifique requise. Une première expérience de la tenue de caisse est souhaitable.

Qualités et compétences requises

Amabilité, sérieux, rigueur, assiduité, ponctualité, honnêteté, sens du service au client, sens de l'écoute, bonne présentation, esprit d'équipe.

Caractéristiques du poste

- **Type de contrat :** CDD à temps partiel, 26 heures/semaine du lundi au samedi, avec 1 jour de repos dans la semaine
- **Durée :** 2 mois
- **Date de début :** 01/07/N
- **Rémunération :** SMIC horaire brut (9,61 €)

Avantages d'un salarié chez Carrefour Market

- Ambiance de travail conviviale et multiculturelle
- Politique de rémunération attractive : salaire de base + 13e mois + prime de vacances + intéressement + participation + avantages sociaux
- Politique active de formation professionnelle et de mobilité interne
- Perspectives d'évolution au sein du groupe

Annexe 5 Synthèse des candidatures au poste d'hôte/hôtesse de caisse

Le directeur a retenu trois candidatures susceptibles de convenir pour l'un des postes à pourvoir. Les différentes informations collectées dans les CV, lettres de motivation et entretiens téléphoniques sont synthétisées ci-dessous.

Claire Zalat	Jérôme Binet	Karima Hassan

20 ans CAP Employé de commerce multi-spécialités	18 ans CAP Employé de vente spécialisé	25 ans Bac pro Commerce
	Expérience professionnelle	
• Vendeuse textile dans un hypermarché Auchan (CDD, 1 an) • Vendeuse chez Caroll (CDD, 6 mois) • Divers stages dans le commerce spécialisé	• Stages effectués dans le cadre du CAP chez Videogame et à l'Espace Culturel Leclerc • Hôte de caisse chez Match (CDD, 1 mois)	• Au chômage depuis 1 an • Vendeuse chez Kiabi (CDI, 5 ans) • Plusieurs stages de vente dans des boutiques spécialisées de prêt-à-porter
	Compétences	
• Réception et stockage des marchandises en réserve. • Approvisionnement des rayons. • Accueil des clients, identification des besoins et mise en avant des qualités des produits. • Encaissement.	• Approvisionnement, gestion des produits, présentation marchande, accueil, information, conseil des clients, vente. • Tenue de caisse : enregistrement et encaissement, respect des procédures de caisse. • Fidélisation.	• Approvisionnement, vente, gestion commerciale, animation sur le lieu de vente. • Encaissement. • Fidélisation.
	Qualités déclarées	
Sérieuse, ponctuelle, assidue, rigoureuse.	Sens du contact client, dynamisme, amabilité.	Autonomie, enthousiasme, sociabilité.
	Entretien téléphonique	
• N'a pas le permis. • Réside à 20 km d'Argelès. • Bonne impression générale.	• Possède un scooter. • Réside à 5 km. • Impression mitigée : semble peu motivé.	• Permis B • Possède une voiture. • Semble très motivée pour le poste.

Annexe 6 L'accueil et l'intégration des nouveaux salariés chez Carrefour

Vous sentir bien chez Carrefour dès le premier jour

Carrefour se mobilise pour que vous puissiez réussir dans votre métier et développer vos savoir-faire dès votre premier jour parmi nos équipes.

Un tuteur pour vous guider

Dès votre arrivée, vous serez accueilli par un tuteur, formé spécialement pour vous accompagner. Il vous expliquera le fonctionnement du magasin, vous présentera à vos collègues et vous remettra également votre tenue de travail. Celle qui fera officiellement de vous un ambassadeur Carrefour auprès de nos clients.

Présent à vos côtés chaque jour, **votre tuteur vous aidera dans l'apprentissage de votre métier jusqu'à ce que vous deveniez autonome.**

Des formations régulières

Il est important que vous soyez à l'aise dans votre métier, dès vos débuts. Lorsque vous rejoindrez Carrefour, des formations propres à votre poste vous seront proposées. Il peut s'agir de l'apprentissage d'une technique ou d'un outil dont vous aurez à vous servir.

Par la suite, vous pourrez suivre des formations tout au long de votre carrière. Elles vous permettront d'approfondir vos compétences, d'acquérir un diplôme complémentaire ou encore d'évoluer vers un autre métier.

http://recrute.carrefour.fr/integration-cap

Travail à faire

1 Comprendre le contexte

a. **Pourquoi le directeur du supermarché Carrefour Market doit-il renforcer son équipe de caisse ?**

b. **Le recrutement de personnel supplémentaire est-il le seul moyen de faire face aux pics d'activité saisonnière ?**

2 Évaluer le besoin en personnel supplémentaire

a. **Déterminez le volume d'heures disponible hors saison estivale pour l'équipe de caisse.**

b. **Calculez le temps nécessaire en heures pour assurer la tenue des caisses en juillet et août N.**

c. **Évaluez le besoin en heures et le nombre de caissiers/caissières à recruter pour cette période.**

Annexe 1 · Composition et organisation de l'équipe de caisse
Annexe 2 · Le fonctionnement des caisses en juillet-août N
Fiche ressource 1 · Le diagnostic des besoins en personnel

•••

• • •

3 Choisir un type de contrat

Votre directeur hésite entre recruter des hôtes/hôtesses de caisse en intérim avec un contrat de travail temporaire ou les embaucher en CDD.

- **Comparez les deux types de contrat et proposez-lui une solution argumentée.**

Fiche ressource 2 • Les contrats de travail précaires

4 Choisir un mode de recrutement

Annexe 3 • Site recrute.carrefour.fr
Annexe 4 • Fiche de poste d'un(e) hôte/hôtesse de caisse
Fiche ressource 3 • Le processus de recrutement

a. **Proposez différents modes de recrutement adaptés à la recherche de personnel de caisse.**

Parmi les solutions possibles, le directeur choisit de diffuser une annonce sur le site d'emploi de toutes les enseignes Carrefour : recrute.carrefour.fr.

b. **Rédigez l'annonce de recrutement à paraître sur le site recrute.carrefour.fr. Respectez bien les règles de fond, de forme et les obligations légales.**

Fiche ressource 4 • L'annonce de recrutement

5 Évaluer les candidatures

Votre directeur vous délègue l'évaluation de trois candidatures pour l'un des postes à pourvoir ainsi que la conduite de l'entretien avec le (ou la) candidat(e) présélectionné(e).

a. **Concevez une grille d'évaluation puis complétez-la pour les trois candidats. Formulez ensuite un choix argumenté.**

b. **Préparez l'entretien de recrutement en indiquant :**
- **l'attitude à adopter par le recruteur pendant l'entretien ;**
- **les thèmes à aborder ;**
- **les thèmes à éviter (cadre légal de l'entretien).**

c. **Rédigez quatre questions à poser au (à la) candidat(e) pour comprendre son parcours et en savoir davantage sur ses compétences.**

Annexe 5 • Synthèse des candidatures au poste d'hôte/hôtesse de caisse
Fiche ressource 5 • L'entretien de recrutement du point de vue du recruteur

6 Accueillir et intégrer les nouveaux salariés

Votre directeur vous explique que l'intégration est essentielle pour que tout nouvel embauché soit rapidement opérationnel.

- **Imaginez comment vous allez accueillir les nouvelles recrues tout au long de leur première journée (5 heures).**

Annexe 6 • L'accueil et l'intégration des nouveaux salariés chez Carrefour

Fiche ressource 1

Le diagnostic des besoins en personnel

I Analyser les besoins face à un surcroît temporaire d'activité

1. Déterminer le besoin en personnel supplémentaire

L'effectif est suffisant si l'équipe est en mesure d'assurer correctement ses missions.
Lors d'un surcroît temporaire d'activité (soldes, opération commerciale, flux de clients plus important en haute saison dans les zones touristiques…) ou lorsque l'unité commerciale prévoit une hausse du chiffre d'affaires, le manageur évalue si les effectifs sont suffisants ou s'il n'y a pas un besoin en personnel supplémentaire.
Pour calculer la taille optimale de son équipe, le manageur doit prendre en compte de nombreux critères tels que le nombre de vendeurs disponibles, le temps de travail hebdomadaire des vendeurs, le temps effectif consacré à la vente (hors gestion courante du rayon ou de l'agence, tâches administratives, temps de formation…), les horaires d'ouverture de l'unité, le nombre de clients à recevoir et/ou le nombre d'appels téléphoniques à traiter, le nombre moyen de clients reçus et/ou le nombre d'appels traités par heure, le budget alloué en salaires et le montant des charges sociales.

L'évaluation du besoin en personnel suit un processus en trois étapes :

1. Calculer le volume d'heures disponible.
2. Calculer le temps nécessaire pour assurer correctement les missions au cours d'une période donnée.
3. Comparer les deux temps et en déduire le besoin éventuel en heures de travail et en nombre de personnes à recruter.

> Exemple : Le rayon d'un grand magasin emploie 4 vendeurs (2 contrats à 35 heures et 2 contrats étudiants à 18 heures).
> Le volume d'heures disponibles est donc de : $(2 \times 35) + (2 \times 18) = 106$ heures.
> Au mois de décembre, période d'intense activité, la couverture nécessaire pour assurer correctement l'ensemble des activités de vente et de préparation de la surface de vente nécessite 130 heures de travail par semaine.
> Il existe donc un besoin de : $130 - 106 = 24$ heures.

2. Déterminer la solution optimale pour couvrir ce besoin

Si le nombre d'heures de travail est insuffisant, le manageur dispose de plusieurs solutions :

– le recours aux heures supplémentaires ;

– l'augmentation du temps de travail des salariés à temps partiel (heures complémentaires) ;

– le recours à des stagiaires ;

– le recrutement temporaire de personnel supplémentaire.

La mise en œuvre de l'une de ces solutions devra se faire dans le respect des règles du droit du travail et des contraintes de l'unité commerciale (budget).

> Exemple : Si le budget le permet, le besoin de 24 heures peut être comblé par le recrutement d'un troisième vendeur à temps partiel, en CDD ou en intérim.

II Analyser les besoins face aux perspectives d'évolution de l'unité commerciale

Compte tenu de son développement, une unité commerciale est constamment à la recherche de nouveaux candidats aux compétences et qualifications les plus diverses.
Pour déterminer ses besoins, elle peut adopter la démarche suivante :

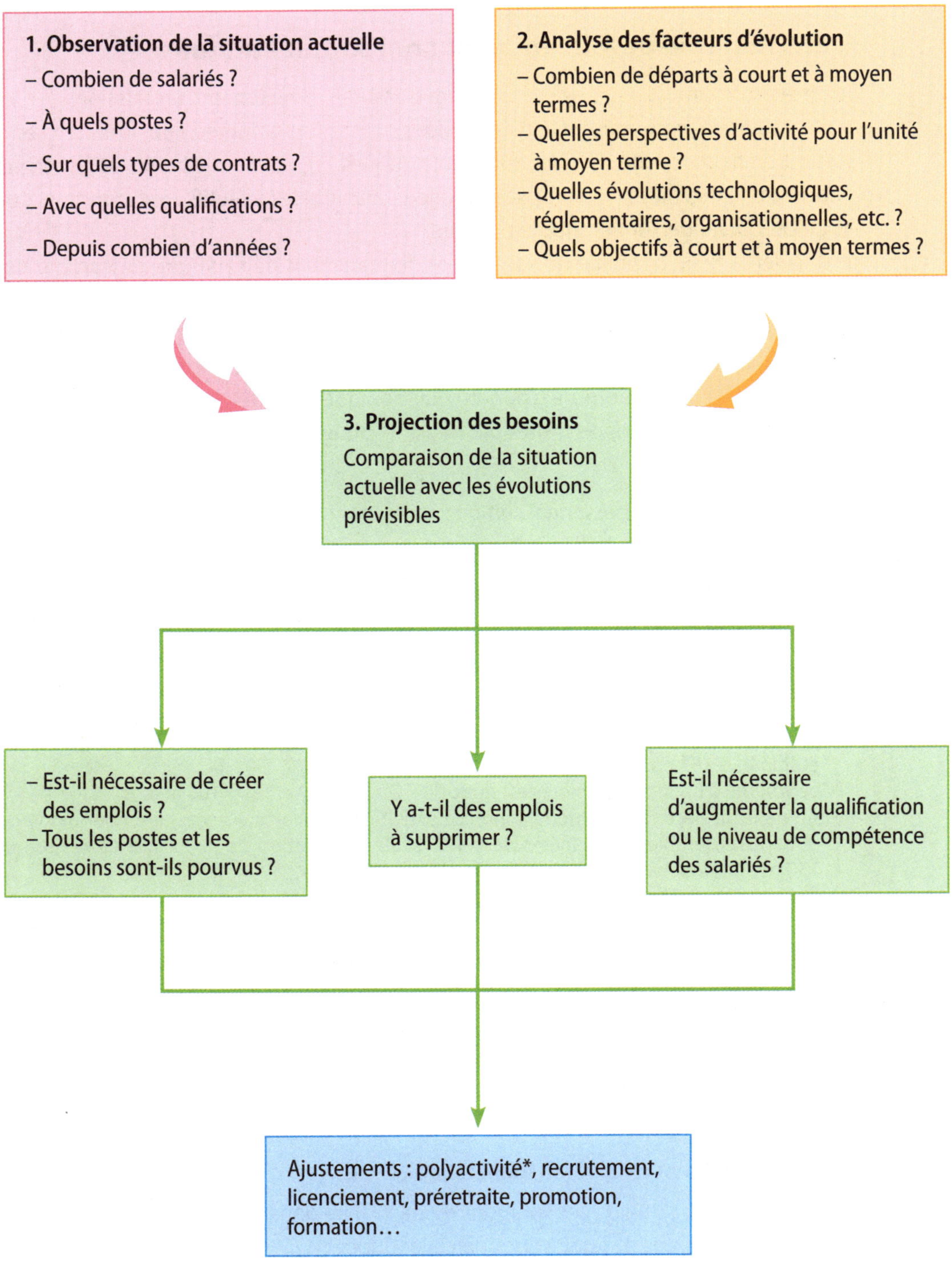

* *Polyactivité : possibilité pour un salarié à temps partiel d'obtenir un temps complet en effectuant un complément de quelques heures sur une autre activité relevant d'un même niveau de qualification.*

Fiche ressource 2

Les contrats de travail précaires

I Le contrat de travail à durée déterminée (CDD)

Le CDD est un contrat par lequel une personne, le salarié, s'engage à travailler pour le compte et sous la direction d'une autre personne, l'employeur, moyennant rémunération. Il s'agit d'une relation entre deux parties liées par un seul contrat, le contrat de travail.
Il est conclu pour une tâche précise et temporaire (remplacement d'un salarié, activité anormalement accrue…). Sa durée maximale est de 18 mois.

- **La période d'essai :** sa durée est d'un jour de travail par semaine travaillée, dans la limite de 2 semaines pour les contrats de moins de 2 mois.
- **Le terme du contrat :** le contrat prévoit un terme précis (sauf si l'employeur ne connaît pas l'échéance du contrat, comme dans le cas d'un remplacement d'un salarié en CDI en congé maladie).
- **La prime de précarité :** une indemnité égale à 10 % des sommes totales brutes perçues est versée par l'employeur à la fin du contrat. Dans certains cas spécifiques (force majeure, faute grave, obtention d'un CDI par le salarié…), elle n'est pas versée. Par ailleurs, l'indemnité n'est pas due au salarié dans le cas d'un contrat saisonnier ou d'un job étudiant.
- **Le recours au CDD :** les employeurs utilisent plutôt le CDD lorsque les missions dépassent une durée de 3 mois.

II Le contrat de travail temporaire (CTT)

Le CTT n'a ni pour objet ni pour effet de pourvoir durablement un emploi. Il n'est utilisable que pour l'exécution d'une tâche précise et temporaire, dénommée « mission ». Le salarié sous contrat de travail temporaire, appelé « intérimaire », est embauché et rémunéré par une entreprise de travail temporaire (ETT, ex. : Adecco) qui le met à disposition d'une entreprise utilisatrice (ex. : Carrefour) pour une durée limitée. Il est lié à l'ETT par un contrat de mission. Un contrat de mise à disposition est conclu entre l'ETT et l'entreprise utilisatrice.
Un contrat d'intérim peut être renouvelé au maximum une fois. La durée maximale (renouvellement compris) varie selon la nature de la mission (ex. : 18 mois pour un accroissement temporaire d'activité ou un emploi saisonnier).

- **La période d'essai :** la durée est de 3 jours pour les contrats de 1 à 2 mois.
- **Le terme du contrat :** une durée de mission est fixée dans le contrat (ex. : 50 jours). Mais la loi autorise un aménagement du terme : il est possible d'avancer ou de reporter le terme de 1 jour par tranche de 5 jours travaillés dans la limite de 10 jours de travail et sans dépasser la durée maximale légale (ex. : pour un CTT conclu pour une durée de 50 jours, l'entreprise peut y mettre fin 10 jours avant ou 10 jours après).
- **La prime de précarité :** une indemnité de précarité de 10 % des sommes totales brutes perçues est versée au salarié en fin de mission par l'ETT, sauf en cas de faute grave, de force majeure ou si le salarié a trouvé un emploi en CDI dans une autre entreprise. Cette indemnité est également versée si le contrat est saisonnier ou s'il s'agit d'un job étudiant pendant les vacances scolaires.
- **Les atouts du CTT :** les ETT gèrent toutes les étapes du recrutement et forment leurs salariés. Elles disposent de larges fichiers de candidats et peuvent proposer rapidement des candidats déjà opérationnels. Elles représentent une solution intéressante pour les contrats de courte durée ou les travaux urgents.
- **Ses inconvénients :** le coût pour l'entreprise cliente est supérieur au coût d'un CDD (coût payé par l'entreprise cliente = coût du salarié + marge de l'ETT).

Fiche ressource 3

Le processus de recrutement

Recruter un collaborateur est une mission difficile et risquée.

Un mauvais recrutement peut avoir des incidences sur le travail de l'équipe, son organisation, ses résultats, donc sur le bon fonctionnement de l'unité commerciale.

Par ailleurs, un recrutement coûte cher. Les coûts d'insertion d'une annonce dans la presse, d'un entretien d'embauche, de la formation initiale du candidat, les trois premiers mois de salaire improductifs et le manque à gagner commercial pendant la période d'essai sont autant d'éléments à prendre à compte dans le calcul du coût d'un recrutement.

> Exemple : Une annonce de recrutement en noir et blanc de petit format publiée 2 jours dans un quotidien régional et mise en ligne sur le site Web correspondant pendant 6 semaines coûte environ 1 000 €.

Pour limiter le coût et les conséquences d'un mauvais recrutement, il est donc nécessaire de suivre une procédure rigoureuse en sept étapes :

Étape 1. Analyse du poste à pourvoir

Intitulé, position hiérarchique, missions et activités, compétences requises, conditions de travail, salaire…

Étape 2. Définition du profil du candidat

Formation, connaissances, expérience professionnelle, savoir-être…

Étape 3. Choix d'un mode de recrutement

Affiche sur le lieu de vente, cooptation, anciens stagiaires, écoles, Pôle emploi, presse régionale, site institutionnel de l'enseigne…

Étape 4. Présélection des candidats

- Tri des CV
- Tests d'aptitude sans CV
- Entretien collectif
- Appels téléphoniques
- Entretiens rapides

Étape 5. Convocation des candidats présélectionnés à un entretien individuel

Étape 6. Évaluation des candidatures et choix d'un candidat

- Élimination de certains candidats
- Vérification des références des candidats
- Utilisation de tests et/ou mises en situation pour départager les candidats restants

Étape 7. Conclusion du processus et intégration

- Informer rapidement le candidat sélectionné.
- Établir et faire signer le contrat de travail.
- Faciliter l'intégration du candidat (formation initiale, accompagnement sur le terrain, alternance entre formation et mise sur le terrain).
- Suivre l'intégration du candidat et réagir avant la fin de la période d'essai en cas d'erreur de recrutement.

Fiche ressource 4

L'annonce de recrutement

I Comment rédiger une offre d'emploi correcte et attractive ?

1. Le fond

Il faut donner des éléments précis et respecter certaines règles :
– mentionner dans l'en-tête la date d'émission et la référence de l'offre, le nom de la société qui recrute (ou le secteur d'activité), la localisation, l'intitulé du poste (au masculin et féminin ou suivi de la mention « H/F »), le type et la durée du contrat, la date de début de fonction ;
– adopter un plan simple : présentation succincte de l'entreprise, description du poste proposé (missions et activités ou compétences), profil recherché (qualités, formation, expérience), avantages offerts par l'entreprise qui recrute, procédure pour postuler.

2. La forme

Il faut faire ressortir l'intitulé du poste, mettre en avant les compétences et les qualités essentielles pour réussir dans le métier et impliquer directement le candidat en le vouvoyant (« votre mission », « vos objectifs »…). Pour décrire les missions et activités, il est préférable d'utiliser des verbes d'action (« conseiller », « informer », « vendre »…). Il faut aussi soigner et aérer la mise en page de l'annonce, respecter l'image de l'unité commerciale.

3. Le cadre légal

L'offre doit respecter l'article L. 1132-1 du Code du travail, qui interdit l'emploi de toute mention de nature discriminante (âge, sexe, religion, nationalité…).

II Exemple

Réf : 20N/1120 Date : 16/12/20N

Banque leader sur la région Nord Pas de Calais, Picardie,
Le Crédit .....

Recrute un(e) **CHARGÉ(E) D'ACCUEIL DÉBUTANT(E)**
Pour son agence de ...
Niveau bac+2

- **Vos missions**
  - Accueillir les clients au guichet.
  - Assurer les opérations de caisse.
  - Gérer le stock de cartes et de chéquiers.
  - Vendre quelques produits et services : cartes, livrets, services bancaires, produits d'assurances.
- **Vos qualités**
  - Écoute du client.
  - Aisance relationnelle.
  - Réactivité.
  - Adaptabilité.
  - Résistance au stress.
- **Nous vous offrons**
  - Un CDI à temps complet (35 heures/semaine).
  - Une formation interne.
  - Des possibilités d'évolution rapide vers le poste de conseiller de clientèle Particuliers.

Veuillez transmettre votre candidature (lettre de motivation + CV) avant le ... à :

Fiche ressource 5

L'entretien de recrutement du point de vue du recruteur

Face-à-face déterminant, l'entretien de recrutement nécessite une préparation et doit être mené dans les règles de l'art.

I La préparation

Le recruteur doit se munir de l'annonce, de la fiche de poste, du CV du candidat et de sa lettre de motivation. Il doit aussi préparer :
– une présentation synthétique de l'unité commerciale ;
– une liste de questions pour mesurer les aptitudes et la motivation du candidat ;
– une grille d'évaluation du candidat conçue sur la base de critères tels que les qualités, l'expérience, les compétences, la motivation.

II Le déroulement de l'entretien

L'entretien comporte quatre phases.

1. L'accueil

Le recruteur adopte un comportement qui met le candidat à l'aise. Il se présente (nom et fonction) puis annonce le plan et la durée de l'entretien. Il s'assure de ne pas être dérangé pendant l'entretien.

2. La présentation de l'entreprise et du poste à pourvoir

Le recruteur peut utiliser différents supports tels qu'une plaquette ou un organigramme pour commenter sa présentation.

3. La découverte du candidat

Le recruteur pose surtout des questions ouvertes pour faire parler le candidat. Celles-ci sont directement liées au poste à pourvoir et visent à déterminer les aptitudes professionnelles du candidat. En aucun cas, le recruteur ne peut poser de questions sur la vie privée du candidat ou sur une quelconque appartenance syndicale, politique ou confessionnelle. Au cours de l'entretien, le recruteur écoute attentivement, prend des notes, rebondit sur les propos du candidat pour obtenir plus de détails sur ses expériences professionnelles ou ses projets. Il analyse le comportement verbal et non verbal du candidat.

4. La conclusion de l'entretien

À ce stade, le recruteur donne des précisions sur le type de contrat, les modalités de la rémunération. Il demande au candidat s'il est libre de s'engager, s'il a des questions à poser. Il communique une date pour la réponse et explique la suite du processus.

Tout au long de l'entretien, le recruteur doit adopter une attitude qui mette en confiance le candidat et surtout éviter de se placer dans une position de « dominant » afin d'obtenir un maximum d'informations sincères. Il doit être souriant, respecter les règles de politesse et de courtoisie, montrer un visage ouvert, parler d'une voix claire, posée et agréable, être attentif.

Applications

1 Analyser le besoin en personnel supplémentaire face à un surcroît d'activité

1. **Citez les facteurs que doit considérer le manageur pour évaluer ses besoins ponctuels en personnel supplémentaire.**
2. **Dans un tableau, comparez les différentes formules offertes au responsable de magasin qui souhaite étoffer ponctuellement son équipe de vente.**

Document Il est temps de penser aux extras

Choisissez la bonne formule

Avant de vous lancer dans une quête frénétique, prenez le temps d'analyser vos besoins.

Pour les soldes, les liquidations ou les ouvertures exceptionnelles, des renforts très ponctuels pour trois ou quatre jours, au maximum et immédiatement opérationnels, suffisent. Dans ce cas de figure, l'intérim est sans doute la meilleure formule. En effet, les agences s'occupent de toutes les formalités que vous n'avez pas forcément le temps d'effectuer dans de telles circonstances : sélectionner les candidatures, vérifier les compétences, former, gérer l'administratif, etc. De plus, vous disposerez d'un personnel compétent, habitué aux situations de crise et dont les facultés d'adaptation sont éprouvées. Le tout, pour un coût à peine supérieur à celui d'un contrat à durée déterminée. [...]

En revanche, si vous recherchez du renfort à l'occasion d'une période un peu plus longue (toute une saison, par exemple), mieux vaut recruter un étudiant ou un vendeur en contrat à durée déterminée. Les étudiants sont généralement disponibles au moment où vous en avez le plus besoin (le week-end ou durant les vacances) et s'accommodent très bien des temps partiels. Dynamiques, souriants et généralement cultivés, ils sont aussi peu revendicatifs. Revers de la médaille : ils ne sont pas toujours très fiables (« oublier » de se réveiller ou même de venir une journée entière ne fait pas peur à certains), ni assez mûrs pour gérer des clients difficiles. Enfin, ils ont la fâcheuse manie d'avoir la bougeotte.

Vous pouvez aussi recruter des étudiants qui suivent une formation commerciale (CAP ou Bac pro Vente, ou encore BTS MUC). Ils sont souvent très motivés et considèrent cet emploi comme une véritable expérience professionnelle. L'inconvénient ? Ils sont généralement demandeurs de formations en alternance, avec un programme pédagogique et des plannings qui ne correspondent pas forcément à vos besoins. N'hésitez tout de même pas à contacter le service Emploi des écoles de votre région ; elles seront toujours à même de vous dépanner en trouvant des étudiants prêts à faire un extra.

Pour les missions plus longues, vous pouvez vous tourner vers les jeunes diplômés, mais gardez à l'esprit qu'ils n'hésiteront pas à vous quitter à la première occasion. En contrepartie, s'il se plaît, l'extra peut devenir permanent, et vous aurez alors recruté, formé et intégré un nouveau vendeur...

Jasmine Ferry, *Commerce Magazine*, n° 48.

2 L'entretien de recrutement

À propos du candidat :

1. **Comment un candidat doit-il se comporter lors de l'entretien (présentation, registre de langage, valorisation des expériences passées, intérêt pour l'entreprise et pour le poste) ?**

À propos du recruteur :

2. **Quel plan d'entretien suit la directrice des ressources humaines (DRH) ?**
3. **Quels thèmes explore-t-elle dans son questionnement ?**

Vidéo 1.1 : L'œil de l'entrepreneur en position de recruteur

3 Calculer le nombre d'employés supplémentaires à recruter

Vous travaillez dans une importante sandwicherie de la région comprenant plusieurs unités. Le chiffre d'affaires de l'enseigne est de 900 000 € (année N) pour un effectif de 21 employés. Le coût salarial horaire d'un équipier est évalué à 12,60 € (brut + cotisations patronales).
Le développement de l'enseigne est tel qu'il doit se traduire, pour l'année N+1, par un chiffre d'affaires annuel supplémentaire de 220 000 €.

1. **Estimez le volume supplémentaire d'heures à effectuer, sachant que la masse salariale doit représenter 19 % du chiffre d'affaires annuel.**
2. **Évaluez le nombre d'équipiers supplémentaires à recruter (sur la base de contrats de 64 heures par mois).**

4 Calculer la taille de l'équipe commerciale

Vous travaillez pour une marque d'outillage destinée aux professionnels du bâtiment et vous êtes l'assistant(e) de Benoît M., responsable en France d'une soixantaine d'agences et d'une quarantaine de comptoirs dans des points de vente partenaires spécialisés (document 1). La société se développe à un rythme rapide. L'ouverture de 3 nouvelles agences et 52 nouveaux comptoirs est prévue pour le courant de l'année N+1 (document 2). Dans chaque agence et chaque magasin partenaire, 1 à 4 animateurs sont prévus en fonction de la taille de l'agence ou du magasin et de la superficie du comptoir. Ce projet ambitieux nécessite de recruter et de former un certain nombre de nouveaux animateurs et de recourir à des chefs de vente supplémentaires.

Votre travail consiste à estimer :
- **si le nombre de chefs de vente est actuellement suffisant ;**
- **le nombre d'animateurs à recruter en N+1 ;**
- **le nombre de postes de chef des ventes à créer ;**
- **les limites au calcul théorique de la taille de l'équipe.**

Document 1 Taille et structure actuelles de l'équipe commerciale (année N)

Circuits de distribution	Nombre d'animateurs	Nombre de chefs de vente
Agences	203	16
Distribution spécialisée	60	1

Théoriquement, un chef de vente du circuit « agences » peut manager une douzaine d'animateurs éventuellement répartis sur plusieurs agences, et un chef de vente en distribution spécialisée peut en diriger une vingtaine, déployés sur plusieurs comptoirs.

Document 2 Prévisions de développement pour l'année N+1 en distribution spécialisée

Nombre de nouveaux comptoirs	Taille du magasin partenaire	Superficie du comptoir
4	+ de 3 000 m²	40 m²
10	Entre 2 001 et 3 000 m²	30 m²
30	Entre 1 001 et 2 000 m²	20 m²
8	– de 1 000 m²	10 m²

Il faut un animateur pour un comptoir de 10 m².
Par ailleurs, 12 animateurs commerciaux actuellement employés en distribution spécialisée seront redéployés en N+1 dans les nouvelles agences du groupe et seront suffisants pour faire face à leurs nouveaux besoins.

5 Calculer le coût du recrutement d'un commercial junior sédentaire

Mireille Clabaut dirige une petite agence d'assurances. Elle souhaite recruter un commercial junior sédentaire et envisage de passer une annonce dans la presse.

Elle vous demande de calculer le coût que représenterait l'embauche d'un nouveau commercial, sachant que :

- **le coût d'une annonce dans le quotidien régional 1 est de 215 € ;**
- **le coût d'une annonce dans le quotidien régional 2 est de 193 € ;**
- **l'annonce sera diffusée dans les deux quotidiens régionaux, deux dimanches de suite ;**
- **un entretien dure environ 1 heure 30. Il est prévu une demi-douzaine d'entretiens au maximum. Le coût d'une heure d'entretien est estimé à 55 € ;**
- **une formation aux produits et aux techniques de vente d'une durée de trois jours est prévue ;**
- **le coût d'un jour de formation est de 567 € ;**
- **le commercial junior ne sera pas opérationnel avant trois mois : il faut donc compter trois mois de salaire improductif ;**
- **le salaire mensuel fixe brut du commercial junior est de 1 525 € ;**
- **les cotisations sociales patronales sont de 36 % (à calculer sur le salaire brut) ;**
- **le manque à gagner commercial est évalué à 7 000 € pour les trois mois.**

6 Distinguer contenu du poste et profil du candidat

1. **Quel est le contenu du poste de commercial junior dans une agence Groupama ?**
2. **Quel est le profil des candidats recherché ?**

Document **Offre d'emploi « Commerciaux Junior » chez Groupama**

COMMERCIAUX JUNIORS H/F

À l'issue d'un programme d'intégration et de formation hautement qualifiant (techniques de vente, d'assurance, de banque), vous intégrerez l'une de nos agences de l'Île-de France, de l'Oise ou de la Somme, à un poste de commercial sédentaire.

Vos missions seront de **prospecter, conseiller et vendre des produits d'assurance, d'épargne et de banque** auprès d'une clientèle de particuliers.

De **formation commerciale bac + 2**, vos qualités commerciales ont été reconnues au travers d'une première expérience dans la vente de services ou d'un stage significatif.

Mobile sur votre région, votre enthousiasme est communicatif et vous souhaitez **développer votre potentiel au sein d'un groupe en pleine expansion.**

Groupama Picardie-Île-de-France, revue *Carrières commerciales*

7 Réajuster la taille de l'équipe face à un surcroît d'activité

La société Phone Formation, spécialisée dans la vente de formations par téléphone, a été créée en 1996. Elle gère en permanence une dizaine de clients fidèles qui sont, pour la plupart, des écoles privées de formation à distance. Le centre de contacts est équipé de 30 postes informatiques et emploie en permanence 25 télévendeurs expérimentés. Ceux-ci sont chargés d'appeler les prospects dont les coordonnées figurent sur les coupons transmis par les clients de Phone Formation et de leur vendre un certain nombre de contrats.
Récemment, une école de formation à distance de puériculture a contacté la société pour traiter 4 000 coupons supplémentaires. Ce client souhaite que l'opération ait lieu en septembre.

1 **Estimez si la taille actuelle de l'équipe est suffisante pour faire face à ce surcroît d'activité en septembre, sachant que l'activité normale prévue pour ce mois était de 28 000 coupons à traiter et que l'employeur avait prévu de faire travailler chaque salarié à temps partiel 70 heures en septembre.**

2 **Envisagez les solutions possibles pour répondre favorablement à la demande du client et proposez celle qui vous paraît la plus pertinente.**

Document 1 Structure et taille actuelles de l'équipe

L'équipe comprend 25 télévendeurs, 2 superviseurs et 1 responsable de plate-forme :
- 15 télévendeurs travaillent en CDI (contrat à durée indéterminée) 35 heures par semaine (5 jours à 7 heures) ;
- 10 télévendeurs travaillent en CDI à temps partiel aménagé. Leur base horaire mensuelle moyenne est de 60 heures.

Document 2 Performances de l'équipe

Moyennes du télévendeur expérimenté	10 contacts argumentés* réalisés par heure
	1 contrat obtenu pour 5 coupons traités

* Appels avec présentation de la formation au prospect, développement d'une argumentation et avis client sur la proposition faite.

Document 3 Extraits de l'accord sur le temps partiel aménagé chez Phone Formation

Le présent accord aménage et répartit les horaires de travail des salariés à temps partiel de Phone Formation sur une période annuelle.

Le télévendeur est embauché sur une base mensuelle horaire contractuelle moyenne. Une durée du travail annuelle est définie pour tenir compte de la variation des horaires mensuels.

La variation mensuelle est limitée à plus ou moins un tiers de la base mensuelle moyenne contractuelle.

Ainsi, un télévendeur ayant une base horaire contractuelle de 90 heures par mois en moyenne peut voir sa durée du travail mensuelle varier entre 120 heures maximum et 60 heures minimum.

Dans tous les cas, la durée maximum hebdomadaire ne peut dépasser 34,5 heures (149,5 heures par mois).

Le délai de prévenance en cas de changement de durée ou d'horaires est fixé à sept jours.

8 Recruter en interne et à l'extérieur

1. **Comment s'organise IKEA en matière de recrutement pour faire face au fort développement de son parc de magasins en France ?**
2. **Quel est l'intérêt de la répartition 40/60 dans la constitution des équipes des nouveaux magasins IKEA ?**
3. **Quels sont les avantages et les limites de la méthode de recrutement par simulation pour l'employeur ?**

Document **Extrait de l'interview de Sabine Fasanelli, DRH d'IKEA France par le magazine *Management***

Management : Vous êtes arrivée en novembre. Quelle mission vous a été assignée ?

Sabine Fasanelli : Stefan Vanoverbeke, le président d'IKEA France, m'a demandé de préparer le groupe à une période de fort développement. Notre enseigne passera en effet de 28 à 40 magasins d'ici 2020, ce qui va nous amener à embaucher 4 000 personnes. Nous allons devoir nous organiser pour intégrer cet afflux de sang neuf et développer chez chacun les compétences nécessaires. Cela commencera par le recrutement de 200 nouveaux managers dans les trois ans à venir, dont 60 % seront des collaborateurs promus en interne. Ces derniers seront formés à leurs fonctions en tournant pendant vingt-quatre mois dans les différents services des magasins pour mieux appréhender les métiers des salariés qu'ils encadreront à terme. Les 40 % restants seront recrutés à l'extérieur. Nous essayons systématiquement d'atteindre cette répartition 40/60 quand nous ouvrons un nouveau magasin. Les équipes du sérail sont ainsi immédiatement opérationnelles et peuvent intégrer rapidement les recrues externes.

M. : Comment procédez-vous pour sélectionner les candidats de vos rangs ?

S. F. : Nous avons un véritable marché de l'emploi interne. Des dizaines d'offres sont affichées en permanence dans les salles de repos des magasins et mises en ligne sur notre site intranet, afin que tout le monde soit en mesure de postuler. Nous créons ainsi de l'émulation en rappelant à nos collaborateurs qu'ils peuvent facilement évoluer s'ils le souhaitent. D'autant que chez IKEA, il est tout à fait possible de passer du service logistique aux ventes, par exemple. Encourager cette mobilité nous permet d'avoir des profils plus variés, *in fine*, d'enrichir les équipes dans chaque service…

M. : Pour l'externe, IKEA utilise depuis près de dix ans la méthode de recrutement par simulation (MRS) développée par Pôle emploi…

S. F. : Chaque candidat est en effet mis en situation au travers d'exercices reproduisant à l'identique nos postes de travail. Ce sont principalement des emplois en logistique, en caisse, au service relation client, à la vente et en restauration. Parce qu'elle laisse de côté les critères habituels de recrutement, comme le diplôme ou l'expérience professionnelle, cette méthode favorise la diversité des profils, et surtout l'égalité des chances. Au total, quand nous ouvrons un nouveau magasin, nous recourons à la MRS pour les 2/3 de nos embauches.

Emmanuel Botta, « Le respect est au cœur de notre modèle social » *Management*, n° 187.

9 Se mettre en situation dans le cadre d'un entretien de recrutement

IKKS

La boutique de prêt-à-porter pour enfants IKKS de Valenciennes recherche un(e) vendeur/vendeuse en CDD 28 heures par semaine pour une période de 4 mois afin de remplacer une vendeuse en congé maternité.

1. **Mettez-vous en situation : constituez plusieurs équipes de 4 (1 recruteur, 1 candidat, 2 observateurs).**
2. **Préparez votre rôle.**
   Les équipes jouent ensuite en parallèle.

Document **Fiche de rôles**

Rôle n° 1 : le (la) responsable du magasin

En tant que responsable du magasin, vous êtes en charge du recrutement de l'équipe de vente.

Vous êtes sur le point de recevoir un(e) candidat(e) pour le poste de vendeur(se).

Vous avez en votre possession son CV et sa lettre de motivation. Le profil semble correspondre à ce que vous recherchez (Bac pro Commerce et stages dans le commerce spécialisé) mais vous avez un doute quant à la réelle motivation du (de la) candidat(e). En effet, sa lettre est assez banale : c'est une lettre type, non personnalisée, probablement recopiée sur Internet, sans grand intérêt. Aussi, avez-vous prévu de lui poser des questions précises sur l'enseigne et le poste afin de tester son intérêt pour la société IKKS et pour le métier. Par ailleurs, vous avez besoin d'une personne qui ait le sens du service au client, l'esprit d'équipe, le sens de l'initiative et qui soit disponible pour le 1er septembre. Vos questions porteront aussi sur ces différents aspects.

Il est 14 h 45. Le rendez-vous était prévu à 14 h 30. Que se passe-t-il ? Le (la) candidat(e) n'a pas appelé pour prévenir d'un retard possible. Vous êtes déjà agacé(e) !

Rôle n° 2 : le (la) candidat(e)

Vous avez obtenu votre baccalauréat professionnel Commerce en juin et êtes à la recherche d'un premier emploi. Vous avez déjà postulé pour différentes offres d'emploi, sans succès. C'est le premier entretien que vous décrochez, aussi vous êtes-vous préparé(e) à répondre à certaines questions types sur vos stages (connaissances et savoir-faire acquis), vos qualités et axes de progrès, votre projet professionnel. Néanmoins, vous appréhendez ce moment, d'autant que vous avez accumulé les contretemps. Vous êtes en retard et commencez à être stressé(e)…

Rôle n° 3 : les observateurs (2 par équipe)

Vous concevez une grille d'observation des simulations d'entretien d'embauche et l'utilisez lors du jeu. Vous analysez ensuite la situation observée avec les joueurs.

10 Recruter un(e) vendeur/vendeuse débutant(e) en CDD

Vous êtes responsable du département « Livres » d'une grande librairie de Poitiers.
L'une de vos collaboratrices part en congé maternité. Vous avez besoin de la remplacer à temps complet (35 heures par semaine) à compter du 15 août N pour une période de 2 mois pouvant éventuellement se prolonger jusqu'à son retour.
Les missions du (de la) vendeur/vendeuse consistent à accueillir, conseiller, satisfaire et fidéliser le client dans le respect de la politique commerciale.
Vous attendez de cette personne qu'elle ait le sens de l'écoute et du service.
Le salaire de base sera le SMIC.

1. **Quels modes de recrutement vous semblent pertinents pour recruter ce(tte) vendeur/vendeuse ?**
2. **Rédigez l'offre d'emploi qui paraîtra sur le site Internet de la librairie. Soignez sa présentation.**

Quelque temps après la parution de l'annonce, vous recevez un certain nombre de candidatures. Deux d'entre elles vous paraissent intéressantes (document). Vous convoquez les deux candidats pour un entretien.

3. **Quels seraient, selon vous, les thèmes intéressants à aborder avec les candidats lors de l'entretien ?**
4. **Rédigez précisément quelques questions utiles, en relation avec les thèmes choisis, que vous pourriez poser aux candidats.**
5. **Préparez un plan d'intégration du candidat d'une durée d'une semaine.**

Document **Informations extraites des CV des deux candidats présélectionnés**

Jérôme Balcaen
1, rue des Jonquilles
84 Poitiers

- Âge : 21 ans
- Célibataire
- Bac STG obtenu en juin 2013
- BTS MUC obtenu en juin 2015
- A effectué deux stages de six semaines en grande distribution : l'un dans le rayon « hi-fi vidéo » dans un hypermarché Auchan, l'autre dans le rayon « micro-informatique » d'un magasin But
- A travaillé deux mois pendant les vacances d'été 2014 à Auchan, dans le même rayon « hi-fi vidéo »
- Ses hobbies : la musique, les jeux vidéo

Juliette Missois
3, rue de Nevers
84 Châtellerault

- Âge : 40 ans
- Mariée, trois enfants
- Bac G3 obtenu en 1994
- A occupé divers emplois de vendeuse entre 1994 et 2000
- A interrompu ses activités professionnelles pour s'occuper de ses enfants
- Souhaite réintégrer la vie active
- Ses hobbies : la lecture, l'animation d'un club de lecture pour les enfants d'un centre aéré le mercredi après-midi

11 Réussir la période d'intégration du recruté

1 Quelles sont les qualités attendues d'un équipier chez McDonald's ?

2 Comment le nouvel équipier McDonald's est-il pris en charge à son arrivée au restaurant (étapes, accompagnateurs) ?

3 Commentez l'organisation mise en place pour accueillir, former et intégrer un nouvel équipier.

Vous êtes formateur depuis dix ans dans un restaurant McDonald's de la région parisienne. Vous accueillez ce samedi, à 14 h, un nouvel équipier polyvalent qui devra prendre son premier poste en cuisine à 19 h (l'heure du rush !).

---

4 Comment comptez-vous vous organiser pour accueillir le nouvel équipier et lui donner les bases minimales pour assurer son premier rush à 19 h (organisation du temps et contenu) ?

Vidéo 1.2 : Cœur de métier : travailler au McDo ! La Roche-sur-Yon

Document 1 Extrait de la fiche initiative McDonald's

Les [nouveaux salariés McDo] participent à un module d'intégration de quatre heures dispensé dans les centres des métiers et de l'emploi (Paris, Lyon et Bussy) :

– présentation de l'entreprise et de ses activités, des futures missions des candidats, information sur le contrat de travail et le système de cotisations sociales (taux des parts salariale et patronale, etc.) ;

– remise des tenues après essayage ;

– signature des contrats. […]

[Ils] sont formés dans les restaurants par une équipe de 2 ou 3 formateurs ayant reçu une formation pédagogique.

Chaque salarié est accompagné et suivi par un référent pendant les quatre premières semaines de son intégration. Ce référent est aidé par l'ensemble de l'équipe du restaurant. […]

Consultable dans la Banque des bonnes pratiques de Tous Gagnants, http://www.emploi.gouv.fr/jeune

Document 2 Description du poste d'un équipier polyvalent

MISSION GÉNÉRALE

Satisfaire les clients en exécutant les tâches de préparation, de production, de nettoyage et de service au comptoir, dans le respect des normes en vigueur dans la Société (Q.S.P. : qualité – service – propreté).

DESCRIPTION DU POSTE

- Participer quotidiennement à l'activité du restaurant. [L'équipier] est plus particulièrement responsable de la préparation et du service des produits.
- Veiller au respect des six étapes destinées aux employés travaillant au comptoir : l'accueil, le service, la préparation, la production, le nettoyage et le respect des normes d'hygiène, de qualité et de service de l'enseigne.

www.mcdonalds.fr

Chapitre 2

Former les membres de l'équipe

C. 113 Former

Situation

M'Équito, distributeur spécialisé dans la vente de cafés équitables et bio, est une entreprise familiale française créée en 2005. Face au succès rencontré par le café éthique, M'Équito s'est développée et compte aujourd'hui une dizaine de boutiques situées dans les grandes agglomérations de l'Hexagone. Chaque point de vente compte entre 5 et 10 salariés : le gérant, un adjoint et des conseillers clientèle experts du café équitable et bio. Le dirigeant de M'Équito, Patrice Ramez, prévoit de développer son concept en franchise.

Chaque boutique comprend un espace de vente offrant une très large gamme de cafés labellisés, issus principalement de caféières d'Amérique centrale et du Sud (Mexique, Guatemala, Colombie, Équateur…) et d'Afrique de l'Est (Éthiopie, Rwanda…), un comptoir « Torréfaction » ainsi qu'un espace « Dégustation ».

La concurrence sur ce marché étant vive et les leaders ayant un positionnement très qualitatif, Patrice Ramez est très attentif au discours tenu par les conseillers clientèle et à la qualité du service offert en boutique. Chaque mois, il se déplace dans chacun de ses points de vente et prodigue des recommandations à ses collaborateurs, qu'il envoie régulièrement en formation.

Le budget « formation » de la société représente 5 % du chiffre d'affaires annuel. Chaque salarié bénéficie en moyenne de 30 heures de formation par an. Par ailleurs, deux outils sont mis à leur disposition :

– la plateforme collaborative MyMÉquito.fr leur permet d'échanger entre eux et d'accéder à toutes les informations possibles sur le commerce équitable et le café ;

– le jeu sérieux Vente éthique place virtuellement les conseillers en situation de vente dans différents scénarios pour les aider à développer leur argumentation sur le café éthique. Chaque boutique dispose d'un CD-Rom, accessible à la demande et utilisable en autoformation.

Vous travaillez en tant qu'adjoint(e) responsable en boutique. Vous managez et accompagnez une équipe de quatre conseillers clientèle.

Annexe 1 Synthèse des entretiens avec les conseillers clientèle (extraits)

Conseillers clientèle	Ancienneté	Âge	Formation	Aptitudes - Performances - Efficacité	Développement - Projet professionnel
 Fabien	3 ans	23 ans	Baccalauréat professionnel vente	– Bonne capacité d'écoute et d'empathie, excellent ambassadeur des produits éthiques. – Bonne maîtrise de l'argumentation produit mais difficulté à répondre aux attentes des clients en termes de torréfaction.	Entreprenant et dynamique, il souhaiterait, dans un premier temps, développer ses compétences dans le domaine de l'animation d'équipe. Dans un second temps, il envisage d'obtenir un BTS MUC dans le cadre d'une VAE (validation des acquis de l'expérience).
 Laurie	6 mois	19 ans	Étudiante dans une école de commerce	– Difficulté à gérer le stress aux heures de forte affluence et à travailler en équipe. – Peu à l'aise dans l'argumentation produit. – A néanmoins un intérêt marqué pour les produits éthiques.	N'a pas le projet de faire carrière chez M'Équito mais souhaite continuer à y travailler pendant la durée de ses études afin d'avoir une première expérience dans une entreprise éthiquement correcte.
 Ludovic	5 ans	30 ans	BTS MUC	– Très à l'aise dans les trois espaces de la boutique : vente, torréfaction et dégustation. – Est capable d'animer l'équipe en cas d'absence de l'adjoint.	– Souhaite évoluer au sein de la société vers un poste d'encadrement. – Envisage, à moyen terme, d'ouvrir une boutique M'Équito en franchise.
 Yamina		22 ans	DUT Techniques de commercialisation	– Vient d'être recrutée. – Enthousiaste et dynamique. – A une expérience limitée de l'accueil et de la vente. – Ne connaît ni l'univers du commerce équitable, ni celui du café.	

Annexe 2 Le conseiller clientèle en boutique

Missions	
• Accueillir, conseiller, satisfaire et fidéliser la clientèle en respectant l'esprit du commerce équitable. • Gérer la caisse, les commandes particulières des clients et mettre à jour la base de données clients. • Gérer et animer l'espace « Dégustation » en proposant une offre attractive et créative de cafés et boissons à base de café. • Torréfier le café à la demande.	
Formation et expérience	**Aptitudes et compétences**
• Bac à bac+2 • Une première expérience de l'accueil et de la vente est souhaitée. • La connaissance de l'univers du commerce équitable est un « plus ».	• Esprit de service • Sens de l'éthique • Enthousiasme • Capacité d'écoute et empathie • Qualité du discours • Capacité à travailler en équipe • Rigueur

Annexe 3 La formation chez M'Équito

Dès l'intégration, les nouveaux collaborateurs suivent une première formation de 5 jours. Celle-ci se déroule dans un centre de formation externe et commence par une présentation du commerce équitable (projection d'un film, présentation des différents labels équitables et bio, remise d'un livret sur les labels). Elle se poursuit par une découverte du café et se termine par la présentation des bases du métier (conseiller ou manageur).

Ensuite, tout au long de leur parcours, les collaborateurs suivent des formations complémentaires consacrées au commerce équitable, au café, à la relation client et au management d'équipe.

L'entreprise adopte une démarche de *blended learning*[1] en multipliant les modes de formation. Elle propose à la fois des formations en présentiel[2] dans un centre externe et des formations en distanciel[3] (plateforme collaborative et jeu sérieux).

Elle encourage aussi le tutorat en invitant les salariés les plus expérimentés à prendre en charge l'accompagnement des jeunes recrues.

1. Blended learning *: dispositif de formation mixte présentiel/distanciel.*
2. *Apprentissage présentiel : formation en présence d'un professeur ou d'un animateur.*
3. *Apprentissage distanciel : formation à distance.*

Annexe 4 Les formations proposées aux conseillers clientèle en boutique

Différentes formations sont proposées aux conseillers clientèle en boutique, à leur intégration ou dans le cadre de l'exercice de leur métier. Elles sont classés par thèmes (« Commerce équitable », « Café », « Relation client », « Management ») et par niveaux (« Découverte », « Maîtrise », « Expertise »).

Formations proposées

Niveaux	Objectifs
	Thème 1 – COMMERCE ÉQUITABLE
Niveau 1 – Découverte	– Découvrir la démarche du commerce équitable (principe et objectifs). – Connaître la filière du café équitable : de la caféière au consommateur.
Niveau 2 – Maîtrise	Mieux comprendre le comportement d'achat du consommateur quant au café équitable.
Niveau 3 – Expertise	S'informer sur les dernières tendances et évolutions en matière de commerce équitable.
	Thème 2 – CAFÉ
Niveau 1 – Découverte	– Découvrir ce qu'est un café certifié équitable et biologique. – Apprendre à différencier un arabica d'un robusta. – Connaître les marques et les conditionnements proposés.
Niveau 2 – Maîtrise	– Connaître les principales variétés d'arabica (cépages, travail des hommes, typicité des terroirs). – Connaître les types et les techniques de torréfaction.
Niveau 3 – Expertise	– Connaître les crus d'exception pour les promouvoir. – Devenir un expert de la torréfaction.
	Thème 3 – RELATION CLIENT
Niveau 1 – Découverte	Apprendre les techniques relationnelles de base : politesse, écoute active, empathie, questionnement, reformulation.
Niveau 2 – Maîtrise	Apprendre à argumenter et à répondre aux questions et objections du client.
Niveau 3 – Expertise	– Viser le meilleur service. – Personnaliser la vente en perfectionnant le discours et la maîtrise des techniques de vente.
	Thème 4 – MANAGEMENT
Niveau 1 – Découverte	Apprendre à animer, stimuler, motiver une équipe.
Niveau 2 – Maîtrise	– Maîtriser les outils de pilotage (ex. : tableau de bord commercial). – Maîtriser le temps (ex. : organiser les tâches, les horaires…).
Niveau 3 – Expertise	– Faire progresser son équipe. – Évaluer l'équipe.

Travail à faire

Vous devez évaluer les besoins de formation dans votre équipe et déterminer les actions de formation les plus adaptées pour chacun. Puis vous concevrez un questionnaire d'évaluation de fin de stage.

1 Comprendre le contexte

a. Pourquoi Patrice Ramez est-il très attaché à la qualité de service à la clientèle ?

b. En quoi la formation peut-elle aider les conseillers à atteindre le niveau de qualité de service attendu ?

c. Qu'apportent les différents outils proposés par M'Équito aux collaborateurs ?

2 Repérer les principaux objectifs de formation au sein de l'équipe

Vous avez synthétisé les comptes rendus des nombreux échanges, discussions et entretiens menés avec vos collaborateurs (annexe 1).

- Identifiez les objectifs de formation des quatre conseillers pour l'année N.

Annexe 1 · Synthèse des entretiens avec les conseillers clientèle (extraits)

Fiche ressource 1 · La formation

3 Préparer la formation des quatre conseillers pour l'année N

- Indiquez les étapes de la démarche que vous allez mettre en œuvre pour permettre à vos collaborateurs d'atteindre leurs objectifs.

Fiche ressource 2 · Les étapes de la formation

4 Évaluer les besoins en formation

a. Indiquez les points forts et les axes de progrès de vos collaborateurs compte tenu des exigences liées au métier de conseiller clientèle en boutique.

b. Identifiez, pour chaque conseiller, le thème de sa formation : commerce équitable, café, relation client, management, compte tenu de ses aptitudes, performances et projet de développement professionnel.

Annexe 1 · Synthèse des entretiens avec les conseillers clientèle (extraits)

Annexe 2 · Le conseiller clientèle en boutique

5 Déterminer les actions de formation et justifiez leur intérêt auprès des bénéficiaires

a. Indiquez les modes d'apprentissage et les modules de formation qui conviennent le mieux aux besoins de formation de Laurie et Yamina. Justifiez votre réponse.

b. Expliquez leur intérêt à vos deux collaboratrices.

Annexe 3 · La formation chez M'Équito

Annexe 4 · Les formations proposées aux conseillers clientèle en boutique

Fiche ressource 3 · Le *blended learning*

6 Évaluer les effets de la formation

- Concevez le questionnaire d'évaluation à faire remplir par les stagiaires en fin de session de formation. Celui-ci devra intégrer les trois critères décrits dans la fiche ressource 4.

Fiche ressource 4 · L'évaluation de l'efficacité d'une formation

Fiche ressource 1

La formation

I Le cadre juridique de la formation professionnelle

Tout salarié a le droit de se former pendant ou en dehors de son temps de travail.
Différents cadres juridiques lui sont proposés :
– le plan de formation ;
– le congé individuel de formation (CIF) ;
– la validation des acquis de l'expérience (VAE) ;
– les périodes de professionnalisation ;
– le compte personnel de formation (CPF).

- La période de professionnalisation concerne principalement les salariés en poste depuis plus de 20 ans et dont la qualification n'est plus adaptée aux mutations technologiques.
- Le CPF, mis en place à compter du 1er janvier 2015, a été créé par la loi du 5 mars 2014 sur la sécurisation de l'emploi. Sa finalité est de permettre aux salariés et aux demandeurs d'emploi de se former tout au long de leur vie et de construire leur carrière. Le salarié pourra cumuler jusqu'à 150 heures de formation pour acquérir des compétences attestées (qualification, certification, diplôme). Il est attaché à la personne et non au contrat de travail. Les heures cumulées ne sont pas perdues lors d'un changement de statut (perte d'emploi, nouvel employeur…).

Afin de mieux gérer les compétences, la loi a également institué l'entretien professionnel, différent de l'entretien d'évaluation car centré davantage sur l'analyse et le renforcement des compétences.
Ainsi, plus qu'une obligation légale, la formation est un outil de progrès. C'est également un moyen pour agir sur la motivation des salariés. Elle concerne aussi bien les jeunes recrues à leur intégration que les collaborateurs confirmés tout au long de leur carrière.

II Les objectifs de la formation

L'intégration des jeunes collaborateurs
Exemple : **Comareg** forme les téléconseillers débutants aux produits et à l'outil téléphonique.

Le perfectionnement
- Développement des compétences
- Renforcement des qualifications.

Exemple : **Century 21** forme 3 000 personnes par an.

Les objectifs

L'adaptation aux évolutions technologiques et aux changements
Exemple : **Manpower** offre des formations aux intérimaires pour leur permettre d'adapter en permanence leurs compétences à celles recherchées par les clients.

L'accès à de nouvelles responsabilités
(Évolution interne vers des postes plus intéressants)
Exemple : **Kiabi** offre une formation de 25 jours, étalée sur 2 mois, aux collaborateurs évoluant vers le poste de manageur des ventes. Kiabi forme ainsi chaque année 300 manageurs de vente.

Fiche ressource 2

Les étapes de la formation

I Évaluer les besoins en formation

1. L'évaluation par le manageur

Le manageur peut repérer les besoins de ses salariés dans diverses circonstances :
- au moment du recrutement ;
- lors d'un changement de fonction ;
- lors de l'entretien d'évaluation ;
- à l'occasion de dysfonctionnements (erreurs, oublis, réclamations, absentéisme…) ;
- en cas de performances médiocres.

2. La demande du salarié

Le salarié peut aussi être à l'origine de la demande de formation, par intérêt, par goût ou par envie d'élargir l'éventail de ses compétences.

3. L'accompagnement d'un changement dans l'entreprise

Le manageur peut souhaiter développer le potentiel d'un collaborateur et le former afin de l'aider à s'adapter à un changement dans l'entreprise.

4. Le plan de formation

La planification, la budgétisation et l'organisation des formations constituent le plan de formation.

II Choisir une formation interne ou externe

La formation peut être assurée dans l'entreprise ou à l'extérieur.
La formation interne est dispensée soit dans les unités commerciales, par les manageurs eux-mêmes ou par des formateurs internes, soit dans des centres de formation interne.

> Exemple : Décathlon a mis en place une école de management ainsi qu'une école des métiers pour former ses salariés aux normes et aux méthodes.

Pour des formations très spécialisées ou pour les PME qui ne disposent pas de leur propre centre de formation, il est possible de recourir à la formation externe et aux services de centres de formation spécialisés. Ces organismes sont très nombreux en France (environ 8 000).

III Choisir un mode de formation

La formation peur revêtir plusieurs formes :
- la **formation collective en salle** : formation traditionnelle (cours, jeux, travaux de groupe) ;
- l'***e-learning*** : type de formation à distance, utilisant les CD-Rom, l'intranet ou Internet ;
- la **formation mixte** (ou ***blended learning***) : associe formation à distance et cours traditionnels en salle, l'un et l'autre étant complémentaires.

Actuellement, de nombreuses unités commerciales optent pour la formation mixte.

IV Faire le bilan de la formation

Compte tenu du coût que représente la formation pour l'employeur, il est important de mettre en place des outils de suivi et de contrôle (questionnaires d'évaluation, QCM d'autoévaluation sur CD-Rom ou sur l'intranet).

Fiche ressource 3

Le *blended learning*

Le *blended learning* (ou formation mixte) combine, de façon cohérente, différents dispositifs d'apprentissage : la formation en ligne, la classe virtuelle, la formation en salle, la mise en œuvre des acquis sur le terrain et les retours d'expérience. Il a pour but d'aider le stagiaire à s'ouvrir à la formation et à apprendre durablement et intelligemment. Sa mise en œuvre est cependant assez complexe.

I La formation en ligne (distanciel)

Elle est utilisée pour s'informer ou se former sur les réglementations, les procédures, les argumentaires de vente et/ou les caractéristiques des biens et services vendus par l'unité commerciale. Elle facilite les révisions à la fin d'un cycle de formation. Elle permet à l'apprenant de se former quand il le souhaite, à son rythme, et d'évaluer ses connaissances à l'aide de tests. Toutefois, pour que ce mode d'apprentissage soit efficace, l'entreprise doit mettre à disposition des apprenants les outils nécessaires : plateforme de connaissances, programmes pédagogiques mis à jour…
Du point de vue de l'entreprise, ce type de formation convient pour des effectifs nombreux et dispersés géographiquement. Cet outil économique permet de diffuser une information standard et homogène à un grand nombre de salariés en un temps limité.

II La formation en salle (présentiel)

Elles permettent d'intégrer des connaissances générales et transversales, et de les mettre en application à l'aide d'exercices, de jeux de rôles, de mises en situation, d'échanges. Le formateur intervient pour aider les stagiaires à acquérir ou développer leurs compétences et pour répondre à leurs interrogations.

III La classe virtuelle

Elle réunit à distance, sur une durée donnée, un animateur et une dizaine de participants connectés en même temps à Internet depuis leur poste de travail (formation synchrone).
Elle est utilisée soit pour donner des pré-requis soit pour consolider des connaissances. Dans certains cas, elle permet de suivre les apprenants dans leur parcours de formation, dans d'autres cas, elle aide à développer des savoir-faire ou des savoir-être.
Elle combine les avantages du distanciel (les apprenants ne se déplacent pas) et du présentiel (un animateur pilote la séance).

IV Les retours d'expérience

Ils peuvent se faire par le biais d'échanges sur des programmes collaboratifs intégrés dans les plateformes de connaissances. Les échanges entre stagiaires sur leurs acquis et leur mise en pratique sont généralement constructifs et contribuent à la création d'une communauté de métiers.

Associer ces différentes pédagogies dans le cycle de formation présente de nombreux atouts : modularité, accessibilité, optimisation du temps de formation, meilleur accompagnement des apprenants, capacité à fédérer, meilleur apprentissage, ancrage durable des acquis.

Ainsi, le *blended learning* est un dispositif moderne et économique qui répond parfaitement aux attentes des salariés et aux exigences des entreprises.

Fiche ressource 4

L'évaluation de l'efficacité d'une formation

La formation coûte cher et peut être considérée comme un investissement dont le retour doit être évalué.

L'outil d'évaluation le plus couramment utilisé est le **questionnaire de satisfaction** rempli par les stagiaires à la fin de la session de formation.

Pour rédiger un questionnaire exploitable et orienté vers l'évaluation de l'efficacité de la formation, il faut prendre en compte trois critères : la pertinence, les acquis et le transfert des compétences.

I Évaluer la pertinence

Les objectifs de formation, c'est-à-dire les compétences à développer ou à faire acquérir, sont-ils pertinents par rapport à l'analyse des besoins ?

> Exemple : Questions types pour évaluer la pertinence d'une formation :
> – « Êtes-vous satisfait des objectifs de la formation ? »
> – « L'action de formation est-elle un moyen d'atteindre vos objectifs ? »
> – « Les objectifs de formation vont-ils vous aider à être plus performant dans votre activité ? »

II Évaluer les acquis

Les apprenants ont-ils progressé en termes de compétences ?

L'intégration de ce critère dans le questionnaire de satisfaction conduit à inclure des questions d'autoévaluation sur les compétences acquises ou développées, avant et après la formation.

> Exemple : Un hypermarché a envoyé certains de ses employés libre-service (ELS) et vendeurs en stage de marchandisage afin qu'ils apprennent à mettre en valeur les produits. Les questions d'évaluation des acquis étaient formulées ainsi :
> Pour chaque compétence, estimez votre progression.

Objectifs – Sous-objectifs	**OUI** **J'ai progressé**	**NON** **Je n'ai pas progressé**
Mettre en valeur les produits		
– Adopter une implantation verticale		
– Alterner les produits d'achat prémédité et les produits à achat d'impulsion		
– Respecter la visibilité des produits		

L'analyse des réponses est ensuite destinée à montrer l'efficacité pédagogique de la formation et à mettre en évidence les compétences qui nécessitent un complément d'information.

Néanmoins, l'autoévaluation comporte des limites. Ainsi, elle donne une information sur l'efficacité collective de la formation mais n'est pas utilisable pour certifier qu'une personne maîtrise ou non une compétence.

III Évaluer le transfert des compétences

Les compétences acquises ont-elles été mises en œuvre sur le terrain ?

> Exemple : Questions types dans un questionnaire de satisfaction :
> – « Parmi ces compétences, lesquelles pensez-vous pouvoir réutiliser sur votre poste de travail ? »
> – « Dans quels délais pensez-vous pouvoir exploiter ces acquis ? »
> – « Êtes-vous confiant quant aux possibilités de transfert des compétences acquises en stage ? »

Applications

1 Organiser et assurer le suivi de la formation de ses vendeurs

Vous êtes responsable d'une équipe de vendeurs dans le rayon « Téléphonie » d'un magasin spécialisé en électronique grand public.

Les vendeurs ont tous suivi une formation à la vente basée sur huit étapes clés :

1. l'accueil du client ;
2. la découverte du client et de ses besoins ;
3. la reformulation des besoins ;
4. la proposition de trois produits ;
5. l'argumentation ;
6. le traitement des objections ;
7. la conclusion ;
8. la prise de congé.

Cependant, en observant vos vendeurs face aux clients, vous avez constaté qu'ils maîtrisaient mal l'étape 4. Vous décidez donc de leur dispenser une rapide formation sur la technique décrite dans le document.
Votre mission consiste à préparer cette microformation, puis à l'animer.

1. **Quels sont les objectifs de cette formation terrain ?**
2. **Comment allez-vous sensibiliser votre équipe à l'intérêt de cette microformation ?**
3. **De quelle manière allez-vous procéder pour expliquer la technique ?**
4. **Comment allez-vous vérifier que les vendeurs ont bien compris la technique ?**
5. **Quel comportement devez-vous adopter lors de cette microformation ?**

La microformation dispensée à vos vendeurs s'est révélée utile mais insuffisante. Ceux-ci ont besoin d'une connaissance technique plus approfondie de leurs produits.
Vous décidez de les envoyer suivre une formation « Produits en téléphonie » au siège de la société durant une journée.
Votre mission consiste à optimiser cette session de formation, avant et après.

6. **Comment allez-vous motiver vos vendeurs et leur donner envie de s'impliquer dans cette formation ?**
7. **Comment allez-vous assurer le suivi de la formation ?**
8. **Pourquoi est-il important d'évaluer une formation ?**
9. **Concevez le questionnaire de satisfaction à faire remplir aux vendeurs en fin de session de formation.**

Document **La proposition de trois produits**

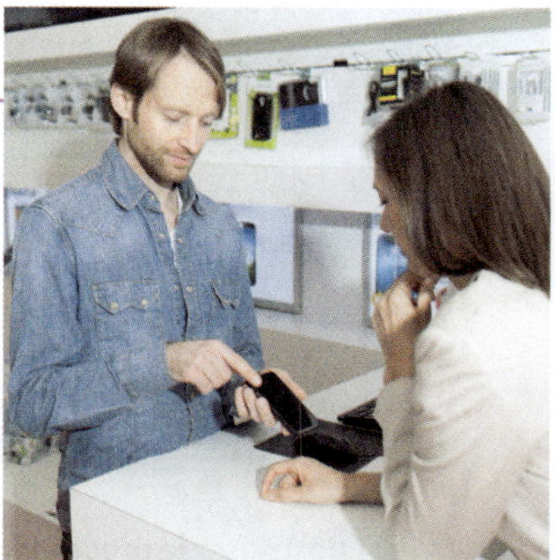

Lors de l'entretien de vente, le vendeur doit s'efforcer de proposer trois produits susceptibles de répondre aux besoins du client.
– Le premier produit est à la hauteur du budget du client.
– Le deuxième produit a un prix légèrement supérieur.
– Le troisième produit a un prix plus élevé, mais il pourrait correspondre à l'achat « coup de cœur » (le « produit de ses rêves »).
C'est par un questionnement fin et précis sur les attentes du client et les fonctionnalités qu'il recherche que le vendeur pourra proposer des produits à plus forte valeur ajoutée.

2 Évaluer le coût d'une action de formation

En qualité de responsable du rayon « Plantes d'intérieur » d'une grande jardinerie de la région lyonnaise, vous êtes chargé(e) de développer le potentiel de votre équipe.
Après analyse des performances collectives et individuelles, vous avez identifié deux vendeurs prioritaires pour suivre une formation de développement des compétences dans le secteur des végétaux d'intérieur.
Le temps de formation des vendeurs est rémunéré comme un temps de travail. Le salaire brut moyen d'un vendeur en jardinerie est de 10 € de l'heure. Les charges patronales sont estimées à 42 % du salaire brut.
Votre mission consiste à évaluer le coût de la formation.

1. **Déterminez le coût total de la formation.**
2. **Calculez le chiffre d'affaires supplémentaire à réaliser pour que la marge obtenue absorbe le coût de la formation, sachant que le taux de marque moyen pratiqué pour ce secteur est de 50 %.**
   Taux de marque = (Marge commerciale / Chiffre d'affaires) × 100
3. **Déduisez-en le nombre supplémentaire de plantes à vendre, sachant que le prix moyen d'une plante est de 15 €.**

Document **Éléments de coûts de l'action de formation envisagée**

La formation se déroule en interne, à Lyon, au siège social du groupe, à 100 km du magasin. Le transport se fait en train. Le prix d'un billet SNCF aller et retour est de 85 €.

Le coût d'une formation de 2 jours (soit 14 h de cours) pour un groupe de 8 participants s'élève à 1 315 € (repas du midi inclus). Il est réparti proportionnellement au nombre de stagiaires envoyés par le magasin. D'autres participants issus d'autres points de vente complètent le groupe.

Deux chambres sont réservées dans un hôtel situé à 10 minutes à pied de la gare de Lyon. Une nuitée coûte 74 € par chambre et le petit déjeuner est à 9,50 €. Le coût d'un repas le soir est estimé à 25 €.

3 Construire un programme de formation

Vous travaillez en tant qu'adjoint(e) du directeur d'une entreprise qui fabrique, revend et installe des placards, des dressings et des bibliothèques sur mesure.
Votre directeur a embauché récemment deux conseillers clientèle pour son magasin du Havre : Romuald, chargé des relations avec les particuliers, et Eymeric, chargé des relations avec les entreprises.
Afin de faciliter leur intégration, ceux-ci ont droit à une formation d'une durée maximale de 5 jours.
Vous assistez votre responsable dans la gestion du budget de formation.
Votre enveloppe budgétaire annuelle globale pour la formation des nouveaux salariés est de 2 400 €. Il n'est pas prévu d'autre embauche dans l'année.
Pour effectuer vos choix, vous donnerez la priorité aux formations produits et aux techniques de vente, si nécessaire.

- **Construisez le programme de formation des deux conseillers clientèle. Ce tableau indiquera, pour chaque conseiller, les modules choisis, le nombre de jours de formation et les coûts.**

Document 1 Extrait de la grille d'évaluation des compétences établie lors des entretiens de recrutement

Compétences	Romuald				Eymeric			
	1	2	3	4	1	2	3	4
Connaissance des matériaux				●		●		
Connaissance technique des produits de menuiserie intérieure				●		●		
Communication verbale			●				●	
Communication non verbale			●				●	
Techniques de vente en B to C		●					●	
Spécificités de la vente en B to B	●				●			
Connaissance du logiciel de gestion de la relation client	●					●		
Connaissance du logiciel de dessin assisté par ordinateur		●			●			
Connaissance des procédures : devis, bon de commande…		●					●	

1. Ne connaît pas ou ne sait pas utiliser ou ne sait pas faire.
2. Connaît les bases mais a encore besoin de se perfectionner.
3. Maîtrise.
4. Est expert.

Document 2 L'offre de formation du réseau

Modules	Description
Apprendre à utiliser le logiciel Salesforce	• Les principales fonctionnalités du logiciel : vente, service client, marketing, gestion des relations partenaires. • Durée : 2 jours. • Coût : – 400 €/jour pour une personne formée ; – 250 €/personne/jour pour un minimum de 2 personnes formées.
Apprendre à utiliser le logiciel Autocad	• Les principales fonctionnalités en dessin d'architecture intérieure • Durée : 3 jours. • Coût : – 250 €/jour pour une personne formée ; – 200 €/personne/jour pour un minimum de 2 personnes formées.
Connaître les produits de menuiserie en aménagement intérieur	• Les différents dressings et aménagements, pièce par pièce : chambre, entrée, suite parentale. Les modèles de portes de placard. Les modèles de portes coulissantes. Les bibliothèques et rangements. • Durée : 2 jours. • Coût : – 350 €/jour pour une personne ; – 200 €/personne/jour pour les groupes (minimum 5 personnes).
Connaître les matériaux utilisés en menuiserie	• Les matériaux (bois, PVC, alu) : les différents niveaux de qualité, les avantages et inconvénients respectifs ainsi que les traitements effectués. • Durée : 1 jour. • Coût : 260 €/jour/personne.
Apprendre les techniques de vente en B to C	• Les étapes de la vente. L'établissement d'un devis. L'établissement et l'édition d'un bon de commande. • Durée : 3 jours. • Coût : 280 €/jour/personne.
Découvrir les spécificités de la vente en B to B	• Durée : 1 jour. • Coût : 350 €/jour/personne.

4 Evaluer l'efficacité d'une action de formation

Vous travaillez chez Free sur un plateau téléphonique et vous animez une équipe de téléconseillers chargés de la relation « abonnés ».
Plusieurs de vos équipiers, récemment embauchés, viennent de suivre une formation hybride de deux jours à la gestion des appels entrants (½ journée de formation théorique à distance sur la plateforme collaborative de l'enseigne et 1,5 jours de cours pratiques en présentiel sous forme de jeux de rôle).
Vous prenez connaissance des résultats du questionnaire de satisfaction administré aux apprenants à la fin de la session de formation (document) puis vous les analysez.

1. **Commentez les résultats de cette évaluation et concluez sur l'efficacité de cette session de formation.**
2. **Proposez des actions complémentaires pour pallier les insuffisances de la formation.**

Document **Résultats du questionnaire de satisfaction**

1	**Cette session de formation a-t-elle été constructive ?** a. Oui, j'ai beaucoup appris. b. Oui, j'ai découvert des choses intéressantes. c. Non, je n'en retire pas grand-chose. d. Non, je n'ai rien appris.	 15 % 49 % 26 % 10 %		
2	**Comment évaluez-vous l'efficacité de la formation « hybride » ?** a. Très satisfaisante b. Satisfaisante c. Moyennement satisfaisante d. Pas du tout satisfaisante.	 20 % 44 % 30 % 6 %		
3	**Pensez-vous que la formation vous aidera à être plus à l'aise pour traiter les demandes des abonnés ?** a. Tout à fait b. Suffisamment c. Partiellement d. Pas du tout	 18 % 48 % 28 % 6 %		
4	**La formation vous a t-elle permis de développer les compétences suivantes :**	**OUI**	**Partiellement**	**NON**
	a. Apprendre à décrocher en moins de 20 secondes	78 %	18 %	4 %
	b. Offrir un accueil de qualité	85 %	13 %	2 %
	c. Savoir écouter et comprendre la demande de l'abonné	72 %	18 %	10 %
	d. Être capable d'apporter des explications claires	62 %	18 %	20 %
	e. Être capable de proposer rapidement une solution pertinente.	55 %	25 %	20 %
5	**Êtes-vous confiant quant à la possibilité de mettre en œuvre ces compétences à votre poste de travail ?** a. Très confiant b. Confiant c. Peu confiant d. Pessimiste.	 21 % 58 % 12 % 9 %		

S'entraîner à l'épreuve 1

L'unité commerciale ATP

ATP est un réseau d'agences de travail temporaire implantées principalement dans le Sud de la France. L'agence ATP de Valence est spécialisée dans le secteur tertiaire. Vous travaillez en tant qu'assistant(e) du chef d'agence. Deux de vos missions consistent à sélectionner les collaborateurs intérimaires et à mettre en place les formations nécessaires.

DOSSIER 1 **La recherche de télévendeurs pour une entreprise cliente de l'agence ATP**

En janvier, une entreprise spécialisée dans la télévente fait appel à votre agence pour recruter dix télévendeurs dans le cadre d'une mission de relance commerciale (négociation) auprès d'une clientèle de TPE/PME. Le besoin couvre la période des mois de février et mars.
Vous consultez le fichier des intérimaires de l'agence et repérez plusieurs candidats éventuels. Vous décidez de les contacter par téléphone pour connaître leur disponibilité et actualiser leur fiche (expériences récentes...).

1. **Préparez une liste de cinq questions à poser aux collaborateurs intérimaires lors de l'entretien téléphonique.**

Sur les dix intérimaires contactés, sept sont disponibles et ont conforté leur expérience de la télévente en B to B. Il vous reste à trouver trois nouveaux intérimaires.

2. **Indiquez quelles sources de recrutement internes et externes vous paraissent les plus appropriées pour trouver rapidement les candidats manquants.**

Vous décidez de diffuser une annonce sur le site du réseau (recrutement@atp.com).

3. **Rédigez cette offre d'emploi en vous aidant de l'annexe 1.**

DOSSIER 2 **La formation des nouveaux intérimaires**

Trois nouveaux intérimaires ayant déjà une première expérience de la vente en B to B en appels sortants ont été recrutés pour cette mission. Néanmoins, votre responsable d'agence estime qu'il faut renforcer leurs compétences professionnelles en négociation par une formation dans un centre qualifié.

1. **Comparez les avantages et les inconvénients des différents modes d'apprentissage proposés par ATP aux intérimaires (annexe 2).**
2. **Indiquez le(s) mode(s) le(s) plus approprié(s) pour former les trois nouveaux intérimaires à leur mission de phoning.**
3. **À l'aide de l'annexe 3, évaluez le coût de la formation pour chacun des trois modules dans le cas d'une formation mixte combinant la formation collective et l'accompagnement individuel. Choisissez le module le plus adapté compte tenu du budget et de l'expérience des candidats.**

Annexe 1 Les caractéristiques de l'offre pour un poste de télévendeur en B to B

La mission d'un télévendeur en B to B, en émission d'appels

Réaliser par téléphone, pour le compte de la société de télémarketing, un chiffre d'affaires auprès des décideurs de TPE et PME.

Les conditions de l'offre

- Un contrat de travail temporaire à temps plein d'une durée de 2 mois.
- Une rémunération attractive (2 200 € brut/mois + prime de précarité de 10 % + indemnité compensatrice de congés payés de 10 % des salaires bruts).
- Une formation de 1 à 2 jours avant la prise de poste.

Le profil recherché

- Bac + 2 ou autodidacte ayant une bonne culture générale.
- Une première expérience réussie de la télévente en B to B, en appels sortants.
- Une bonne élocution et des qualités rédactionnelles correctes.

Annexe 2 La formation des intérimaires chez ATP

ATP propose à ses intérimaires différents modules de formation dans le domaine tertiaire. Les formations sont dispensées par des organismes de formation adhérant à la Fédération de la formation professionnelle, ayant obtenu la qualification OPQF (Office professionnel de qualification des organismes de formation).

Les modes d'apprentissage utilisés pour ces formations sont les suivants :
- séance d'accompagnement individuel par un coach externe ;
- formation collective (cours théoriques et jeux de rôle) ;
- autoformation par CD-Rom.

Annexe 3 Informations quantitatives

Budget

Le budget de formation des intérimaires de l'agence pour le mois de janvier est de 3 000 €.
Une partie de ce budget sera consacrée à la formation d'un autre intérimaire à une nouvelle suite logicielle.
Le coût de cette formation est évalué à 560 €.
Le solde peut être utilisé pour former les trois télévendeurs.

Trois modules de formation progressive sont proposés :

Intitulé	Programme	Durée
Module 1 – Découverte des bases du métier	Initiation à la technique de vente par téléphone	1,5 jour 12 heures
Module 2 – Approfondissement	Argumentation téléphonique et traitement des objections	2 jours 16 heures
Module 3 – Spécialisation	Adaptation de l'argumentaire aux spécificités du secteur d'activité de l'entreprise cliente	1 jour 8 heures

Il est possible de suivre le module 2 sans avoir suivi le module 1, le module 3 sans avoir suivi le module 1 ou le module 2. Tout dépend de la qualification et de l'expérience du collaborateur.

Coût selon le mode d'apprentissage

- Une heure de formation en groupe est facturée 70 € par l'organisme de formation.
- Une heure d'accompagnement individuel par un coach est facturée 230 €. Pour être efficace, une séance de coaching doit durer 2 heures.
- Une séance de coaching par module suffit.
- Un CD-Rom d'autoformation coûte 150 € (il existe un CD-Rom par module).

Chapitre 3

Motiver et stimuler les membres de l'équipe

C. 114 Motiver et stimuler
C. 223 Fixer des objectifs commerciaux et financiers

Situation

Nom : groupe Renault
Réseau : un peu plus de 700 points de vente en France, dont environ 20 % de succursales RRG et 80 % de concessions indépendantes
Effectif : 3 600 agents

Deuxième groupe de distribution automobile en France, Renault Retail Group (RRG), filiale de distribution du groupe Renault, présent dans treize pays européens, assure la vente de véhicules neufs et d'occasion des marques Renault, Dacia et Nissan ainsi que les services après-vente et la vente de services associés (dépannage et remorquage, location de véhicules avec Renault Rent, financement, assurances…).

Depuis 2007, le réseau de distribution est fragilisé du fait d'une baisse importante des immatriculations. La rentabilité a chuté. La crise, l'accélération de l'urbanisation, l'augmentation du coût du logement et des dépenses de communication, le développement de modes de transport alternatifs à la voiture sont quelques-uns des facteurs explicatifs de ces difficultés du marché automobile.

Néanmoins, depuis la fin de l'année 2013, la situation s'améliore, en partie grâce au renouvellement de la gamme et au succès des derniers modèles (nouvelles Twingo et Clio, Captur…).

Vous travaillez en tant que chef des ventes d'une équipe de 12 commerciaux dans la concession automobile Durand, située à proximité de Caen (Calvados). Même si la conjoncture s'améliore, les résultats du dernier exercice restent encore décevants. Les salariés ne percevront pas d'intéressement malgré les efforts effectués. Vous devez faire face à la démotivation de certains membres de votre équipe. C'est pourquoi, vous mettez en place une enquête de satisfaction interne par questionnaire afin de déceler les leviers de motivation à actionner.

Annexe 1 Composition de l'équipe

Tous les vendeurs sont en CDI. Chacun est spécialisé dans un domaine et/ou une catégorie de clients : véhicules utilitaires ou de tourisme aux sociétés, véhicules électriques, véhicules neufs (VN) aux particuliers, véhicules d'occasion (VO) aux particuliers.

Vendeur (domaine)	Âge/Ancienneté	Vendeur (domaine)	Âge/Ancienneté
Grazziella (Sociétés)	42 ans / 18 ans	Yamina (VN particuliers)	28 ans / 5 ans
Jérôme (Sociétés)	38 ans / 15 ans	Sylvain (VO Particuliers)	27 ans / 4 ans
Pascale (Véhicules électriques)	34 ans / 14 ans	Marc (VN Particuliers)	25 ans / 3 ans
Rachid (VN particuliers)	30 ans / 10 ans	Marion (VN Particuliers)	22 ans / 3 ans
Paul (VN particuliers)	28 ans / 8 ans	Maxime (VO Particuliers)	24 ans / 18 mois
Marco (VN particuliers)	35 ans / 7 ans	Sarah (VO Particuliers)	20 ans / 1 an

Annexe 2 Synthèse des résultats de l'enquête interne de satisfaction

Facteurs de motivation et de bien-être au travail	Nombre de vendeurs satisfaits (/ 12)	Taux de satisfaction
Facteurs liés à l'individu		
Contenu et intérêt du travail	10	83 %
Autonomie	10	83 %
Qualité des relations avec les collègues	5	42 %
Qualité des relations avec le chef des ventes	6	50 %
Possibilités de promotion et de développement	3	25 %
Reconnaissance	6	50 %
Sentiment d'être écouté et de pouvoir s'exprimer	7	58 %
Sentiment d'appartenance	9	75 %
Sentiment d'être associé au développement de l'UC	3	25 %
Facteurs liés à l'environnement du poste de travail		
Rémunération	5	42 %
Plan de formation	8	67 %
Stabilité de l'emploi	11	92 %
Statut de vendeur	8	67 %
Journées de congé	7	58 %
Avantages matériels : tablette, voiture de fonction, téléphone portable	9	75 %
Satisfaction globale exprimée	**7**	**58 %**

Annexe 3 Description du système de motivation des vendeurs en concession

Chez le concessionnaire Durand, la motivation à la vente passe par une animation financière pure (rémunération liée aux ventes) et des opérations ponctuelles de stimulation sous forme de concours et de challenges.
Le système de rémunération est basé sur la performance et la compétition.

• Concernant l'animation financière pure

Le vendeur est rémunéré par un fixe et des primes.
Le salaire moyen d'un vendeur automobile est de 2 100 €/mois (fixe = 1 050 €/mois + primes).
Les primes sont calculées trimestriellement sur le volume des ventes, quels que soient les contrats (vente de véhicule neuf, financement, service…).
Elles dépendent du taux de réalisation de l'objectif (en volume).

Réalisation de l'objectif	Moins de 80 %	Entre 80 % et 100 %	Entre 100 % et 110 %	Plus de 110 %
Montant de la prime	Pas de prime	Prime A	Prime B > Prime A	Prime C > Prime B

•••

•••

Annexe 3 Description du système de motivation des vendeurs en concession (suite)

Aux primes trimestrielles peut s'ajouter une prime d'intéressement calculée sur les résultats annuels de la concession.
Globalement, les objectifs assignés à l'équipe ont été atteints à 85 %. En N, la rémunération globale de tous les vendeurs de la concession a baissé de 5 % par rapport à N-1.
Au cours de la dernière période, on observe de fortes disparités entre les vendeurs :
– les plus expérimentés ont dépassé leurs objectifs et maintenu leur salaire, malgré le non-versement de la prime d'intéressement ;
– les jeunes vendeurs, quant à eux, sont en retard. Certains n'ont pas obtenu de prime lors du dernier trimestre et leur rémunération a fortement chuté.

• **Concernant les opérations ponctuelles de stimulation,**

Deux vendeurs dans la catégorie « Véhicules neufs » (Rachid et Marco) ont été récompensés lors du dernier challenge. Ils ont gagné un week-end gastronomique pour deux personnes dans un « Relais & Châteaux ».

Annexe 4 Synthèse de l'entretien d'évaluation de Marc (extrait)

Synthèse de l'entretien d'évaluation de Marc, 25 ans, BTS MUC, vendeur de véhicules neufs aux particuliers, en poste depuis 3 ans chez le concessionnaire automobile Durand (extrait).

Bilan de compétences

	Critères d'évaluation	Échelle de notation*			
		1	2	3	4
Compétences techniques de base	Prise de rendez-vous par téléphone		•		
	Rédaction du rapport de prospection			•	
	Accueil du client potentiel sur le lieu de vente				•
	Maîtrise des techniques de vente			•	
	Rédaction du bon de commande				•
	Suivi de la clientèle de particuliers		•		
Capacités liées à l'emploi	Capacités d'adaptation (diversité des clients et des situations)			•	
	Prise en compte des objectifs		•		
	Organisation du travail		•		
	Connaissances en mécanique		•		
	Maîtrise de l'anglais	•			

* *Note 1 = médiocre ; note 4 = excellent.*

Taux de réalisation des objectifs de Marc

Trimestre 1	75 %	Pas de prime
Trimestre 2	90 %	Prime trimestrielle = 1 500 €
Trimestre 3	105 %	Prime trimestrielle = 2 100 €
Trimestre 4	85 %	Prime trimestrielle = 1 500 €

Travail à faire

1 Comprendre le contexte

a. **Quels sont les services associés vendus par Renault Retail Group ?**
b. **Pourquoi la rentabilité des points de vente a-t-elle chuté entre 2007 et 2013 ?**
c. **Quelle est l'utilité d'une enquête de satisfaction en interne ?**
d. **Qu'entend-on par « leviers de motivation » ?**

•••

• • •

2 Chercher les causes de la démotivation de l'équipe

Après avoir pris connaissance des résultats de l'enquête menée anonymement en interne, vous repérez les sources de motivation et de démotivation de votre équipe afin de mettre en place différents moyens de motivation et de stimulation.

a. Identifiez les principales sources de satisfaction et d'insatisfaction des membres de votre équipe.

Annexe 1 • Composition de l'équipe
Annexe 2 • Synthèse des résultats de l'enquête interne de satisfaction

b. Indiquez sur quels facteurs de motivation et de bien-être au travail vous pouvez agir.

Fiche ressource 1 • La motivation au travail

3 Remédier à la démotivation en proposant des actions managériales adaptées

Le directeur de la concession envisage un réaménagement du système de motivation actuel. Il vous sollicite pour réfléchir à une amélioration possible de celui-ci.

a. De quels éléments la rémunération des vendeurs de la concession Durand est-elle composée ?

b. Analysez les avantages et les inconvénients du système de motivation utilisé dans la concession.

c. Proposez une amélioration du système actuel.

d. Suggérez d'autres actions managériales pour gratifier et valoriser les membres de votre équipe.

Annexe 3 • Description du système de motivation des vendeurs en concession
Fiche ressource 2 • La rémunération de l'équipe commerciale

4 Accompagner les vendeurs en difficulté

Vous avez récemment mené les entretiens d'évaluation de vos vendeurs et vous examinez le bilan de Marc.

a. Commentez les résultats de Marc et identifiez ses axes de progrès.

Annexe 4 • Synthèse de l'évaluation de Marc

Vous décidez de mettre en place un tutorat afin d'aider Marc à progresser et pensez déléguer ce coaching à Pascale. Vous vous apprêtez à recevoir les deux vendeurs pour les convaincre de l'intérêt de cet accompagnement.

b. Formulez les arguments à développer lors de cette entrevue.

c. Prodiguez à Pascale quelques conseils pour organiser efficacement cette session de coaching.

Fiche ressource 3 • L'accompagnement collectif ou individuel

5 Organiser une opération ponctuelle de stimulation

Le nombre de véhicules d'occasion est trop important dans la concession. Les trois quarts sont en stock depuis plus de 90 jours.
Vous disposez d'un budget de 1 500 € pour organiser un concours afin de booster les ventes des véhicules en stock à la concession. Vous souhaitez en écouler 30 en un mois, soit 12 de plus que le mois dernier. Ce concours s'adresse aux trois vendeurs en charge de la vente des VO.

- **Préparez et organisez le concours en imaginant un thème ludique, la nature de la récompense et les moyens d'animation.**

Fiche ressource 4 • Les techniques de stimulation
Fiche ressource 5 • Réussir une opération de stimulation de l'équipe de vente

Fiche ressource 1

La motivation au travail

I L'approche par les motivations

Une motivation est une force intérieure qui pousse le salarié à se comporter et à agir d'une manière spécifique pour atteindre ses objectifs.

1. Les facteurs intrinsèques (internes à l'individu)

- Contenu du travail
- Intérêt du travail
- Responsabilités
- Possibilités de promotion et de développement
- Réalisation de soi ou reconnaissance
- Sentiment d'être associé au développement de l'unité

→ Satisfaits, ils sont source de motivation

→ Non satisfaits, ils sont source de démotivation

> Exemple : Un système d'épargne salariale joue sur la motivation des collaborateurs en leur donnant le sentiment d'être réellement associés au développement de leur entreprise.

2. Les facteurs extrinsèques (externes à l'individu)

- Rémunération
- Stabilité de l'emploi
- Statut conféré par le poste
- Possibilité de journées de congé supplémentaires
- Voiture de service, ordinateur portable…

→ Satisfaits, ils ne sont pas forcément source de motivation et d'implication de l'individu dans son travail

→ Non satisfaits, ils sont source de démotivation

> Exemple : Un salarié peut très bien recevoir un salaire correct et travailler dans de bonnes conditions, sans pour autant être motivé ni s'impliquer dans son travail.

3. La mesure de la satisfaction des salariés au travail

Des collaborateurs heureux font des clients satisfaits et des entreprises performantes. C'est pourquoi de nombreuses entreprises mesurent régulièrement le degré de motivation de leurs salariés.

Les outils de mesure de la satisfaction des salariés au travail sont nombreux : analyse des indicateurs sociaux (taux d'absentéisme, nombre d'accidents du travail, niveau de stress…), sondages ou enquêtes d'opinion en interne, baromètres de motivation, entretiens individuels de motivation…

Il importe à la direction et aux manageurs de transmettre les résultats aux équipes afin de les analyser et de mettre rapidement en œuvre des mesures concrètes.

Un suivi régulier doit être mené afin de mesurer les effets des actions entreprises.

II Les moyens d'action du manageur sur la motivation

1. Fédérer autour des objectifs

Fixer des objectifs est l'une des actions de base du management d'équipe.
Le manageur fixe, dans un premier temps, des objectifs collectifs, afin de susciter une certaine solidarité au sein de l'équipe, puis, dans un second temps, des objectifs individuels, pour responsabiliser chaque coéquipier.
Pour qu'ils soient motivants, les objectifs individuels doivent être à la fois ambitieux et réalistes, être fixés avec les collaborateurs eux-mêmes, en face-à-face, être compris et suffisamment mobilisateurs. Ils doivent être en nombre limité et pouvoir être mesurés à l'aide de certains indicateurs.

2. Agir sur le travail et son environnement

En général, le manageur ne dispose pas de l'autonomie de décision pour satisfaire les besoins extrinsèques de ses subordonnés (salaire, carrière, statut, avantages), mais il peut accroître leur motivation en faisant évoluer les situations de travail.

> Exemple : Si un salarié est démotivé parce que son travail est monotone, le manageur pourra agir sur le contenu du travail et lui proposer des tâches plus intéressantes et moins routinières.

Le manageur dispose essentiellement de moyens d'action relatifs au travail lui-même, à son organisation et aux relations au sein de l'unité commerciale.

a) Modifier le travail quotidien

Le manageur peut agir sur l'intérêt d'un travail, l'autonomie du salarié, la maîtrise d'une tâche ou d'une activité, en aidant les salariés qui le souhaitent – et le peuvent – à développer leurs savoir-faire et leurs compétences. Il peut aussi agir sur le rythme du travail, sa durée, son intensité, les difficultés de son exécution…

b) Organiser le travail différemment

Le manageur d'unité commerciale peut assouplir les horaires, aménager le temps de travail, mieux répartir les pauses, diminuer les contraintes administratives et les contrôles, répartir au mieux les compétences afin de favoriser la complémentarité dans l'équipe.

c) Améliorer les relations dans l'unité commerciale

Le manageur, par ses qualités d'animateur, a un vrai rôle à jouer sur l'ambiance au sein du groupe. Il peut aussi chercher à favoriser les échanges entre les collaborateurs et lui-même, en donnant à chacun la possibilité de s'exprimer.

Fiche ressource 2

La rémunération de l'équipe commerciale

Un dispositif de rémunération bien conçu a un impact positif sur la motivation et le comportement des salariés. Il est établi par la direction générale ou la direction des ressources humaines, non par les manageurs opérationnels. Cependant, ces derniers ont aussi un rôle à jouer dans ce domaine : il consiste, pour une part essentielle, à communiquer et à expliquer aux salariés l'utilité et l'intérêt des différentes composantes du dispositif (fixe, prime, intéressement…). Par ailleurs, le manageur participe à l'évaluation du collaborateur.

I Les enjeux de la rémunération

Un système de rémunération efficace tient compte de la conjoncture et de la stratégie commerciale de l'enseigne, a un impact sur la motivation des salariés et sur la création de valeur pour l'unité, tout en respectant les limites budgétaires.

> Exemple : En période de crise, les enseignes de la grande distribution accordent peu d'augmentations salariales. Celles-ci sont alors attribuées en priorité aux salariés les plus méritants afin de ne pas les décourager et de risquer de les perdre.

Un système de rémunération ne doit pas rester figé. Il faut le faire évoluer constamment en fonction de la conjoncture et l'affiner régulièrement selon son impact sur la motivation.

> Exemple : Une société d'assistance informatique qui rémunérait ses commerciaux selon le chiffre d'affaires réalisé a revu son système de rémunération. Elle calcule désormais la partie variable du salaire sur la marge réalisée. Résultat : la rentabilité a été multipliée par deux.

II Les différentes composantes d'un système de rémunération

Pour rémunérer la tenue de poste et la compétence

Salaire fixe

Pour récompenser les performances collectives et l'esprit d'équipe

- Prime variable collective
- Intéressement

Pour récompenser les efforts et les performances individuelles

- Prime individuelle
- Bonus
- Commission
- Augmentation individuelle

Pour fidéliser et impliquer les salariés

Épargne salariale :
- Participation aux bénéfices
- Intéressement
- Actionnariat salarié
- Plan d'épargne entreprise
- Abondement
- Épargne retraite collective

Pour garantir la paix sociale

- Les augmentations générales
- Les avantages sociaux :
  - Prise en charge de la mutuelle par l'employeur
  - Retraite complémentaire
  - Prévoyance

…

Fiche ressource 3

L'accompagnement collectif ou individuel

Le tutorat est l'outil indispensable à tout manageur qui cherche à développer la performance de ses équipiers.

I La technique du coaching

Le coaching, terme plutôt à la mode, tire son origine dans les pratiques du sport. Il peut être appliqué à l'équipe pour fédérer ses membres autour d'un projet, faire accepter un changement, améliorer son mode de fonctionnement ou encore résoudre une situation de conflit.

> Exemple : Un manageur peut décider de faire participer les membres de son équipe à un séminaire de *team-building* (« construction d'équipe ») parce que l'ambiance de travail s'est nettement dégradée et que les résultats ont fléchi.

Le coaching peut aussi être utilisé pour le collaborateur qui débute dans ses fonctions ou qui rencontre des difficultés dans la réalisation de certaines tâches professionnelles. Dans ce cas, il aide le salarié à progresser dans ses savoir-faire et à améliorer son efficacité.

> Exemple : Dans un centre d'appels, un vendeur a du mal à traiter les réclamations des clients mécontents. Un collègue expérimenté, plus à l'aise dans cette tâche, va le coacher en plusieurs temps.
> 1. Le coach traite les appels des clients mécontents pendant que le coaché écoute les entretiens, analyse et commente les situations, puis coach et coaché simulent plusieurs entretiens.
> 2. Le coaché reprend les appels des clients mécontents sous la supervision du coach. Chaque appel est ensuite analysé et commenté.
> 3. Le coaché traite à nouveau seul les réclamations des clients mécontents. Son manageur ou le coach s'assure qu'il ne rencontre plus de problèmes dans cette tâche.

II Les intérêts et les limites du coaching

1. Une pratique efficace, bénéfique pour toute l'équipe

Le coaché progresse, rencontre moins de difficultés et devient plus efficace et plus motivé.

Le coach interne voit son expérience reconnue, le succès de son coaching lui procure une satisfaction nouvelle.

Le manageur améliore les résultats de son unité commerciale, développe l'esprit d'équipe, rend ses collaborateurs plus autonomes et peut déléguer davantage.

2. Les limites du coaching

L'ensemble de l'unité commerciale doit comprendre le principe du coaching, ses enjeux et ne pas avoir une attitude négative à l'égard des personnes coachées.

Si le coach est interne, il doit être volontaire ; il faut lui dégager du temps pour sa nouvelle mission et la valoriser.

S'il est externe, ce doit être un professionnel expérimenté, ayant le sens de l'écoute. Il doit être ouvert et faire preuve de discrétion dans l'exercice de sa mission.

Les interventions de coaching doivent être limitées dans le temps afin de ne pas créer une dépendance professionnelle du coaché et de maintenir les coûts dans une fourchette acceptable.

> Exemple : Pour un employeur, le prix d'une séance de coaching de 1 à 2 heures varie entre 500 et 1 000 €, selon le nombre de séances prévues.

Fiche ressource 4

Les techniques de stimulation

I Définition

La stimulation est une composante de la motivation. Elle est utile seulement si les autres facteurs de motivation – tels que le système de rémunération, la formation, les conditions de travail et le style de management – sont satisfaisants.
Elle regroupe des actions ayant pour objectif d'améliorer la performance à un instant t, de récompenser un effort supplémentaire à caractère exceptionnel et ponctuel ou de fédérer les équipes.

II Les différentes formes d'opérations de stimulation

1. Le concours de vente

Le concours de vente est un ensemble de moyens mis en œuvre pour accroître la productivité de l'équipe commerciale. Il est basé sur les performances ponctuelles des vendeurs et doit être utilisé exceptionnellement. Il récompense les meilleurs.

> Exemple : Dans le domaine de l'informatique, des opérations de type « commando » d'une demi-journée sont organisées pour réaliser de gros volumes de vente avec une remise importante.

2. Le challenge de stimulation

Le challenge est basé sur les performances annuelles des vendeurs. Il récompense chacun selon sa progression et permet aux meilleurs de bénéficier d'avantages particuliers.

> Exemple : Chez Renault, les 100 meilleurs vendeurs appartiennent à un club qui leur procure un certain nombre d'avantages : invitations VIP, nom du vendeur dans le *Guinness des records*…

La taille de l'entreprise, l'ampleur du challenge, le niveau de la récompense, le type d'opération (stimulation interne ou stimulation du réseau) déterminent le recours éventuel à une agence spécialisée.

3. Les conventions ou grands rassemblements

Des événements conviviaux et fédérateurs peuvent être organisés sous diverses formes :
– les séminaires et conventions sont adaptés pour transmettre des informations, expliquer les enjeux d'un projet, les prochains défis à relever, la nouvelle stratégie de l'enseigne ;
– les tables rondes sont mieux appropriées pour débattre, échanger les expériences réussies ou les difficultés, susciter les questions, faire émerger des idées et des propositions.

> Exemple : Dans certaines unités, des réunions *World café* sont organisées. Des groupes de 6 à 8 personnes sont réunis autour de tables et discutent librement d'un sujet. Une séquence dure environ 25 minutes. À la fin de celle-ci, les personnes changent de table, sauf une, qui résume aux nouveaux participants les idées émises par les précédents. Une réunion plénière en fin de journée permet de synthétiser les idées et propositions essentielles.

Fiche ressource 5

Réussir une opération de stimulation de l'équipe de vente

Une opération de stimulation combine plusieurs éléments qu'il faut soigneusement orchestrer : un enjeu, une règle du jeu, un système de récompenses et un plan d'animation. Elle doit conserver un caractère exceptionnel et être conçue sur mesure en fonction de la cible, des objectifs et du contexte.

I Les étapes d'une opération de stimulation

1. Identifier les participants.
2. Déterminer l'enjeu de l'opération ainsi que les objectifs, qui doivent être équitables, réalisables et, si possible, proportionnés à la réalité du terrain.
3. Fixer une durée adaptée aux objectifs (quelques jours, semaines ou mois).
4. Choisir le moment propice en fonction de la saisonnalité de l'activité (par exemple, avant ou après une période d'activité intense).
5. Choisir un thème suffisamment attractif et original pour être fédérateur.

   > Exemple : La Banque Postale, plusieurs fois sponsor de la Route du Rhum, a « embarqué » en 2006 ses 8 000 commerciaux dans cette course, avec un challenge intitulé « Grand Large ».

6. Définir une mécanique simple à comprendre (critères d'attribution des points, nature des récompenses, moyens d'animation…) pour que chacun s'approprie facilement les règles du jeu et puisse s'engager rapidement.
7. Construire un système de récompenses cohérent avec la cible et suffisamment attractif pour donner envie aux commerciaux de se surpasser.

   > Exemples : Offrir des voyages culturels ou des séjours dans un « Relais & Châteaux » à une cible de vendeurs seniors.
   > Offrir des biens high-tech à une cible de jeunes commerciaux.

8. Construire un plan d'animation pour maintenir intacte l'attention et entretenir un certain suspense.
9. Prévoir le suivi régulier de l'avancement des objectifs et les moyens de valoriser les résultats intermédiaires (intranet, newsletters…).
10. Envisager divers moyens de communication : avant l'opération pour l'annoncer (réunion, flyers, objets…), pendant pour entretenir l'enthousiasme et après pour mettre les gagnants à l'honneur.

    > Exemple : En 2014, après un an d'un challenge mobilisateur, les 500 meilleurs commerciaux de La Banque Postale ont été récompensés lors d'une cérémonie de remise de prix suivie d'un show musical.

II Les avantages d'une opération de stimulation

Monter une opération de stimulation en respectant cette démarche permet de cumuler divers avantages :
- augmenter le CA en donnant envie aux participants de se surpasser ;
- motiver l'équipe et créer une saine émulation ;
- valoriser l'équipe et reconnaître les efforts effectués ;
- améliorer la qualité des relations entre le manageur et son équipe.

Applications

1 Mesurer l'engagement des salariés

1. **Pourquoi une enquête sur le niveau d'engagement des salariés est-elle une opportunité pour chaque collaborateur ?**
2. **D'après le document ci-dessous, quel est l'intérêt pour Castorama de mesurer régulièrement l'implication de son personnel ?**
3. **Recherchez, sur le site http://emploi.castorama.fr, les autres critères de performance de la politique de ressources humaines de Castorama.**
4. **Classez ces critères en facteurs intrinsèques et extrinsèques.**

Document **La certification « Top Employeurs »**

top EMPLOYEURS 2014 FRANCE CERTIFIED BY THE CRF INSTITUTE

Chaque année, le Top Employers Institute décerne le label « Top Employeurs » aux entreprises ayant les meilleures pratiques en matière de gestion des ressources humaines.

Castorama a obtenu la certification « Top Employeurs France 2014 » pour la qualité de son offre dans ce domaine. Au palmarès des pratiques positives de l'enseigne figure la mesure, deux fois par an, du niveau d'engagement de ses 12 600 collaborateurs (enquêtes réalisées par GALLUP, institut mondial de sondages).

2 Comparer entre une prime et l'abondement du PEE

1. **Complétez le document et commentez les taux d'efficacité obtenus.**
2. **Énumérez les avantages de l'abondement pour l'employeur et pour le salarié.**

Document **Faut-il choisir d'accorder une prime à son salarié ou d'abonder son PEE[1] ?**

Dépenses et recettes occasionnées	Prime ou salaire	Abondement
Pour l'entreprise		
Versement brut	1 000 €	1 500 €
Charges sociales (taux appliqué)	50 %	–
Charges sociales (montant)		
Coût total employeur		
Économie d'impôt (IS à 34 %)		
Coût net employeur		
Pour le salarié		
Avantage brut	1 000 €	1 500 €
Charges sociales (taux appliqué)	22 %	8 %[2]
Charges sociales (montant)		
Net salarié		
Impôt sur le revenu (taux appliqué)	20 %	–
Impôt sur le revenu (montant)		
Net salarié final		
Taux d'efficacité[3]		

1. PEE : plan d'épargne entreprise. 2. CSG et CRDS applicables à 98 % du montant.
3. Taux d'efficacité = Net salarié final/Coût net employeur.

EPS Partenaires *L'entreprise*, n° 243

3 Mesurer le climat social

1. **Quels peuvent être les symptômes d'un mauvais climat social dans une unité commerciale ?**
2. **Quel est l'intérêt de la mesure du climat social ?**
3. **Imaginez et proposez quelques questions à poser aux salariés d'une unité commerciale dans le cadre d'une enquête de satisfaction interne**

Document **Les critères d'évaluation du climat social**

Dans de nombreuses enseignes de la distribution et des services, les directions des ressources humaines mesurent régulièrement le climat social à l'aide de baromètres.
Les critères évalués sont généralement :

- les conditions matérielles de travail ;
- la qualité perçue du management ;
- l'acceptation du changement ;
- la perception du dialogue social ;
- l'implication des salariés dans leur travail.

4 Découvrir l'intérêt et les limites du coaching

Le document ci-dessous liste diverses situations rencontrées couramment par le personnel d'un distributeur de matériel informatique.

1. **Dans quelles situations l'accompagnement individuel ou collectif par un *coach* peut-il se révéler efficace ? (Vous répondrez en complétant le tableau.)**
2. **Déduisez-en les bénéfices attendus pour le coaché, le coach et le manageur de l'unité commerciale.**
3. **Si le coaching se révèle être une pratique efficace et bénéfique, il n'en demeure pas moins qu'il présente des limites. Quelles sont-elles, selon vous ?**

Document **Inventaire des situations rencontrées par le personnel**

Situations	Coaching externe		Coaching interne	Autre moyen
	Accompagnement individuel	Accompagnement collectif		
Difficulté pour un vendeur à conclure une vente				
Connaissances insuffisantes des vendeurs sur les caractéristiques techniques des nouveaux produits				
Manque de motivation de l'équipe				
Problème de gestion du temps pour un vendeur				
Manque d'efficacité de l'équipe				
Mauvaise gestion du stress par un vendeur				
Conflit entre deux vendeurs				
Conflit entre le manageur et son équipe				
Retards fréquents d'un vendeur				
Confiance en soi insuffisante d'un vendeur				
Difficulté pour un vendeur à accepter les remarques, les critiques				

5 Utiliser la culture d'entreprise comme outil d'implication des salariés

1. **Globalement, qu'observez-vous : plutôt de la motivation ou plutôt du contentement ? Les sources de satisfaction portent-elles sur le travail en lui-même (intérêt du travail) ou sur les conditions de travail ?**
2. **Les téléconseillers vous paraissent-ils engagés et impliqués dans leur travail ? Justifiez votre réponse.**
3. **Comment expliquez-vous ce niveau d'engagement alors que le travail en centre d'appels est répétitif et monotone ?**
4. **Sur quels facteurs liés au travail peut-on agir pour générer la motivation des téléconseillers ?**

Document **Enquête sur la satisfaction et la motivation au travail**

Florian est étudiant en seconde année de BTS MUC. Il effectue son stage dans un centre de contacts MAIF. Dans le cadre de son projet de développement des unités commerciales, il a mené une enquête auprès des téléconseillers sur leur satisfaction au travail. Il vous livre quelques-uns des témoignages recueillis.

« Je ne vais pas conseiller un contrat si j'estime qu'un sociétaire n'a pas les moyens. »

« Je ne pourrais pas travailler dans une entreprise avec laquelle je ne serais pas en accord. »

« Il y a des jours où je n'ai pas l'impression d'être venu travailler. »

« Il y avait beaucoup de pression là où je travaillais avant. »

« Les objectifs, c'est pas ma culture ! »

« J'ai confiance dans les contrats vendus. »

« Je me sens bien sur la plate-forme. On forme une communauté de jeunes à taille humaine où chacun s'entraide. »

« Le téléphone, parfois, j'en ai assez. Le travail de téléconseiller est assez rébarbatif. »

« Je ne suis pas épanouie dans mon travail, je ne le trouve pas intéressant en soi et pourtant, je m'y investis parce que j'apprécie la dimension "service à la personne" propre à la MAIF. »

« Le temps libre et les horaires, c'est ce qui me plaît le plus ! »

« Je suis fière de travailler à la MAIF. Il y a une éthique et des valeurs qu'on ne rencontre pas ailleurs. »

« J'évite de parler de mon travail en lui-même à l'extérieur. »

« Je n'ai pas l'intention de passer ma vie sur la plate-forme. Dans deux ou trois ans, je fais autre chose. »

6 Calculer une prime d'intéressement

Vous êtes le (la) gérant(e) salarié(e) d'un magasin de prêt-à-porter et vous managez trois vendeuses. La politique salariale de l'enseigne consiste à verser un salaire fixe et un intéressement annuel.
Le montant des salaires bruts versés au titre de l'exercice N est de 77 470,68 €.
Les vendeuses sont payées au SMIC (soit 1 457,52 € brut mensuel au 01/01/2015).

1. **À l'aide du document ci-dessous, calculez le montant global de la prime d'intéressement, sachant que le CA TTC annuel du magasin est de 4 569 456 € (taux de TVA = 20 %).**
2. **Déterminez le montant de la prime versée à chaque vendeuse au titre de l'intéressement ainsi que celui de la vôtre, sachant que votre salaire fixe mensuel brut est de 2 083,33 €.**
3. **Commentez les résultats obtenus et concluez sur l'intérêt de l'intéressement.**

Document **Le calcul de l'intéressement et sa répartition entre les salariés**

L'accord d'intéressement mis en place dans l'enseigne prévoit de calculer l'intéressement sur l'atteinte des objectifs de vente. La règle de calcul explicitée dans l'accord est la suivante :

$$I = (CA\ HT \times t) / C$$

avec t = 0,07 et coefficient C = 23

L'accord d'entreprise prévoit aussi de répartir la prime entre les salariés proportionnellement aux salaires bruts versés au cours de l'exercice.

Par ailleurs, la loi stipule que :
- le montant de la prime globale d'intéressement ne peut excéder 20 % du total des salaires bruts versés au cours de l'exercice ;
- le montant de la prime individuelle ne peut, quant à elle, dépasser la moitié du plafond annuel de la Sécurité sociale (soit 19 020 € en 2015).

7 Aider les vendeurs à progresser

Lisez le document et/ou consultez la vidéo disponible sur le site www.pole.emploi.fr puis répondez aux questions suivantes.

1. **Comment Raphaël repère-t-il les difficultés dans son équipe ?**
2. **Quelle(s) condition(s) Raphaël met-il en place pour que son coaching soit efficace ?**
3. **Retrouvez les étapes du processus de coaching utilisé par Raphaël avec ses vendeurs.**
4. **Quels bénéfices cette pratique apporte-t-elle aux vendeurs ? au manageur ? au magasin ?**

Document **Vidéo métier Pôle emploi : « Raphaël, chef des ventes en magasin »**

Vidéo 3.1 : Raphaël, chef des ventes en magasin

Raphaël reçoit l'un de ses vendeurs dans son bureau.

Raphaël : Je t'en prie, installe-toi. Pour rappel, quels étaient tes objectifs pour le mois de mars ?

Le vendeur : Cinq extensions de garantie et dix prestations numériques.

Raphaël : Comme d'habitude, on va aborder les éventuelles difficultés, les éventuels besoins de formation aussi bien sur les techniques de vente que sur la connaissance produits.

Dans le magasin, Raphaël avec son équipe...

Raphaël, *à un autre vendeur* : Tu lui proposes trois solutions. Soit il va la chercher dans un autre magasin s'il la veut tout de suite, soit tu te la fais envoyer ici et il la récupère ici, soit on lui envoie gratuitement par courrier, comme ça, il la recevra à la maison et il n'a pas besoin de revenir ici...

Raphaël, *à Neja* : Neja ? Tu as un souci ?

Neja : Non, non, c'est juste pour un règlement en espèces...

Interview de Raphaël – Extraits choisis

Voix off : Que fait un chef des ventes ?

Raphaël : Globalement, cela va être principalement l'accompagnement de l'équipe de vente, la gestion de certains litiges en après-vente ou en livraison, voire même une incompréhension avec un vendeur. Un chef des ventes est principalement un manageur.

Voix off : Qu'il travaille en magasin ou évolue sur un secteur géographique, le chef des ventes est surtout le premier manageur au sein de la hiérarchie commerciale.

Raphaël : Le chef des ventes doit être capable de communiquer les techniques de vente à son équipe. C'est lui le vecteur du transfert de savoir.

Voix off : Un peu comme un coach, il organise, anime, dirige, conseille au quotidien sa force de vente.

Raphaël : Le métier de chef des ventes, c'est de créer un relationnel suffisant avec ses vendeurs pour qu'ils puissent s'ouvrir et dire quand ils n'y arrivent pas et trouver ensemble des solutions pour avancer, pour qu'ils puissent progresser et devenir meilleurs...

Web TV Pôle emploi, vidéo disponible sur le site www.pole-emploi.fr/tv/raphael-chef-des-ventes-en-magasin-@/tv/article.jspz?id=4543

8 Distinguer stimulation et motivation

1. **Pour chaque cas répertorié dans le document ci-dessous, précisez s'il s'agit d'un moyen de motivation ou de stimulation.**
2. **Déduisez-en une définition de la stimulation.**

Document **Développer la motivation des vendeurs**

Voici quelques exemples de moyens utilisés par un manageur pour développer la motivation des vendeurs ou les stimuler.

1. Formation à l'utilisation du nouveau système d'exploitation.
2. Challenge de vente : le meilleur vendeur remporte un voyage à Venise.
3. Séminaire à la campagne
4. Augmentation individuelle de salaire
5. Prime sur objectif
6. Promotion à un grade plus élevé
7. Participation à un projet de développement de l'unité
8. Style de management participatif
9. Pratique régulière des félicitations
10. Organisation de réunions-débats pour recueillir les idées et opinions des vendeurs
11. Conditions de travail satisfaisantes : chacun dispose de ses ordinateur et téléphone portables, les horaires sont souples.

9 Exploiter les résultats d'un baromètre de satisfaction interne

Chaque année, la direction des ressources humaines d'un grand groupe de distribution alimentaire organise un baromètre de satisfaction interne pour mesurer le climat de travail dans les unités. Elle a fait parvenir récemment les résultats du dernier baromètre aux différents manageurs d'unité.
Éric Lejay, chef du secteur « Produits frais » d'un grand hypermarché de la région parisienne, prend connaissance de la satisfaction exprimée par les membres de son équipe. Un extrait vous est communiqué dans le document ci-dessous.

1. **De quelle manière le chef de secteur peut-il informer ses employés des résultats de ce baromètre ?**
2. **Analysez ces résultats.**
3. **Déduisez-en les mesures concrètes à mettre en place pour améliorer la satisfaction globale des salariés du secteur « Produits frais ».**

Document **Extrait du baromètre de satisfaction interne – Secteur « Produits frais » – Hypermarché N**

Critères	Notes*			
	1	2	3	4
Confiance à l'égard du manageur			•	
Relations avec le supérieur direct			•	
Esprit d'ouverture		•		
Responsabilisation, délégation		•		
Travail d'équipe et solidarité	•			
Partage des informations et des connaissances		•		
Connaissance des objectifs de l'unité		•		
Épanouissement personnel		•		
Relations avec les autres services du magasin			•	

** 1 = pas du tout satisfaisant*
2 = peu satisfaisant
3 = satisfaisant
4 = très satisfaisant.

10 Stimuler une équipe de téléconseillers

1. **Quelles sont les difficultés liées à l'organisation de challenges et concours de vente sur des plateaux téléphoniques en appels entrants ?**
2. **Quel rôle le manageur de proximité doit-il jouer dans le cadre d'un challenge à destination de ses téléconseillers ?**
3. **Quel type de récompense convient le mieux à une population de jeunes téléconseillers ?**
4. **Imaginez des solutions pour animer une opération sur un plateau téléphonique.**

Document « Pour motiver vos télévendeurs, concevez sur mesure des challenges »

Des opérations courtes

« *On ne conçoit pas le même challenge pour une force de vente terrain que pour un plateau de télévendeurs* », confirme Céline Brousse, directrice associée de l'agence de marketing relationnel Le Caméléon. Notamment parce que les commerciaux sédentaires passent peu de temps avec chaque client. La communication téléphonique est formatée et ne dure que quelques minutes. À cela peut s'ajouter la multiplication des références commercialisées. « *Les* télévendeurs *n'ont donc pas le temps de prendre du recul dans la relation commerciale,* poursuit Céline Brousse. *Leur approche commerciale est courte et instantanée, les animations doivent suivre ce rythme.* » [...] « *On travaille en général sur des formats d'une journée* [on parle d'opération "flash" ou de sprint]*, d'une semaine ou d'une quinzaine au plus,* analyse Étienne Turion, directeur général de l'activité B to B de Webhelp [...]. *Les télévendeurs ont des objectifs de vente quotidiens. L'animation doit donc être calée au plus près de ce rythme.* » [...]

Une mécanique simple et un nombre limité d'objectifs

Un challenge sur un temps court impose de travailler sur une mécanique simple et un nombre d'objectifs limité. « *Un ou deux critères (collectifs ou individuels) suffisent,* indique Anne Dufraysseix, directrice de clientèle chez Webhelp. *Cette simplicité donne à la direction l'occasion d'être extrêmement réactive. Par exemple, si le début de semaine a été mauvais et que l'équipe a pris du retard sur le prévisionnel, il est simple de lancer dès le mercredi une opération pour booster l'activité.* » Dans tous les cas, un seul impératif : il faut que, du matin au soir, les télévendeurs ne pensent qu'à votre opération !

Pour Céline Brousse, l'impact d'un challenge sur une force de vente sédentaire diffère selon que le plateau est en appels entrants ou sortants. « *Il est assez simple d'orienter – via un challenge – le travail de télévendeurs qui font de l'appel sortant. Car dans ce cas, on peut concevoir des scénarios.* » Ce n'est pas le cas de ceux qui font de l'appel entrant et répondent avant tout à une demande précise : renseignement, commande, etc. « *Le téléopérateur a, dans ce cas, plus de difficulté à placer son produit ou sa gamme challenge dans le court temps qui lui reste après que le client a exprimé sa requête,* analyse la porte-parole de l'agence Le Caméléon. Et de conclure : *Dans ce cas, il faut véritablement privilégier des challenges ultra simples, avec un seul et unique objectif.* »

Anne-Françoise Rabaud, « Pour motiver vos télévendeurs, concevez sur mesure des challenges », *Action Commerciale*, n° 285.

Chapitre 4

Évaluer les membres de l'équipe

C. 115 Évaluer les performances des membres de l'équipe
C. 23 Assurer la communication des résultats de l'activité
C. 223 Fixer des objectifs commerciaux et financiers

Situation

BEAUTÉ ZEN

Nom : Beauté Zen
Cible : les femmes de tous âges et de toutes situations.
Valeurs de la marque : innovation, qualité, efficacité, accessibilité, respect de l'environnement.

Vous êtes l'adjoint(e) stagiaire de la responsable de l'un des quatre magasins Beauté Zen du Valenciennois (Nord), qui emploie six salariées. Ponctuellement, le point de vente accueille des démonstratrices et des stagiaires.

Le magasin, qui comprend une boutique et un institut, est implanté dans le centre commercial du centre-ville, sur la Grand Place de Valenciennes. La concurrence est vive dans la zone, avec la présence d'une dizaine d'instituts, dont celui de la boutique Nocibé.

La directrice est très attachée à la qualité de l'accueil clients. Elle veille à ce que le personnel noue des contacts privilégiés avec la clientèle en se différenciant de la concurrence par l'expertise de ses conseils.

Elle pratique un style de management basé sur l'écoute ; elle suit, accompagne et évalue régulièrement chaque membre de son équipe. Pour l'aider dans cette démarche, elle dispose de nombreux outils d'évaluation et de suivi : grilles d'écoute de ses conseillères en vente, tableaux de suivi du chiffre d'affaires par salariée, résultats de visites mystères.

Afin de vous faire progresser dans la pratique managériale, la directrice vous délègue plusieurs missions, dont :

- l'évaluation de Lise, conseillère beauté ;
- l'analyse des performances de l'équipe pour le mois de septembre N ;
- la communication des résultats à l'équipe ;
- la préparation et la conduite d'un entretien d'évaluation ;
- la fixation des objectifs d'une conseillère beauté.

Annexe 1 Données du mois de septembre N – Institut

Esthéticiennes	Heures effectuées en institut en septembre N	CA Prestations (P) (en euros)	CA Ventes en cabine (VEC) (en euros)	Total CA P + CA VEC (en euros)
Aurélie	135 h	9 100	4 150	13 250
Caroline	65 h	3 700	1 550	5 250
Total magasin Valenciennes	**200 h**	**12 800**	**5 700**	**18 500**

- Les esthéticiennes effectuent leurs prestations en cabine tout en proposant la vente de produits de soin.
- L'objectif de rendement par heure effectuée en institut (P + VEC) est de 90 €.
- Le ratio [(CA VEC / CA P) × 100] doit être au moins égal à 50 %.
- Les esthéticiennes complètent leur service en institut par de la vente en magasin.

Annexe 2 Données du mois de septembre N – Boutique (hors institut)

Salariées	Ancienneté au 30/09/N	Horaire mensuel de travail	Nb d'heures consacrées à la vente en magasin en sept. N	Chiffre d'affaires sept. N (en euros)	Nb de tickets de caisse sept. N	Chiffre d'affaires sept. N-1 (en euros)
Cécile (directrice)	15 ans	152	65	18 946,57	220	15 921,49
Valérie (adjointe)	8 ans	152	87	31 833,56	358	19 176,84
Sylvie (conseillère beauté)	4 ans 8 mois	152	108	22 155,94	364	25 466,60
Lise (conseillère beauté)	1 an 1 mois	152	108	16 717,92	242	8 451,00
Manon (conseillère beauté)	2 ans	121	108	17 636,57	206	15 909,52
Aurélie (esthéticienne)	3 ans 6 mois	152	17	2 672,42	42	2 120,97
Caroline (esthéticienne) Prépare un bac pro en 24 mois	1 an	91	26	4 027,29	53	3 595,79
Total			**519**	**113 990,27**	**1 485**	**90 642,21**

La vente est l'activité principale des conseillères beauté. Leurs autres tâches courantes sont le suivi des prix de la concurrence, les changements de prix, les mises en avant, la gestion des arrivages, le podium vitrine et la tenue de caisse. En septembre N, l'objectif de rendement horaire moyen par conseillère est évalué à 185 € par heure de vente. L'objectif de panier moyen est fixé à 75 €.

Annexe 3 Fiche d'écoute « Ventes individuelles de Lise »

Semaine du 23 au 30/09/N	Oui	Non	Commentaires
Accueil client			
Accueille le client dès l'entrée dans les 15 secondes, avec un « Bonjour, monsieur *ou* madame, bienvenue chez Beauté Zen » souriant et audible.	✓		*Salue la cliente poliment.*
Donne la sensation au client d'exister lorsqu'il circule dans le magasin (sourire, gestes).	✓		*Prête attention à la cliente tout en continuant à ranger les produits en rayon.*
Prise en charge			
Prend en charge le client dans les 3 minutes après l'avoir accueilli et observé.	✓		*S'avance vers la cliente au bout de quelques instants pour proposer son aide.*
Pose une question ouverte pour s'informer des besoins du client.	✓		*La question est correctement formulée, sur un ton enjoué.*
Vente conseil			
Pose des questions pertinentes permettant la découverte des besoins du client.	✓		*Pose plusieurs questions pertinentes pour identifier les besoins de la cliente.*
Écoute le client.	✓		*La cliente est très bavarde. Lise écoute avec politesse mais le temps passe. D'autres clientes attendent.*
Reformule.		✓	*Pas de feedback pour s'assurer d'avoir compris la demande de la cliente.*
Propose un produit qui correspond à la demande du client et un produit complémentaire.		✓	*Finalement, Lise propose un produit qui ne convient pas à la cliente. Elle n'en propose pas un autre qui pourrait lui convenir.*
Les services Beauté Zen			
Propose au client un diagnostic de peau gratuit.	✓		*Lise propose le diagnostic de peau au moment de la découverte des besoins de la cliente.*
Informe le client sur les nouvelles cartes « Forfait institut » et Fidélité « Zen ».		✓	*Mais elle oublie d'informer la cliente sur les avantages de la nouvelle carte forfait et du nouveau programme de fidélité. D'autres clientes attendent.*
Commentaire général sur l'entretien de vente :			
Entretien courtois et chaleureux, mais qui manque d'efficacité.			

Travail à faire

1 Comprendre le contexte

a. **Comment s'exprime la culture de l'enseigne ?**

b. **Que suggère l'expression « un management basé sur l'écoute » ?**

2 Évaluer les performances des membres de l'équipe

Afin d'évaluer les performances des esthéticiennes d'une part et des conseillères beauté d'autre part, vous construisez, complétez et analysez deux tableaux de bord.

a. **À l'aide de l'annexe 1, évaluez les performances des esthéticiennes en institut en calculant, pour chacune puis pour l'équipe : le rendement par heure, le ratio VEC/P et le taux de réalisation des objectifs. Comparez les résultats individuels aux résultats moyens de l'institut et aux objectifs. Que constatez-vous ?**

Annexe 1
• Données du mois de septembre N – Institut
Fiche ressource 1
• Le tableau de bord

• • •

•••

b. **À l'aide de l'annexe 2, évaluez les performances des conseillères beauté en calculant, pour chacune : le taux d'évolution du CA, le panier moyen, le rendement horaire et la contribution dans le total des tickets. Comparez ces résultats individuels aux résultats moyens et aux objectifs. Qu'observez-vous ?**

c. **Proposez différents moyens pour échanger avec les membres de l'équipe sur les résultats du mois de septembre.**

Annexe 2
• Données du mois de septembre N – Boutique (hors institut)
Fiche ressource 2
• L'évaluation du potentiel de l'équipe

3 Communiquer les résultats du bilan à l'équipe

Chaque mois, une réunion est organisée afin de faire le bilan avec l'équipe. La directrice vous demande de préparer un diaporama PowerPoint de cinq diapositives maximum à présenter au début de la réunion.

- **En vous appuyant sur vos précédents calculs, présentez le contenu des cinq diapositives, dont les titres seront les suivants :**

– « Résultats de l'institut »
– « Points forts / Axes de progrès pour les esthéticiennes »
– « Résultats de la boutique (hors institut) »
– « Points forts / Axes de progrès pour les conseillères beauté »
– « Rappel des fondamentaux de la vente conseil »

4 Préparer et mener un entretien annuel d'évaluation

Lise, conseillère beauté, a été recrutée début septembre N-1. Son premier entretien annuel d'évaluation approche.

a. **Listez les points importants à aborder lors d'un entretien annuel.**

b. **Concevez la fiche d'évaluation qui sera utilisée lors de l'entretien annuel. Celle-ci devra comporter des critères de résultat, des critères liés à la pratique professionnelle et des critères comportementaux. Elle devra tenir sur une page recto et présenter une notation par critère.**

Annexe 2
• Données du mois de septembre N – Boutique (hors institut)
Annexe 3
• Fiche d'écoute « Ventes individuelles de Lise »
Fiche ressource 4
• L'entretien annuel d'évaluation du point de vue du manageur

Vous avez observé Lise en entretien de vente et complété la fiche d'écoute « Ventes individuelles » prévue à cet effet. Vous avez pris des notes sur ses résultats à partir du tableau de bord que vous avez construit précédemment.

c. **Rédigez les cinq premières étapes du guide d'entretien de Lise.**

d. **Imaginez des solutions à proposer à Lise lors de l'entretien pour l'aider à progresser.**

Annexe 2
• Données du mois de septembre N – Boutique (hors institut)
Annexe 3
• Fiche d'écoute « Ventes individuelles de Lise »
Fiche ressource 4
• L'entretien annuel d'évaluation du point de vue du manageur

5 Fixer des objectifs individuels

a. **Déterminez trois objectifs à réaliser par Lise en N+1.**

b. **Présentez un plan d'actions pour Lise en intégrant les objectifs et les solutions proposés précédemment.**

Fiche ressource 3
• La fixation des objectifs

Fiche ressource 1

Le tableau de bord

I Définition

Le rôle essentiel du tableau de bord est d'assister le manageur dans le pilotage de l'unité commerciale et de faciliter les prises de décision.
Il doit permettre « d'un seul coup d'œil » d'avoir une vision claire et synthétique des performances obtenues comparées aux objectifs fixés.
Son utilisation facilite les échanges au sein de l'équipe et avec la hiérarchie. Il responsabilise les membres de l'équipe et permet de déléguer.

Exemple : Tableau de bord mensuel d'une équipe de vente dans un magasin spécialisé – Mai N

Indicateurs	Chiffres d'affaires mensuels			Évolution – Écart		Clients		Panier moyen	
Vendeurs	**N-1**	**N**	**Objectifs N**	**Évol. %**	**Écart %**	**Nb**	**Évol. %**	**Valeur**	**Évol. %**
Vendeur 1	25 897	26 712,09	26 673,91	+ 3 %	0 %	169	+ 5 %	158,06	– 2 %
Vendeur 2	27 456	27 236,02	28 279,68	– 1 %	– 4 %	187	2 %	145,65	– 3 %
Vendeur 3	28 264	29 586,12	29 111,92	+ 5 %	+ 2 %	172	7 %	172,01	– 2 %
Vendeur 4	19 568	23 215,58	20 155,04	+ 19 %	+ 15 %	154	23 %	150,75	– 4 %
Vendeur 5	21 589	22 258,00	22 236,67	+ 3 %	0 %	162	1 %	137,40	2 %
Vendeur 6	29 125	28 369,54	29 998,75	– 3 %	– 5 %	169	– 5 %	167,87	3 %
Total	**151 899**	**157 377,35**	**156 455,97**	**+ 4 %**	**+ 1 %**	**1 013**	**5 %**	**155,36**	**– 1 %**

II La conception du tableau de bord

Construire un tableau de bord nécessite de respecter différentes étapes.

1. Fixer les objectifs

Les objectifs doivent intégrer les dimensions commerciale, financière et managériale (ressources humaines).
Il est nécessaire de mettre en place des plans d'action pour les atteindre.

2. Choisir les indicateurs appropriés

Les indicateurs doivent être en nombre limité, clairs, simples, partagés par tous, facilement compréhensibles et pertinents.
La pertinence s'apprécie par rapport aux objectifs et axes de progrès choisis, au contexte, aux moyens d'action disponibles et aux besoins spécifiques du décideur.
Un bon indicateur :
– est construit à partir d'informations fiables, actuelles et facilement accessibles ;
– mesure la performance en fonction de l'objectif fixé ;
– incite à décider.

3. Construire le tableau de bord

Des visuels peuvent être utilisés pour simplifier et rendre attractive la présentation (feu tricolore, thermomètre, jauge, courbe…).
Des commentaires et des tableaux peuvent être intégrés.

III Les principaux indicateurs

1. Les indicateurs commerciaux

Quantités vendues (QV) sur une période donnée	
Chiffre d'affaires (CA) sur une période donnée	
CA par commande	$\frac{\text{Chiffre d'affaires}}{\text{Nombre de commandes}}$
Taux d'évolution du CA	$\frac{CA_n - CA_{n-1}}{CA_{n-1}} \times 100$
Taux de contribution du CA d'un rayon dans le CA du magasin	$\frac{\text{CA du rayon}}{\text{CA du magasin}} \times 100$
Taux d'écart par rapport à l'objectif	$\frac{(\text{Réalisé} - \text{Budgété})}{\text{Budgété}} \times 100$
Taux de réalisation de l'objectif	$\frac{\text{Réalisé}}{\text{Budgété}} \times 100$
Panier moyen	$\frac{\text{Chiffre d'affaires}}{\text{Nombre de tickets de caisse}}$
Panier articles	$\frac{\text{Quantité vendue}}{\text{Nombre de tickets de caisse}}$
Taux de transformation	$\frac{\text{Nombre de tickets}}{\text{Nombre d'entrées}} \times 100$
Fréquence de visites sur une période donnée	Nombre de visites sur une période donnée

2. Les indicateurs de gestion

Volume des stocks	Quantités en stock
Rotation des stocks	$\frac{\text{Achats}}{\text{Stock moyen sur une période donnée}}$
Durée moyenne de stockage	$\frac{\text{Nombre de jours de la période de référence}}{\text{Rotation des stocks}}$
Durée moyenne de crédit client	$\frac{\text{Créances clients}}{\text{Ventes TTC}} \times 360$
Marge commerciale	CA – Coût d'achat des marchandises vendues = CA – (Stock initial + Achats – Stock final)
Taux de marge	$\frac{\text{Marge commerciale}}{\text{Coût d'achat des marchandises vendues}} \times 100$
Taux de marque	$\frac{\text{Marge commerciale}}{\text{Chiffre d'affaires}} \times 100$
Marge nette	Marge commerciale – Démarque Démarque : vols, casse, erreurs, chèques volés, impayés, réductions de prix…
Taux de marge nette	$\frac{\text{Marge nette}}{\text{Chiffre d'affaires}} \times 100$

3. Les indicateurs de ressources humaines

CA/salarié	$\frac{\text{Chiffre d'affaires}}{\text{Effectif}}$
Masse salariale	Ensemble des salaires et des charges patronales
Coût moyen de la masse salariale	$\frac{\text{Masse salariale}}{\text{Effectif}}$
Poids de la masse salariale par rapport aux charges globales	$\frac{\text{Charges salariales}}{\text{Total des charges}} \times 100$
Nombre d'accidents du travail	
Poids des dépenses de formation dans le CA	$\frac{\text{Dépenses de formation}}{\text{Chiffre d'affaires}} \times 100$
Nombre moyen de jours d'absence par employé	$\frac{\text{Nombre total de jours d'absence}}{\text{Effectif}}$

Fiche ressource 2

L'évaluation du potentiel de l'équipe

L'évaluation (ou appréciation) du potentiel d'une équipe fait partie des missions de tout manageur. Elle ne doit pas être perçue comme une contrainte administrative, mais plutôt comme un outil de motivation et de progrès. Elle repose sur l'organisation de rendez-vous, le plus souvent individuels, qui doivent être l'occasion d'un véritable échange constructif.

I Les enjeux de l'évaluation

Les enjeux

Pour l'évaluateur

- **Faire le bilan de l'année :** atteinte des objectifs, réalisations, succès, échecs, difficultés rencontrées.
- **Évaluer les axes de progrès** et détecter les besoins en formation.
- **Repérer les volontés et les potentiels d'évolution** au sein de l'unité.
- **Fixer les nouveaux objectifs.**
- **Développer la motivation.**

Pour l'évalué

Exprimer ses satisfactions et **ses attentes** en matière :
- de salaire ;
- de conditions de travail ;
- de formation ;
- de fonctionnement d'équipe ;
- d'évolution au sein de l'unité.

II Les différentes techniques d'évaluation

Tout employé désire savoir comment sa performance est perçue par son supérieur. Il est donc important pour le manageur de fournir un retour régulier d'informations.

Techniques	Caractéristiques
L'évaluation pyramidale	– Cet entretien individuel d'évaluation, qui dure entre 1 h et 1 h 30, est la pratique la plus courante. – Il est alimenté par les comptes rendus des entretiens précédents et le tableau de bord des performances individuelles. – L'utilisation d'une grille ou d'un guide d'évaluation est conseillée pour mener l'entretien.
L'entretien panoramique (ou évaluation à 360°)	– Cette pratique, moins courante et plus complexe, est surtout utilisée pour les cadres comme outil de développement. – L'entretien est alimenté par les avis des collaborateurs et collègues de travail de l'évalué ou par les résultats d'une visite mystère.
L'autoévaluation	Cette pratique est fortement recommandée pour que chacun puisse progresser et se projeter.
L'*assessment center*	– Cette technique d'observation des comportements en centre de bilans complète l'évaluation individuelle par entretien. – Elle est adaptée aux périodes de changement du salarié ou de l'entreprise.
La revue de personnel (ou *people review*)	– Cette réunion collective des manageurs avec la DRH permet d'identifier les personnels à promouvoir. – Elle est complémentaire de l'entretien annuel.
L'évaluation tout au long de l'année	Les moments d'échange avec les membres de l'équipe doivent être multipliés : rendez-vous en tête-à-tête, réunions régulières, diffusion et analyse collective des résultats de l'unité commerciale.

Fiche ressource 3

La fixation des objectifs

Les objectifs sont essentiels dans les unités commerciales. Ils donnent une orientation et un sens aux efforts collectifs et individuels. Ils doivent être précis, mesurables, et les échéances doivent être fixées.

I Les différentes catégories d'objectifs

	Objectifs collectifs		Objectifs individuels	
Catégories	**Objectif d'activité (ou de performance commerciale)**	**Objectif de fonctionnement (ou d'organisation)**	**Objectif quantitatif**	**Objectif qualitatif**
Exemples	Pour un magasin de sport, accroître les ventes du rayon « Forme » de 10 % dans l'année.	Faire en sorte que les employés réduisent le temps consacré à l'approvisionnement du rayon pour mieux prendre en charge la clientèle et atteindre l'objectif de 10 % d'accroissement des ventes.	Un vendeur devra réaliser 10 000 € de chiffre d'affaires la semaine 24 de l'année N, dont 15 % sur la gamme C du rayon.	– Chaque hôtesse de caisse devra systématiquement proposer la carte de fidélité à tout client non détenteur. – Chaque vendeur devra développer son aptitude à l'argumentation.

II Le plan d'actions par objectifs

Ce plan sert de guide et constitue un véritable outil de dialogue. Son analyse régulière, lors de réunions mensuelles et d'entretiens individuels, doit permettre au manageur de prendre des décisions concernant les éventuels correctifs, ajustements ou compléments.

> Exemple : Extrait du plan d'actions d'un distributeur de matériel électrique à une clientèle de professionnels – Mai N

Objectif 1 : réduire le temps de traitement et de livraison d'une commande afin de livrer les clients en 72 h maxi				
Plan d'actions	**Responsable**	**Échéance prévue**	**État d'avancement**	**Commentaires**
Action 1 : mise en place d'un nouveau système de tri des commandes	J. Delaye	Fin septembre N	Comparaison entre le réalisé et les objectifs commerciaux	
Action 2 : négociation de nouveaux délais de livraison avec les transporteurs	L. Martel	Fin juin N	Comparaison entre le réalisé et les objectifs commerciaux	
Objectif 2 : …				

Fiche ressource 4

L'entretien annuel d'évaluation du point de vue du manageur

Définition de la fonction, bilan de l'année écoulée, fixation des objectifs pour l'année suivante : l'entretien annuel d'évaluation est l'occasion de faire le point sur les éléments clés du cadre de travail. Il ne doit donc pas être une discussion informelle. Il s'agit d'un échange construit qui impose une préparation rigoureuse aux deux intervenants : l'évaluateur et l'évalué.

I Les conditions de réussite de l'entretien

1. Préparez l'échange

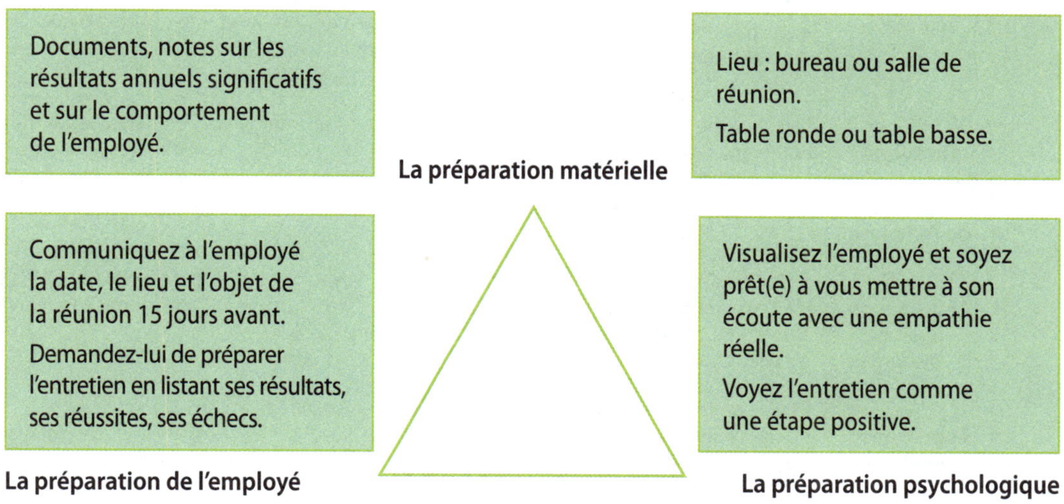

Certaines entreprises remettent à l'avance une grille d'entretien au collaborateur. Celle-ci servira de fil conducteur à l'entretien et facilitera la prise de notes.

2. Veillez aux conditions matérielles de l'entretien

– Assurez-vous que l'entretien se déroule dans les meilleures conditions possibles de confort et de calme (bureau calme, porte fermée…).
– Soyez totalement disponible et concentré(e) sur l'échange avec votre collaborateur. Ne répondez pas au téléphone, ni à aucune autre sollicitation.
– Prenez le temps nécessaire : 1 heure 30 à 2 heures est la durée optimale d'un entretien d'appréciation.

3. Encouragez le dialogue

Lors d'un entretien d'évaluation bien mené, c'est l'employé qui parle le plus.

a) Pratiquez l'écoute active

– Posez régulièrement des questions, ouvertes de préférence, pour maintenir l'intérêt du dialogue.
– Utilisez régulièrement la reformulation pour vérifier que vous comprenez bien ce qui est dit. Employez des signes d'accompagnement montrant à votre interlocuteur que vous le suivez (« oui », « d'accord », « tout à fait », hochement de tête…).
– Montrez votre intérêt en utilisant le langage non verbal (regardez votre employé dans les yeux sans le fixer, inclinez-vous légèrement en avant…).

b) Pratiquez l'empathie

– Appliquez-vous à vous mettre dans la situation de votre interlocuteur en tenant compte de sa personnalité.

– Essayez de comprendre ce que ressent votre collaborateur et ce qui le motive afin d'utiliser les bons moyens pour l'encourager et le stimuler.

II Les phases de l'entretien d'appréciation

La structure de l'entretien doit être à la fois logique et cohérente pour éviter l'écueil de la conversation décousue. Elle doit aussi rester constamment ouverte et souple.

Étapes	Conseils	Exemples
1. Prise de contact avec l'employé	– Créez un climat favorable. – Rappelez l'objectif de la rencontre et les effets positifs attendus. – Précisez le temps approximatif et la manière dont vous souhaitez que l'entretien se déroule.	« Bonjour Bruno. Installez-vous et mettez-vous à l'aise. Vous le savez, la mission de cet entretien est positive. Il s'agit de discuter de vos performances, de vos objectifs futurs et d'identifier vos besoins éventuels en formation. Cet entretien devrait durer une heure et demie environ. J'attends que celui-ci se déroule de la manière la plus constructive possible. »
2. Demande d'appréciation générale de l'employé	Laissez votre subordonné exprimer librement son point de vue et ses sentiments.	« Avez-vous eu le temps de préparer cet entretien et de remplir le questionnaire d'autoévaluation que je vous avais remis ?… Oui. Eh bien, dans ce cas, que pensez-vous de vos résultats cette année ? »
3. Appréciation générale de l'évaluateur	Soyez positif(ve) ! Toutefois, il est conseillé de parler avec franchise à un employé qui se jugerait à tort excellent.	« Dans l'ensemble, vous avez tenu vos objectifs, et je vous en félicite ! Néanmoins, nous allons examiner point par point vos résultats. »
4. Appréciation point par point	Passez en revue avec votre subordonné chaque point du document d'appréciation, en lui demandant à chaque fois son analyse.	« J'ai observé que les ventes du sous-rayon "Produits d'entretien auto" de la dernière période n'étaient pas conformes aux objectifs qui avaient été fixés lors du dernier entretien. Que s'est-il passé ? »
5. Proposition de solutions	En cas d'écart entre les résultats et les objectifs, restez positif(ve) ! Traitez l'écart sous forme de résolution de problème.	« Comment pourriez-vous faire pour améliorer la situation de ce rayon ? »
6. Projet professionnel	Interrogez votre subordonné sur ses ambitions et réfléchissez ensemble aux possibilités d'évolution au sein de l'unité.	« Avez-vous des aspirations professionnelles à moyen terme ? »
7. Objectifs	Fixez quelques objectifs mesurables, atteignables et motivants.	« Nous allons déterminer ensemble trois objectifs à réaliser pour l'année à venir : … »
8. Plan d'actions	Prévoyez un double engagement : le vôtre et celui de votre collaborateur. Ne promettez que ce que vous pouvez tenir.	« Je vous propose le plan d'actions suivant pour atteindre ces objectifs : – vous vous engagez à mener (énoncé des activités) et à obtenir (mention des résultats) ; – en contrepartie, je m'engage à vous donner les moyens d'action nécessaires et à vous apporter mon soutien dans la réalisation de vos missions. »
9. Évaluation de l'entretien	Demandez à votre subordonné ce qu'il pense de l'entretien afin d'avoir un feedback.	« Que pensez-vous de cet entretien ? »
10. Clôture de l'entretien	Concluez l'entretien. Fixez une date de suivi. Saluez votre subordonné en l'encourageant.	« Cet entretien a été très constructif grâce à votre implication. Je vous propose de nous rencontrer à nouveau dans trois mois pour faire le suivi du plan d'actions élaboré aujourd'hui. Continuez à faire de votre mieux. Je suis sûr que vous réussirez dans vos missions. Au revoir, Bruno. »

Applications

1 Repérer et comprendre l'utilité des différentes familles d'indicateurs d'un tableau de bord

1 Identifiez dans le tableau de bord donné en exemple (document 2) les grandes familles d'indicateurs utilisées.

2 Quelle est l'utilité de chacun des indicateurs du document pour un manageur ?

3 Lequel de ces indicateurs donne des informations sur la qualité ?

4 Commentez les performances de ce service bancaire en semaine 15.

Document 1 Les indicateurs de tableau de bord

Ces indicateurs peuvent être classés en quatre grandes familles.

- La première famille concerne les objectifs de résultats (ex. : volume des ventes, délai limite pour mener une opération).
- La deuxième famille est constituée des moyens à mettre en œuvre pour obtenir les résultats (ex. : formation, système de rémunération).
- La troisième famille comprend les indicateurs de gestion des effectifs (ex. : absences, congés).
- La quatrième famille compte des indicateurs explicatifs de la performance (ex. : ancienneté, expérience des salariés).

D'après *Management*, n° 128.

Document 2 Exemple de tableau de bord dans un service bancaire

	Semaine 15	Cumul depuis le début de l'année N	Comparaison avec la semaine 15 de l'année N-1
Montant des prêts accordés	**25,8 millions €**	**332,1 millions €**	+ 11,3 %
Nombre de dossiers traités	<u>206</u>	**3 358**	+ 0,4 %
Part des crédits souscrits avec plus de 15 % d'apport	<u>39 %</u>	**41 %**	– 3 %
Formations suivies	**2**	**9**	+ 1
Effectifs disponibles	75 %	82 %	– 2 %
Ancienneté moyenne	26 mois	–	+ 4 mois

Légende :
– les résultats conformes aux objectifs sont en gras ;
– les résultats non conformes sont soulignés.

D'après *Management*, n° 128.

2 Suivre un tableau d'activités

En tant que responsable d'un magasin indépendant de bricolage et de jardinage, vous suivez régulièrement les données d'un tableau de bord. Vous observez les indicateurs du mois 1 (document).

1. **Analysez les performances du magasin pour le mois 1.**
2. **Quel intérêt le tableau de bord représente-t-il pour vous ?**
3. **De quelles autres informations avez-vous besoin pour compléter votre analyse ?**

Document **Tableau de bord**

Objectifs/Indicateurs	Mois 1		Mois 2		…
	Budgété	Réalisé	Budgété	Réalisé	
Chiffre d'affaires – Chiffre d'affaires total (CA HT) – Part du bricolage en % du CA HT – Part du jardinage en % du CA HT	 45 000 € 62 38	 48 000 € 65 35			
Taux de marque[1] – Ensemble du magasin – Bricolage – Jardinage	 34,20 38,00 28,00	 35,50 39,00 29,00			
Dépenses maîtrisables[2] – Part des dépenses de personnel en % du CA HT – Part des autres dépenses en % du CA HT	 13,00 21,00	 12,34 19,62			

1. Taux de marque = % des marges brutes / Chiffres d'affaires
Marge brute = Ventes – Coût d'achat des marchandises vendues
2. Exemples de dépenses maîtrisables : personnel, publicité, promotion, entretien, électricité.

3 Compléter et analyser un tableau de bord

Henri Botton manage une équipe de télévendeurs pour le compte d'un opérateur téléphonique. Il suit régulièrement les performances individuelles des membres de son équipe grâce à un document mensuel récapitulant, jour par jour :
– le nombre d'appels de la journée (Nb appels) ;
– le nombre de contacts argumentés (Nb CA) ;
– la répartition de ces contacts argumentés entre les différents forfaits et offres de services à placer (document 1) ;
– l'efficacité du télévendeur, exprimée par le ratio (Nb CA / Nb appels) ;
– le nombre de contacts argumentés par heure (Nb CA/h).

Vous disposez d'un extrait de ce document de suivi pour la télévendeuse Martine, qui débute dans le métier (document 2).

1. **Calculez le taux d'efficacité de Martine pour chaque jour de la semaine, ainsi que son taux moyen d'efficacité.**
2. **Calculez le nombre de contacts argumentés par heure pour chaque jour, ainsi que le nombre moyen de contacts argumentés par heure (la durée d'une journée de travail est de 8 h 45).**
3. **Analysez les performances de Martine sur la première semaine.**
4. **Comment Henri Botton peut-il aider Martine à améliorer ses résultats ?**

Document 1 Distinction entre les forfaits et les offres de services complètes

	Forfaits	Offres de services complètes
Incidences pour le client	Incidence sur le prix du forfait et sur l'utilisation (heures d'appels et envoi de SMS)	Incidence sur l'équipement numérique du client et de sa famille
Exemples	**Forfait 1** 4,99 €/mois 2 h d'appels en France métropolitaine et vers les DOM **Forfait 2** 9,99 €/mois Appels et SMS illimités	Offre TV + Internet + Fixe + Forfait mobile en un seul abonnement : à partir de 36,99 €/mois pour un forfait Pour une famille, possibilité d'ajouter jusqu'à 4 forfaits à partir de 6,99 €/mois par forfait supplémentaire

Document 2 Extrait du document de suivi pour Martine

	Norme/jour	Jour 1	Jour 2	Jour 3	Jour 4	Moyenne/jour
Nb appels	150	94	138	282	79	
Nb CA	75	48	41	81	30	
Efficacité						
Nb CA/h						
Placements						
Offre de services	37	29	13	46	14	
Forfait 1	30	24	9	13	1	
Forfait 2	7	1	2	11	1	

4 Préparer un entretien d'évaluation

Maëlle Disert est responsable d'une agence de travail temporaire depuis trois ans. Elle dirige une équipe de cinq collaborateurs composée d'un chargé d'affaires, d'une assistante en formation par alternance à l'école interne et de trois assistantes d'agence confirmées.
Elle a récemment participé à un séminaire de management intitulé « Évaluer son équipe ». Elle a pris quelques notes afin de préparer au mieux les prochains entretiens d'évaluation de ses collaborateurs (document 1).

- **À l'aide des documents, concevez un support d'entretien annuel ainsi qu'une grille d'évaluation des assistantes d'agence.**

Document 1 Notes prises au cours du séminaire

Le **support d'entretien** aide l'évaluateur à mener un véritable échange, riche et constructif.

Il permet d'aborder différents points tels que le bilan de l'année écoulée, les formations suivies, les compétences développées, les axes de progrès pour l'année à venir, l'accompagnement et les formations à prévoir, le projet du salarié.

Ce document doit être très aéré. L'utilisation de tableaux est conseillée.

La **grille d'évaluation** est un document synthétique qui fait apparaître les résultats quantitatifs ou qualitatifs du salarié. Elle permet d'évaluer ses compétences ainsi que son comportement. Elle peut aussi indiquer les scores qu'il a obtenus au questionnaire de validation des connaissances, lorsque ce type de tests est mis en place dans l'unité.

La grille comporte un certain nombre de critères (ex. : ponctualité) évalués sur une échelle (ex. : de 1 à 4).

Elle peut être renseignée par les deux parties, avant l'entretien. Elle est ensuite commentée au cours de l'entretien et complétée par l'évaluateur.

La grille finale est signée par les deux parties à la fin de l'entretien.

Document 2 L'assistant(e) d'agence dans une entreprise de travail temporaire

LES MISSIONS

- Accueillir et renseigner les intérimaires.
- Sélectionner et recruter les intérimaires.
- Mettre en place les formations.
- Faire le suivi du déroulement des missions et le renouvellement de contrats.
- Mener des actions commerciales sédentaires.
- Assurer le suivi administratif.
- Nouer et maintenir des relations de partenariat avec le Pôle Emploi, les écoles, les associations…

LES COMPÉTENCES

- Saisir informatiquement les données, les exploiter, les organiser.
- Présenter et synthétiser clairement les informations.
- Tenir à jour les documents et déclarations légales et réglementaires.
- Connaître les bases de la législation du travail et se tenir informé des évolutions.
- Assumer ses missions avec autonomie.

LES QUALITÉS REQUISES

Rigueur, capacité d'organisation, ténacité, sens commercial, esprit d'équipe, réactivité, dynamisme.

5 Représenter graphiquement les résultats d'un entretien d'évaluation et les analyser

Vous secondez Brigitte Renault, responsable d'un magasin de chaussures appartenant à un important réseau français de succursales. L'équipe comprend six vendeuses.
Brigitte Renault a récemment mené les entretiens annuels d'évaluation et a reporté les résultats dans un tableau (document 1).

1. **Reportez les niveaux de Paméla, de Ludivine et du réseau sur un graphique en toile d'araignée. Aidez-vous du document 2.**
2. **Repérez les points forts et les axes de progrès de Paméla et de Ludivine.**

Document 1 **Tableau récapitulatif des entretiens annuels d'évaluation (extrait)**

Domaines		Série 1 Niveau* Paméla	Série 1 Niveau Ludivine	Série 2 Niveau Réseau
Techniques de vente	Accueil, sourire, politesse	3	3	3,5
	Prise en compte du client	3	4	3,8
	Conseils et argumentation	2	3	3
	Vente complémentaire	1	3	3
	Prise de congé	4	2	3,5
Comportement	Ponctualité	4	3	3,7
	Tenue, présentation	4	4	3,9
	Esprit d'équipe, solidarité	3	1	3,6
	Attitude face à la critique	1	2	2,5

** Le niveau est évalué de 1 (médiocre) à 4 (excellent).*

Document 2 **Quelques rappels sur le graphique en toile d'araignée (ou en radar)**

- Le graphique en toile d'araignée est utilisé pour comparer des séries.
- Il comporte autant d'axes que de domaines.
- Les axes partent d'un point central O.
- Les domaines sont indiqués autour du graphique.
- Plusieurs séries peuvent être représentées sur un même graphique. Elles sont alors repérées par des couleurs différentes.
- Les valeurs des séries sont affichées à l'intérieur de la toile.

6 Utiliser les résultats d'un questionnaire dans une évaluation à 360°

René Berteau est responsable d'un des trois magasins d'une entreprise régionale de fabrication et de commercialisation de chalets de jardin. Il manage une équipe d'une dizaine d'employés. L'entretien annuel est devenu un rituel de peu d'utilité au sein du magasin : tout a été dit ou semble l'avoir été. C'est pourquoi René Berteau opte pour une nouvelle méthode : l'évaluation à 360°.
Il a préparé l'entretien d'un de ses employés, Pierre Dupont, qui travaille au magasin depuis plusieurs années, en distribuant des questionnaires à un certain nombre de membres de son équipe, collaborateurs (situés au siège) et clients de l'évalué. Ces personnes ont répondu de manière anonyme et ont renvoyé leurs réponses à la direction des ressources humaines.
Celle-ci s'est chargée de traiter informatiquement les réponses et de les restituer sous forme de tableau (notation de 1 à 10) à l'évaluateur et à l'évalué (document).

1. **Quels sont les points forts et les points faibles de l'évalué ?**
2. **Quelles actions René Berteau peut-il proposer à Pierre Dupont suite à cette évaluation?**
3. **D'une manière générale, quel est l'intérêt du regard des autres dans le processus d'évaluation ?**
4. **Quels sont, selon vous, les inconvénients d'une évaluation à 360° ?**

Document **Évaluation à 360° de Pierre Dupont**

Capacités évaluées / Environnement	Clients	Collègues du magasin	Collègues du siège chargés des livraisons ou de l'installation des chalets
Recherche du service au client	8	7	8
Attachement au profit de l'entreprise	6	3	4
Capacité à faire le lien avec les autres services de l'entreprise	7	3	3
Sens du contact	8	6	7

7 Gérer les talents

1. **Qu'est-ce qui distingue un salarié performant d'un salarié ayant un potentiel ?**
2. **Comment la performance s'évalue-t-elle ?**
3. **Comment le potentiel s'évalue-t-il ?**
4. **Laquelle de ces deux notions est relativement simple à évaluer ? Pourquoi ?**
5. **Dans la grille du document 2, indiquez où se trouvent les talents à la fois prometteurs et impliqués susceptibles de rester fidèles à l'entreprise. Comment le manageur peut-il les accompagner ?**

Document 1 **Évaluations, faites le distinguo entre potentiel et performance**

Jean-Michel remplit ses objectifs tous les mois, connaît son métier sur le bout des doigts, entretient d'excellents rapports avec ses clients. En termes de performance, c'est un bon élément sur qui l'on peut compter. Et pourtant… « Il ne pourra jamais grimper dans la hiérarchie […] », juge son supérieur, directeur dans un grand groupe. Ce distinguo, parfois subtil, entre potentiel et performance est de plus en plus appliqué dans la gestion des ressources humaines, notamment dans le monde anglo-saxon.

[…] La performance se fonde sur des éléments du passé : elle sert notamment de critère pour accorder une augmentation. Pour la mesurer, on confronte les résultats obtenus aux objectifs assignés, ou encore à la moyenne des résultats des collègues. […] Une fois les niveaux d'attente bien définis, […] la performance est relativement simple à évaluer.

Le potentiel, en revanche, est une notion bien plus complexe à appréhender. Contrairement à la performance, il n'est pas lié aux résultats passés mais à un pari sur l'avenir : c'est sur lui qu'on s'appuiera pour accorder une promotion. Afin de le mesurer, on passera au crible les connaissances, les aptitudes et les facteurs de motivation d'un candidat […].

Management, juin 2013.

Document 2 La grille à neuf cases

Gérez vos talents avec la grille à neuf cases

POTENTIEL \ PERFOMANCE	BASSE	MOYENNE	HAUTE
HAUT	**Talent gâché** Est mal employé, risque de partir s'il n'est pas muté.	**Star montante** Profil très prometteur. Investissez sur son futur.	**Superstar** Il a tout d'un futur leader. À promouvoir sans tarder.
MOYEN	**Novice ou erreur de casting** Une discussion s'impose pour éclaircir le problème.	**Contributeur clé** Bon élément à former. Il a une marge d'amélioration.	**Professionnel remarquable** Il a besoin de challenges.
BAS	**Boulet** Partisan de l'effort minimal, doit partir si rien ne change.	**Professionnel acceptable** Élève moyen. Se contente de peu.	**Professionnel solide** Est bien où il est mais a atteint son plafond.

- (mauve clair) doit changer de métier ou de poste
- (jaune) doit être promu ou formé
- (mauve foncé) doit quitter l'entreprise
- (bleu) doit être motivé mais ne peut être promu

Mise au point dans les années 1960, la grille à 9 cases est un outil d'évaluation largement utilisé dans le monde entier pour gérer les talents.

Management, juin 2013.

8 Exploiter le plan d'actions par objectifs pour suivre les performances d'un salarié

Sports à Gogo est une enseigne multi-spécialisée dans le sport, implantée dans un grand centre commercial.
Le contexte commercial est favorable à l'atteinte de performances satisfaisantes. Cependant, le chiffre d'affaires stagne et certains rayons sont en net recul par rapport aux années précédentes.
Une enquête a été réalisée auprès des clients du centre commercial afin de déceler les raisons de la faible attractivité du magasin. L'analyse des résultats de ce sondage a conduit la direction du magasin à modifier son concept de

vente et à réimplanter l'ensemble des rayons. Un effort particulier en matière de théâtralisation a été demandé à tous les responsables d'univers.
Le vendredi de la semaine 14, Céline, responsable de l'univers « Sports d'équipe », a invité Julien, responsable du rayon « Handball », à faire un premier bilan chiffré de la réimplantation de son rayon (document).

1. **Quel est l'intérêt du plan d'actions par objectifs pour Céline ? pour Julien ?**
2. **Construisez un tableau de suivi des performances du nouveau rayon « Handball » en y intégrant quelques indicateurs simples, mesurables et répétitifs.**

Document **Réimplantation du rayon « Handball » – Plan d'actions par objectifs**

Objectifs	Actions	Délais	Dates des entretiens de suivi	Compte rendu des entretiens de suivi
• Augmenter l'attractivité du rayon « Handball » • Augmenter le panier moyen du rayon « Handball » de 15 %	• Diagnostic du rayon	• Semaine 9	• Vendredi semaine 9	• Diagnostic réalisé : mise en évidence des failles (ruptures, articles surreprésentés, sous-représentés, remarques des clients…)
	• Propositions d'améliorations	• Jeudi semaine 10	• Vendredi semaine 10	• Présentation, explications et argumentation des nouvelles propositions (part de linéaire, plan d'assortiment, présentation)
	• Élaboration d'un nouveau plan de rayon	• Semaine 14	• Vendredi semaine 14	• Accord sur le nouveau plan, sous réserve de quelques modifications
	• Réimplantation physique du rayon	• Semaine 15		• Compte rendu de la réimplantation physique, problèmes rencontrés, solutions trouvées
	• Premier bilan chiffré • Améliorations éventuelles • Analyse des résultats de la réimplantation	• Semaine 36 • Semaine 9 (N+1)	• Vendredi semaine 36	

L'unité commerciale Assur Cap

Assur Cap est un réseau d'assurances implanté dans toute la France. L'agence dans laquelle vous travaillez est dirigée par Maxime Delock depuis son ouverture, il y a vingt ans, et jouit d'une bonne renommée au plan local.
M. Delock, une forte personnalité, bénéficie du statut d'agent exclusif et il est missionné pour offrir à sa clientèle conseil et qualité de service.
L'agence compte onze salariés : vous-même, en tant qu'adjoint(e) de M. Delock, cinq conseillers commerciaux et cinq assistants d'agence. Tous sont relativement jeunes (moins de 30 ans) et ont été recrutés il y a moins de deux ans.
Les commerciaux ont essentiellement un rôle de conseil auprès de la clientèle. Leur objectif est de développer leur portefeuille clients par la recherche de nouveaux clients et par l'équipement en produits complémentaires de leurs clients actuels.
Les assistants d'agence gèrent les dossiers clients. Ils établissent des devis et des attestations d'assurance, envoient les factures des primes à payer aux assurés et traitent les dossiers des sinistres.

Deux problèmes vous préoccupent actuellement :

– les effectifs sont instables : les salariés démissionnent rapidement de leur poste pour intégrer un autre réseau d'agents d'assurance ;

– le chiffre d'affaires de l'agence pour le mois de février est décevant.

DOSSIER 1 La motivation de l'équipe

Les jeunes recrues sont généralement très motivées au départ. Issues le plus souvent de l'école, elles ont tout à découvrir du métier, des produits, des techniques de vente et ne demandent qu'à apprendre. Mais au bout de quelques mois, leur enthousiasme décline. Cela se traduit par un moindre dynamisme et une efficacité commerciale en dessous de celle normalement attendue.
Vous vous interrogez donc sur les actions à entreprendre pour motiver le personnel dans la durée et le rendre plus performant.
Vous avez surpris dernièrement une conversation entre plusieurs salariés de l'agence qui s'est révélée très instructive (annexe 1).

1. **À quelles valeurs ces jeunes salariés sont-ils particulièrement sensibles ? Quelle image idéale ont-ils de l'entreprise en général ?**
2. **Repérez les différentes sources d'insatisfaction au travail de ces jeunes. Quelles sont leurs attentes à l'égard de l'encadrement ?**
3. **À quelles aspirations pouvez-vous répondre et quelles solutions pouvez-vous apporter ?**

DOSSIER 2 L'analyse des performances de l'agence

Vous disposez d'un document de synthèse fourni par le réseau sur les performances de l'agence réalisées durant le mois de février (annexe 2).

1. **Analysez ce document.**
2. **Concevez un tableau de bord hebdomadaire pour suivre l'évolution de l'activité des cinq commerciaux.**

Annexe 1 Extrait de la conversation entre trois salariés de l'agence

Annabelle : Le patron veut tous nous voir ce soir à 18 h ! Il n'est pas satisfait des derniers chiffres… Ça ne m'arrange vraiment pas, le petit va encore rester tard chez la nourrice !

Vianney : Sans compter que ça va encore être notre fête ! Il n'est jamais content ! Hier, il m'a reproché mon manque de dynamisme. Pourtant, le mois dernier, j'ai ramené dix nouveaux clients, dont trois professionnels. Je me demande ce qu'il lui faut de plus !

Frédéric : C'est vrai qu'on n'est pas reconnus par rapport aux efforts fournis. Jamais un merci, ni un mot de reconnaissance de sa part !

Annabelle : Et puis, question salaire, c'est pas top ! J'ai vu une amie ce week-end qui travaille chez un concurrent et elle est bien mieux lotie que nous : quatorze mois de salaire, un salaire moyen de 2 500 €, sans compter les primes semestrielles !

Vianney : Moi, j'aurais bien aimé suivre une formation sur le développement personnel. Il me l'a refusée. Il m'a rétorqué : « C'est sur le terrain que vous allez vous former, jeune homme, pas sur les bancs des centres de formation ! » Pourtant, quand je me suis renseigné sur les valeurs promues chez Assur Cap, il était question de développement des compétences par la formation et d'entreprise apprenante.

Frédéric : Et aussi de proximité du management, de respect des hommes, qu'ils soient salariés ou clients, de l'importance du conseil et de la qualité de service aux clients… Ce ne sont que de belles paroles !

Annabelle : Si j'ai choisi ce réseau, c'est parce que je comptais surtout y trouver de bonnes relations avec la hiérarchie et un équilibre entre vie privée et vie professionnelle. C'est plutôt décevant ! M. Delock est bien trop autoritaire, et puis, il n'est jamais disponible quand on a besoin de lui !

Vianney : C'est vrai ! Tiens, pas plus tard qu'hier, j'ai eu un problème avec un client important extrêmement mécontent du traitement de son sinistre qui voulait le rencontrer personnellement. Le patron m'a dit : « Débrouillez-vous, jeune homme ! »

Annexe 2 Résultats de l'agence pour le mois de février

	Réalisé (février N)	Réalisé (février N-1)	Objectif (février N)
Chiffre d'affaires	978 180 €	945 150 €	1 020 890 €

Données sur le portefeuille clients de l'agence

	Février N	Février N-1
Nombre de clients particuliers	5 460	5 301
Nombre de clients professionnels	560	600
Nombre de contrats chez les clients particuliers	8 189	7 951
Nombre de contrats chez les clients professionnels	1 400	1 500

- Prime moyenne mensuelle pour un client particulier : 153 € (année N)
- Prime moyenne mensuelle pour un client professionnel : 255 € (année N)

Les primes ont augmenté en moyenne de 2 % entre février N-1 et février N.

- **Données du réseau** (taux de croissance moyen en février N pour l'ensemble du réseau) :

+ 7 % de hausse sur le marché des particuliers, + 2 % de hausse sur le marché des professionnels.

Chapitre 5

Répartir les tâches et gérer le temps

C. 121 Répartir les tâches
C. 122 Gérer le temps
C. 124 Évaluer l'organisation du travail de l'équipe
C. 223 Fixer des objectifs commerciaux et financiers

Situation

les nouveaux commerçants

Forme de commerce : indépendant associé

Organisation : structure coopérative basée sur l'autonomie. Quatre centrales régionales et une centrale nationale

Effectifs : 60 000 collaborateurs

Chiffre d'affaires TTC (hors carburant) : 18,45 milliards d'euros

Enseignes : Hyper U, Super U, Marché U, U Express, Utile

Nombre de points de vente : 1 559 (dont 71 hypermarchés)

Vous travaillez au rayon « Marée » d'un hypermarché U en tant qu'adjoint(e) du manageur de rayon.

La direction a décidé d'agrandir et de réaménager toute la zone « Produits frais traditionnels ». L'enjeu est de taille. Si le prix des produits reste important pour conquérir le consommateur, leur qualité, la profondeur de l'assortiment et l'offre de services sont déterminants pour le fidéliser.

Dans le cadre de la mise en place du nouveau concept de la zone « Produits frais traditionnels », votre rayon connaît d'importants changements :
- la création d'un étal de vente traditionnelle ;
- l'agrandissement des rayons « Libre-service » et « Traiteur » ;
- la suppression du rayon « Préemballé ».

Pour l'aider à mettre en place la nouvelle organisation du rayon, votre responsable vous délègue la mission d'analyser et de réorganiser le travail de l'équipe. Il vous charge également de la planification du réaménagement du rayon.

Annexe 1 Fiches d'autoanalyse des employés en poissonnerie – Semaine 43

L'équipe actuelle compte 5 salariés. Elle est composée d'un manageur de rayon, d'un adjoint et de 3 employés.

Les tâches quotidiennes d'un employé	% théorique du temps quotidien à consacrer à chaque tâche	Temps de travail moyen quotidien comptabilisé sur la semaine 43	
Au rayon « Libre-service » (1 employée)		**Andrée (5 ans d'ancienneté)**	
Rangement et remplissage de la tête de gondole	15 %	0 h 20	
Rangement et remplissage du rayon	60 %	5 h 00	
– Contrôles : températures, balisages, dates limites de consommation – Retrait des produits arrivés à DLC et saisie de la démarque	10 %	0 h 40	
Commandes	15 %	1 h 45	
Total hebdomadaire	**100 %**	**7 h 45**	
Au rayon « Préemballé » (2 employés)		**Sandrine (1 an d'ancienneté)**	**Jonathan (6 ans d'ancienneté)**
Découpe, emballage, étiquetage	70 %	6 h 00	4 h 30
Contrôles : températures, dates	10 %	0 h 30	1 h 00
Rangement, nettoyage : meubles, vitres, plan de travail, matériel, sol, poubelles, réserve…	20 %	0 h 30	1 h 30
Total hebdomadaire	**100 %**	**7 h 00**	**7 h 00**

Il n'est pas conseillé qu'un employé fasse plus de 5 heures de découpe par jour.

Les deux employés affectés au rayon « Préemballé » travaillent uniquement le matin, de 6 h à 13 h.

L'employée des rayons « Libre-service » et « Traiteur » travaille la journée de 8 h à 12 h et de 13 h à 16 h.

Temps de pause (relevés de la pointeuse)

– Andrée ne prend que 15 minutes sur son temps de pause déjeuner pour pouvoir effectuer l'ensemble de ses tâches. Pendant ses horaires de travail, elle prend juste 5 minutes par demi-journée.

– Sandrine et Jonathan prennent chacun une demi-heure de pause sur leur journée de travail.

Annexe 2 Poissonnier, embarqué pour la fraîcheur

Dans les Magasins U, le poissonnier est un spécialiste des produits de la pêche. L'employé « poissonnerie » achète, transforme et vend au rayon « marée » les poissons, coquillages et crustacés. Le vendeur « produits de la mer » accueille la clientèle et donne des conseils de cuisine et de cuisson. Le poisson et tous les produits de la mer étant des denrées très périssables, le vendeur « marée » en grande distribution doit être très attentif au respect de la chaîne du froid et à la sécurité alimentaire.

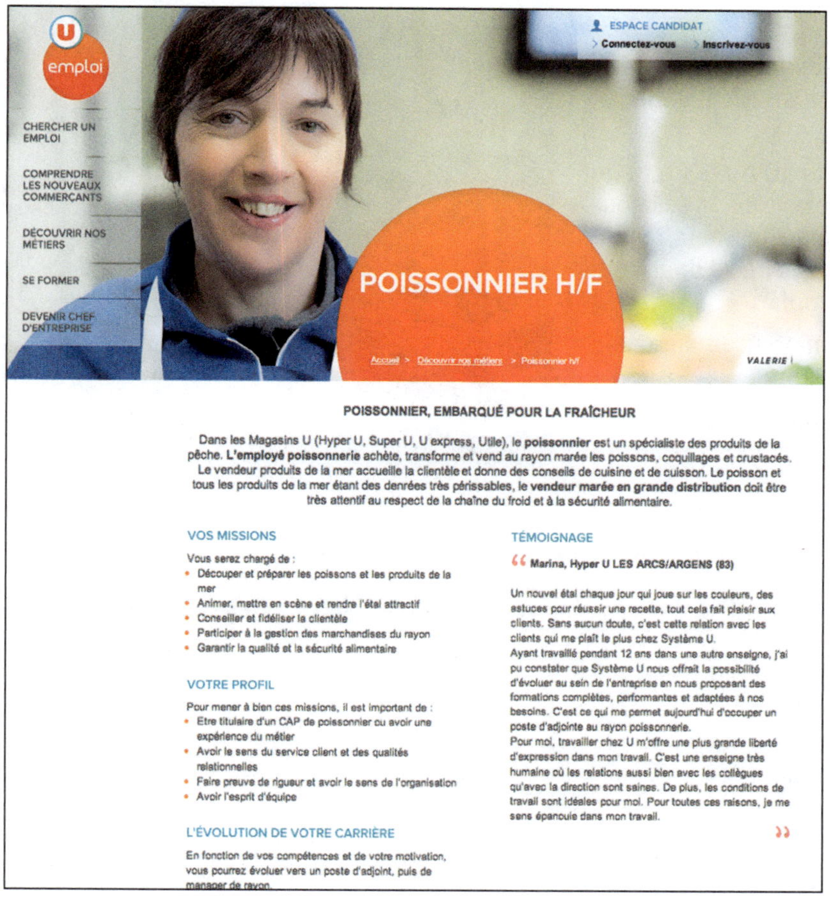

POISSONNIER, EMBARQUÉ POUR LA FRAÎCHEUR

Dans les Magasins U (Hyper U, Super U, U express, Utile), le **poissonnier** est un spécialiste des produits de la pêche. **L'employé poissonnerie** achète, transforme et vend au rayon marée les poissons, coquillages et crustacés. Le vendeur produits de la mer accueille la clientèle et donne des conseils de cuisine et de cuisson. Le poisson et tous les produits de la mer étant des denrées très périssables, le **vendeur marée en grande distribution** doit être très attentif au respect de la chaîne du froid et à la sécurité alimentaire.

VOS MISSIONS

Vous serez chargé de :
- Découper et préparer les poissons et les produits de la mer
- Animer, mettre en scène et rendre l'étal attractif
- Conseiller et fidéliser la clientèle
- Participer à la gestion des marchandises du rayon
- Garantir la qualité et la sécurité alimentaire

VOTRE PROFIL

Pour mener à bien ces missions, il est important de :
- Etre titulaire d'un CAP de poissonnier ou avoir une expérience du métier
- Avoir le sens du service client et des qualités relationnelles
- Faire preuve de rigueur et avoir le sens de l'organisation
- Avoir l'esprit d'équipe

L'ÉVOLUTION DE VOTRE CARRIÈRE

En fonction de vos compétences et de votre motivation, vous pourrez évoluer vers un poste d'adjoint, puis de manager de rayon.

TÉMOIGNAGE

« **Marina, Hyper U LES ARCS/ARGENS (83)**

Un nouvel étal chaque jour qui joue sur les couleurs, des astuces pour réussir une recette, tout cela fait plaisir aux clients. Sans aucun doute, c'est cette relation avec les clients qui me plaît le plus chez Système U.
Ayant travaillé pendant 12 ans dans une autre enseigne, j'ai pu constater que Système U nous offrait la possibilité d'évoluer au sein de l'entreprise en nous proposant des formations complètes, performantes et adaptées à nos besoins. C'est ce qui me permet aujourd'hui d'occuper un poste d'adjointe au rayon poissonnerie.
Pour moi, travailler chez U m'offre une plus grande liberté d'expression dans mon travail. C'est une enseigne très humaine où les relations aussi bien avec les collègues qu'avec la direction sont saines. De plus, les conditions de travail sont idéales pour moi. Pour toutes ces raisons, je me sens épanouie dans mon travail. »

Les missions de l'employé « poissonnerie »

- Découper et préparer les poissons et les produits de la mer.
- Animer, mettre en scène et rendre l'étal attractif.
- Conseiller et fidéliser la clientèle.
- Participer à la gestion des marchandises du rayon.
- Garantir la qualité et la sécurité alimentaire.

www.u-emploi.com

Annexe 3 Composition et fonctionnement de l'équipe du rayon « Marée » dans la nouvelle organisation

- Le stand fonctionnera avec les deux employés affectés actuellement au rayon « Préemballé » et un nouveau vendeur « Marée » à recruter.
- Les horaires des vendeurs et la répartition de leurs tâches seront les suivants :

Vendeur du matin 6 h-13 h	Vendeur de l'après-midi 13 h-20 h	Nouveau vendeur 10 h-13 h/15 h-19 h
50 % du temps consacré à la vente	70 % du temps consacré à la vente	100 % du temps consacré à la vente

- Le vendeur du matin devra consacrer 30 % de son temps à découper et à préparer les produits et 10 % à rendre l'étal attractif.
- Le vendeur de l'après-midi consacrera 20 % de son temps à ranger et à nettoyer.
- Chaque vendeur en poste passera 10 % de son temps à garantir la qualité et la sécurité alimentaire.
- Andrée continuera à s'occuper de la gestion des rayons « Libre-service » et « Traiteur ». Elle sera secondée ponctuellement par un vendeur du rayon « Poissonnerie » si celui-ci n'est pas occupé à vendre.

Annexe 4 Nouvelles contraintes organisationnelles au rayon « Poissonnerie »

- Le magasin est ouvert du lundi au samedi de 9 h à 19 h 30.
- Andrée travaillera la journée de 8 h à 12 h et de 14 h à 17 h.
- Chaque jour, dès 6 h du matin, un vendeur en poissonnerie réceptionnera les livraisons, préparera les produits et les installera sur le stand.
- Un vendeur sera présent tous les soirs à la fermeture. Il sera chargé de ranger et nettoyer le stand, l'atelier et les réserves.
- Le vendeur à la journée travaillera de 10 h à 13 h et de 15 h à 19 h, sauf quand il remplacera l'un de ses coéquipiers en repos. Dans ce cas, il aura les horaires de l'employé qu'il remplace et ses activités ne se limiteront plus à la vente. Il sera en repos le lundi.
- Sandrine sera en repos le mardi, Jonathan le mercredi, Andrée le jeudi.
- Le vendredi et le samedi, toute l'équipe sera présente en magasin.

Annexe 5 Planification des tâches – Réaménagement du rayon « Marée »

	Tâches	Missions en jours	Tâches antérieures
A	Vider les bacs et meubles réfrigérés de vente en « Libre-service » et « Traiteur ». Entreposer les produits en chambre froide.	½ (en fin de journée)	–
B	Installer des bâches et des barrières pour fermer et sécuriser la zone et empêcher les clients d'y entrer.	½ (en fin de journée)	–
C	Démonter les anciens meubles et nettoyer la zone débarrassée.	1	A, B
D	Effectuer les travaux électriques nécessaires (prises pour brancher les meubles de froid, éclairage).	2	A, B
E	À l'emplacement du stand, réaliser les travaux de plomberie nécessaires, installer le plan de travail.	2	A, B
F	Carreler le plan de travail et le mur du stand.	1	E
G	Réceptionner les nouveaux meubles, matériels (balances, thermo-soudeuses de papier) et ustensiles (couteaux, ciseaux …)	½	C
H	Monter les nouveaux meubles de froid des rayons « Libre-service » et « Traiteur » et les disposer selon la nouvelle implantation.	1	D, G
I	Monter et installer le matériel et les équipements du stand.	1	F, G
J	Brancher les meubles de froid et contrôler le fonctionnement et les températures.	1	H, I
K	Réceptionner et mettre en rayon les produits « Libre-service » et « Traiteur ».	1	J
L	Enlever les bâches et les barrières, nettoyer la zone.	½	J
M	Réceptionner les produits pour le stand, les préparer et les présenter de manière attractive.	½ (avant ouverture)	L
N	Ouvrir le rayon à la clientèle le lundi 24/11 à 9 h.	–	K, M

Le magasin fait appel à une entreprise extérieure pour les tâches D, E et F.

Annexe 6 Calendrier – Semaines 46 à 48

Semaine 46	Lundi 10/11	Mardi 11/11	Mercredi 12/11	Jeudi 13/11	Vendredi 14/11	Samedi 15/11
Semaine 47	Lundi 17/11	Mardi 18/11	Mercredi 19/11	Jeudi 20/11	Vendredi 21/11	Samedi 22/11
Semaine 48	Lundi 24/11	Mardi 25/11	Mercredi 26/11	Jeudi 27/11	Vendredi 28/11	Samedi 29/11

Travail à faire

1 Comprendre le contexte

a. **Pourquoi la zone « Produits frais traditionnels » a-t-elle aujourd'hui autant d'importance pour les grandes surfaces alimentaires ?**

b. **À quels changements organisationnels peut-on s'attendre au rayon « Marée » ?**

2 Analyser la répartition des tâches en semaine 43

a. **Calculez le pourcentage du temps passé par chaque employé sur chaque tâche par rapport au temps quotidien de travail. Comparez ces résultats aux pourcentages théoriques en calculant les écarts.**

b. **Repérez les anomalies : tâches chronophages, tâches couvertes insuffisamment, tâches mal réparties, tâches effectuées en doublon.**

> Annexe 1
> • Fiches d'autoanalyse des employés en poissonnerie – Semaine 43

c. **Indiquez quelles tâches effectuées actuellement par Andrée pourraient être partagées et/ou confiées à d'autres membres de l'équipe.**

> Fiche ressource 1
> • Le tableau de répartition des tâches

3 Définir les nouvelles missions de l'équipe de vente

Les deux employés affectés actuellement au rayon « Préemballé » ont accepté de changer de poste et de travailler comme vendeurs « poissonniers » sur le stand.

a. **Comparez les missions indiquées en annexe 2 à celles effectuées actuellement par les employés du rayon « Préemballé ». Quelles différences observez-vous ?**

> Annexe 1
> • Fiches d'autoanalyse des employés en poissonnerie – Semaine 43
>
> Annexe 2
> • Poissonnier, embarqué pour la fraîcheur

b. **Identifiez les deux missions pour lesquelles les employés du rayon « Préemballé » auront besoin d'une formation complémentaire afin d'être opérationnels à leur nouveau poste de vendeur en poissonnerie.**

> Fiche ressource 2
> • La définition des missions

c. **Construisez un tableau de répartition des tâches des trois vendeurs (en heures) pour une journée type en stand.**

> Annexe 3
> • Composition et fonctionnement de l'équipe du rayon « Marée » dans la nouvelle organisation

•••

•••

4 Proposer une nouvelle organisation des horaires

- **Présentez le planning horaire type hebdomadaire de l'équipe « Marée » dans la nouvelle organisation.**

Annexe 4
• Nouvelles contraintes organisationnelles au rayon « Poissonnerie »

Fiche ressource 3
• Le planning horaire hebdomadaire collectif

5 Planifier le réaménagement du rayon « Poissonnerie »

Votre responsable souhaite ouvrir le nouveau rayon « Marée » le lundi 24/11 (semaine 48).

a. **Présentez l'ordonnancement des tâches selon la méthode de votre choix et calculez la durée minimale du réaménagement.**

Annexe 5
• Planification des tâches – Réaménagement du rayon « Marée »

Fiche ressource 4
• L'ordonnancement des tâches

b. **Indiquez la date à laquelle devront débuter les tâches A et B.**

Annexe 6
• Calendrier – Semaines 46 à 48

c. **Repérez les tâches pour lesquelles un retard est possible sans que la date d'ouverture du nouveau rayon « Marée » en soit affectée.**

Fiche ressource 1

Le tableau de répartition des tâches

Afin de répartir les activités au sein de l'équipe de façon équitable et judicieuse, le manageur peut recourir au tableau de répartition des tâches (TRT).

I L'analyse des tâches

Le TRT peut être élaboré selon deux méthodes : l'enquête individuelle ou l'autodéclaration. Dans tous les cas, on veillera à les mettre en œuvre avec soin car, mal menées, elles risqueraient d'être interprétées par les salariés comme une forme de contrôle.

L'**enquête individuelle** consiste à demander à chaque personne de l'équipe quelles sont les opérations qu'elle a effectuées et combien de temps elle a consacré à chacune d'elles (temps quotidien, temps hebdomadaire…).

L'**autodéclaration** est menée sur une période de référence, à l'aide d'une feuille d'autopointage. Le salarié enregistre toutes les opérations effectuées et le temps passé sur chacune d'elles. Après dépouillement, on peut évaluer le temps nécessaire à chaque opération et visualiser la façon dont le salarié répartit son temps entre les différentes tâches.

II L'élaboration du TRT

Une fois l'analyse des tâches effectuée, le TRT peut être élaboré. Il regroupe les opérations effectuées par les différents membres de l'équipe.

Exemple : Le TRT d'une équipe de vendeurs magasin peut se présenter ainsi :

Activités	Tâches	Temps passé par semaine pour chaque vendeur				Temps total par tâche
		V1	V2	V3	V4	
Accueil, conseil	Accueil téléphonique	3	3	1	0	7
	Accueil physique	4	1	3	1	9
Vente en rayon	Contact avec le client	11	25	21	20	77
	Remise en place du rayon	6	2	3	3	14
Administratif	Vérification des stocks, commandes	3	0	3	4	10
	Administration des commandes clients (bordereaux…)	8	4	4	7	23
	Total par vendeur	**35 h**	**35 h**	**35 h**	**35 h**	

III L'étude du TRT

Dans les grandes enseignes et les franchises, des études et des normes existent pour chacune des tâches et des opérations. Elles pourront être utiles à l'analyse du TRT.

L'étude du TRT donne une visibilité du fonctionnement de l'unité au manageur. Elle lui permet de repérer les pertes de temps, les doublons et les compétences sous-exploitées. Les résultats de cette étude peuvent conduire à réorganiser les activités de chacun et à répartir les tâches différemment.

Une nouvelle organisation du travail ne s'impose pas systématiquement. Un changement d'organisation répond souvent à la nécessité de résoudre un problème ou à un changement d'objectifs de l'unité. Pour être efficace, il doit prendre en compte l'avis et les suggestions des intéressés et être mené avec leur accord.

Fiche ressource 2

La définition des missions

Elle permet à chacun de savoir quelles sont ses attributions ainsi que les compétences et le degré d'autonomie nécessaires pour chaque tâche.
Elle est utile pour servir de base aux objectifs individuels des collaborateurs et à leur évaluation, pour les responsabiliser, les motiver et rendre l'organisation plus efficace.

I Les missions de l'équipe

Dans un premier temps, le manageur définit précisément les missions de l'équipe, c'est-à-dire les principales responsabilités à mettre en œuvre.

> Exemple : Dans un magasin spécialisé en électronique grand public, les missions de l'équipe sont : proposer une offre pertinente, sélectionner les nouveautés, rechercher des solutions personnalisées et proposer des services susceptibles de fidéliser la clientèle.

II Les missions de chaque membre de l'équipe

Dans un second temps, le manageur doit clarifier le rôle et les responsabilités de chacun. Il prend en compte les compétences, les complémentarités du personnel et les besoins de l'unité commerciale pour répartir les missions entre les membres de l'équipe. Ces missions sont généralement exprimées à l'aide de verbes d'action.

> Exemple : Au sein du rayon, le vendeur a différentes tâches à exécuter : réapprovisionner et ranger le rayon, organiser les mises en avant des produits, réaliser des ventes…

III Les consignes du manageur

Les collaborateurs ont besoin d'être guidés dans l'exercice de leurs missions à l'aide de consignes orales ou écrites, de procédures et de modes d'emploi.

> Exemple : Dans un magasin équipé d'un système informatisé de gestion des stocks et des commandes, le manageur doit former ses vendeurs aux différentes procédures à utiliser pour connaître les quantités d'articles disponibles, consulter l'entrepôt national, passer les commandes…

Fiche ressource 3

Le planning horaire hebdomadaire collectif

I Présentation du planning

Le planning collectif d'organisation du travail est établi chaque semaine. Ce tableau à double entrée mentionne les noms des membres de l'équipe et la répartition de leurs horaires dans le temps.

Exemple : Planning horaire hebdomadaire des conseillères de vente du rayon « Enfants »
Semaine 42 – Du lundi 19 octobre au samedi 24 octobre

	Lundi	Mardi	Mercredi	Jeudi	Vendredi	Samedi	Total semaine (temps de pause inclus
Pauline	8 h 00 16 h 24	8 h 00 15 h 21	8 h 00 15 h 21	REPOS	8 h 00 15 h 21	8 h 00 15 h 21	37,80 h
Christine	REPOS	14 h 39 22 h 00	13 h 36 22 h 00	14 h 39 22 h 00	14 h 39 22 h 00	14 h 39 22 h 00	37,80 h
Corinne	8 h 00 16 h 24	REPOS	8 h 00 15 h 21	8 h 00 15 h 21	8 h 00 15 h 21	8 h 00 15 h 21	37,80 h
Naïma	REPOS	14 h 39 22 h 00	14 h 42 21 h 00	8 h 00 16 h 24			22,05 h
Sabrina	REPOS				14 h 39 22 h 00	13 h 36 22 h 00	15,75 h
Total journée	16,80 h	22,05 h	29,40 h	23,10 h	29,40 h	30,45 h	151,20 h

II Les contraintes

L'établissement du planning prend en compte de très nombreuses contraintes.

1. **Contraintes organisationnelles :** jours et heures d'ouverture de l'unité au public, jours et heures de livraison des marchandises, taille et composition de l'équipe…

2. **Contraintes légales**

Durée légale du travail	Temps complet : 35 heures/semaine Temps partiel : 24 heures minimum/semaine (sauf pour les étudiants)
Durée maximale de travail	10 heures par jour Interdiction de faire faire des heures supplémentaires au-delà de cette durée Maximum : 48 heures/semaine
Temps de pause	3 minutes de pause rémunérées par heure de travail effectif 20 minutes de pause accordées obligatoirement après 6 heures de travail
Travail de nuit	Période légale fixée entre 21 h et 6 h du matin Durée maximale de travail : 8 heures par nuit
Repos quotidien	11 heures minimum entre deux prises de poste
Repos hebdomadaire	Repos minimal de 35 heures consécutives (24 + 11) Repos dominical, sauf dérogation

3. **Contraintes commerciales** (temps à consacrer aux clients, fréquentation de l'unité par jour…) et **liées aux salariés** (absences pour maladie, formation, contraintes familiales…).
L'élaboration du planning peut se faire manuellement, à l'aide d'un tableur (ex. : Excel) ou d'un logiciel de gestion du temps (Kelio, suite logicielle Planexa® [gestion des plannings de caisse] complétée par Tempsia™ [gestion des temps et des présences], Chronos®, e2Time…).

Fiche ressource 4

L'ordonnancement des tâches

L'ordonnancement consiste à déterminer l'ordre dans lequel les différentes tâches d'un projet doivent être exécutées. Il existe plusieurs méthodes d'ordonnancement des tâches.

I La méthode PERT

1. Intérêt et objectif

La méthode américaine PERT (Program Evaluation and Review Technique) consiste à représenter sur un graphe l'ordre de succession des tâches à accomplir pour réaliser un projet dans un délai minimal. Ce graphe permet de visualiser les tâches qui peuvent être réalisées en même temps et celles qui doivent obligatoirement se succéder, ainsi que les liens entre les tâches.

2. La construction du graphe

Les tâches sont représentées par des flèches. Elles sont désignées par une lettre suivie de leur durée entre parenthèses, exprimée en jours. La longueur de la flèche ne dépend pas de la durée. Les tâches sont toujours encadrées par deux étapes : celle du début et celle de fin, représentées par des cercles. Les étapes sont classées de 0 à n, le numéro figurant dans le cercle.

> Exemple : Soit un projet qui démarre avec une première tâche A de durée égale à trois jours. L'étape de début de la tâche A porte le numéro 0 et celle de fin de la tâche A est numérotée 1.
>
> 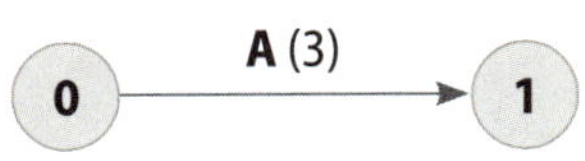
>

Lorsqu'une tâche est directement antérieure à une autre, son étape de fin est en même temps celle de début de la seconde. On dit que les deux tâches se succèdent.

> Exemple : Dans un projet, la tâche A est antérieure à la tâche B de durée égale à 2 jours.
>
> 
>

Par convention, un graphe PERT commence toujours à l'instant 0.
Au-dessus des cercles des étapes, on peut indiquer les dates « au plus tôt » auxquelles elles commenceront et prendront fin. Les durées s'ajoutant, on obtient à la fin du graphe la durée totale de réalisation du projet.

> Exemple : A commence au plus tôt à l'instant 0 et se termine au plus tôt dans 3 jours ; B commence au plus tôt dans 3 jours et se termine au plus tôt dans 5 jours.
>
> 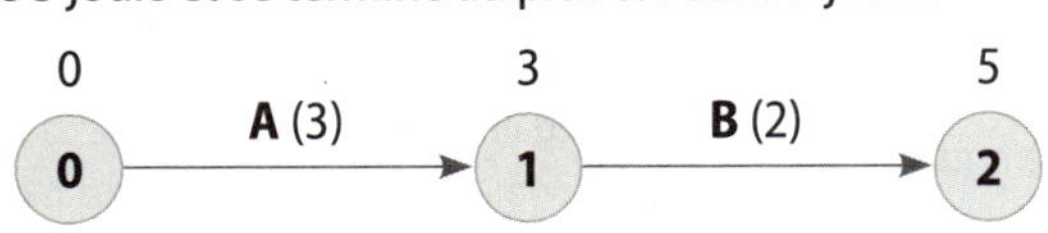
>

Afin de minimiser la durée totale du projet, certaines tâches seront réalisées en parallèle. Elles commenceront en même temps mais ne se termineront pas ensemble si leur durée n'est pas la même.

> Exemple : Soit un projet comprenant les tâches suivantes :

Tâches	A	B	C	D	E
Durées (en jours)	2	3	3	4	3
Tâches antérieures	–	–	A	B	C, D

- Les tâches A et B peuvent démarrer en même temps car elles n'ont pas de tâche antérieure. Elles peuvent être menées simultanément.
- La tâche C succède à A et la tâche D succède à B.
- La tâche E succède obligatoirement à C et D. C'est pourquoi C et D se rejoignent sur le graphe ci-dessous afin que les 2 antériorités de E soient respectées.

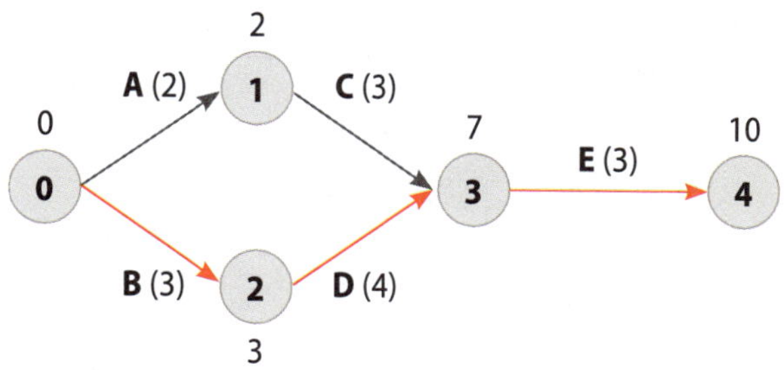

C commence au plus tôt dans 2 jours et se termine au plus tôt dans 5 jours (3 + 2).

D commence au plus tôt dans 3 jours et se termine au plus tôt dans 7 jours (3 + 4).

Si E démarre au bout de 5 jours, la tâche D n'est pas terminée. L'une des antériorités n'est pas respectée. Il faut donc que la tâche D soit terminée pour que E puisse démarrer. C'est ainsi que E commencera au plus tôt dans 7 jours (la durée la plus longue à l'étape d'intersection).

Ainsi, la durée totale du projet sera de 10 jours. C'est une durée minimale. Le projet ne peut pas être réalisé en moins de 10 jours. Tout retard pris sur le chemin B, D, E entraînera un retard sur la durée totale du projet. Ce chemin est appelé « chemin critique » (en rouge sur le graphe). Il faut donc être particulièrement vigilant sur le respect des délais des tâches situées sur ce chemin.

Par contre, il existe une marge de manœuvre pour les tâches A et C. Par exemple, si A dure 4 jours au lieu de 2, la durée totale du projet ne changera pas (à condition que la durée de C reste inchangée).

II Le diagramme de Gantt

Le diagramme de Gantt est un tableau d'ordonnancement qui permet de visualiser à la fois la répartition et l'enchaînement des tâches dans le temps ainsi que la simultanéité de certaines opérations. Il constitue un véritable outil d'information dans la mesure où il peut permettre aux différents participants à un projet de mieux appréhender la globalité de l'opération et de repérer plus facilement les rôles respectifs de chacun.

La construction du diagramme de Gantt peut se faire à l'aide de différents logiciels tels que le traitement de texte, le tableur ou avec un logiciel de gestion de projets (exemples : Gantt Project, Microsoft® Project, Primavera Project Planner® ou MindView™ Business Edition).

Exemple : Une société de cours particuliers à domicile prévoit de mettre en place un centre d'appels pour les prospects pendant les périodes de publicité télé et radio. Il faut installer cette nouvelle équipe dans le local habituellement utilisé pour la formation et réaliser le recrutement (8 candidats sélectionnés par la DRH pour 4 postes).

Tâche	Nature de la tâche	Durée de la tâche	Tâches à réaliser au préalable
A	Rencontre les candidats et conclure le recrutement.	3 jours	
B	Vérifier que les ordinateurs et logiciels sont immédiatement opérationnels.	1 jour	
C	Préparer le plan de formation des opérateurs.	2 jours	
D	Former les opérateurs à la culture d'entreprise et leur faire rencontrer les responsables.	3 jours	A, B, C
E	Réaliser la formation commerciale et technique.	5 jours	D
F	Tester la nouvelle équipe en routant des appels réels issus des agences.	2 jours	E

Sur le diagramme, les tâches s'enchaînent selon un ordre logique, en fonction de leur dépendance. Les liaisons entre les tâches sont représentées par des flèches allant des tâches *prédécesseurs* aux tâches *successeurs*.

Exemple : Diagramme réalisé avec Gantt Project

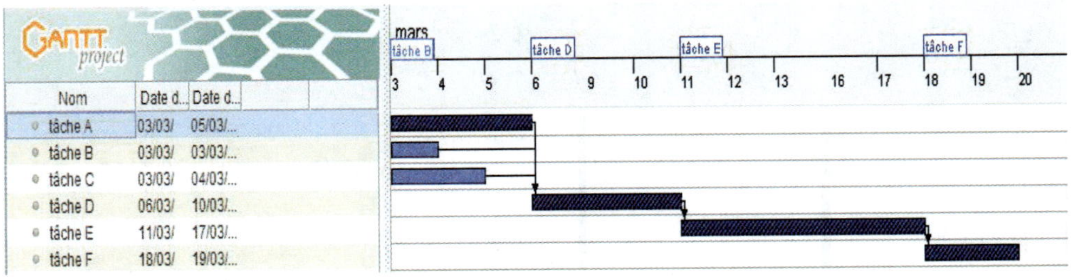

Une fois les liaisons définies, le logiciel peut calculer automatiquement la date de fin d'un travail ou d'un projet à partir de la date de début (ou l'inverse), ou recalculer automatiquement toutes les dates selon les changements envisagés (ajout, suppression de tâches, modification de durées de tâches…). Il peut aussi afficher le chemin critique.

Applications

1 Analyser les tâches des vendeurs

Vous travaillez dans un magasin de luminaires de la région parisienne en tant que gérant(e). L'équipe comprend deux vendeurs. Dans le cadre d'une éventuelle réorganisation des tâches de l'équipe de vente, une feuille d'autopointage a été remise aux vendeurs. Chacun a rendu compte de ses activités sur une période d'une semaine.

1. **Analysez la répartition des tâches des deux vendeurs.**
2. **Comparez le temps consacré à la vente aux flux moyens de clients dans le magasin. La prise en charge des clients est-elle satisfaisante ?**
3. **Quelle réorganisation du travail pouvez-vous envisager pour améliorer le fonctionnement du magasin ?**

Document 1 Fiches d'autopointage des deux vendeurs (temps en minutes)

Activités hors vente		Lundi		Mardi		Mercredi		Jeudi		Vendredi		Samedi	
		V1	V2	V1	V2	V1	V2	V1	V2	V1	V2	V1	V2
Réception des colis	10 h-15 h	60			-	-			50				
	15 h-20 h	-			-	-			-				
Mise en rayon	10 h-15 h	50			50	60			50	20	30	30	20
	15 h-20 h	-			-	-			-				
Vérification des stocks	10 h-15 h	15			-	-			20				
	15 h-20 h												
Commande	10 h-15 h	10			-	-			15				
	15 h-20 h	-			-	-			-				
Étiquetage	10 h-15 h	15			15	20			15	15			15
	15 h-20 h	-			-	-			-				
Théâtralisation de l'offre	10 h-15 h	-			50	-			-				
	15 h-20 h	-				-			-				

Gestion de la relation client		Lundi		Mardi		Mercredi		Jeudi		Vendredi		Samedi	
		V1	V2	V1	V2	V1	V2	V1	V2	V1	V2	V1	V2
Conseil aux clients	10 h-15 h	80			110	144			80	185	189	190	185
	15 h-20 h	260			260	250			260	270	265	262	250
Encaissement	10 h-15 h	10			15	16			10	20	21	20	20
	15 h-20 h	40			40	50			40	30	35	38	50
Total		**540**	-	-	**540**	**540**	-	-	**540**	**540**	**540**	**540**	**540**

La réception des luminaires se fait le lundi et le jeudi.
Les vendeurs travaillent 4 jours par semaine, 9 heures par jour. Un temps de pause d'une heure pour le déjeuner est accordé entre 12 h et 14 h.

Document 2 Flux moyens de clients répartis sur une semaine

	Lundi	Mardi	Mercredi	Jeudi	Vendredi	Samedi
10 h-15 h	40	60	150	80	200	250
15 h-20 h	180	200	250	200	350	400

Le temps nécessaire à la prise en charge d'un client qui achète (conseil + encaissement) est de 10 minutes en moyenne. Un client sur cinq achète un luminaire.

2 Concevoir un document de suivi des tâches

Vous êtes stagiaire au rayon « Charcuterie-Traiteur » d'un hypermarché.
Celui-ci a ouvert récemment un point « Sandwichs froids » pour satisfaire la clientèle du midi. L'une des priorités de votre manageur est de garantir l'hygiène alimentaire, la sécurité et la qualité.
Afin de sensibiliser son personnel à ces aspects, il vous remet une check-list des points à vérifier quotidiennement afin de concevoir une grille hebdomadaire de suivi de la qualité au stand « Sandwichs ».

- **Concevez une grille de suivi de la qualité au stand « Sandwichs ». Celle-ci doit être opérationnelle (c'est-à-dire à la fois précise et simple à renseigner par les employés). Elle sera remplie chaque jour par l'employé responsable du stand et contrôlée par le manageur.**

Document **Les points essentiels à vérifier quotidiennement sur le stand**

Tenue de l'employé(e)	– Exiger le port d'un calot, d'un tablier plastique jetable, d'une blouse propre, de gants jetables propres et de chaussures de sécurité. – Ne pas accepter de bijoux, montre, piercing. – Exiger que les cheveux longs soient attachés.
Matériel utilisé	– Nettoyer et désinfecter régulièrement les couteaux et autres ustensiles de fabrication. – Suivre le plan de nettoyage du stand. – Vider et nettoyer la poubelle à la fin du service.
Conservation des produits	– S'assurer que les produits nécessaires à la fabrication des sandwichs sont rangés dans le meuble froid. – Vérifier les dates sur les produits. – Garder les étiquettes des produits entamés. – Protéger et identifier les produits entamés.
Fabrication des sandwichs	– Déconditionner les produits utilisés pour la fabrication au fur et à mesure des besoins. – Laver les tomates à l'eau vinaigrée. – Trancher les baguettes avec un couteau spécifique. – Dès la fabrication des sandwichs, les ensacher et les mettre immédiatement dans le meuble froid.
Températures	Contrôler deux fois par jour les températures des meubles froids et de la réserve.

3 Planifier

Le magasin Déco House vend des articles d'équipement de la maison et de décoration intérieure. Il est implanté dans la région valenciennoise (Nord) depuis cinq ans et situé dans une zone commerciale attractive et dynamique comprenant un hypermarché, de nombreuses grandes surfaces spécialisées et des boutiques. Il a un positionnement moyen et haut de gamme.

Récemment, un nouveau concurrent au positionnement bas de gamme s'est installé à proximité. La fréquentation du magasin Déco House a fortement chuté. Le gérant envisage **deux** actions pour relancer le trafic en magasin :

– **action 1** : la réorganisation du magasin, qui sera structuré en espaces représentatifs des lieux de vie de l'habitat contemporain ;

– **action 2** : la création d'un catalogue, qui devra refléter le positionnement qualitatif du point de vente et donner envie aux habitants de la zone de chalandise de le visiter.

En tant qu'adjoint(e), vous assistez le gérant pour l'aider à préparer l'organisation de ces deux actions.

1 **Déterminez le nombre d'employés à affecter au réaménagement des linéaires (document 1).**

2 **Modifiez le planning collectif d'organisation du travail de la semaine 11 en tenant compte des nouvelles contraintes et des contraintes générales et législatives (documents 2 et 3).**

3 **Réalisez l'ordonnancement des tâches de la conception du catalogue à l'aide d'un diagramme de Gantt (document 4).**

4 **Déterminez la date à laquelle le projet « Création du catalogue » doit démarrer, sachant que le catalogue doit être distribué dans les boîtes aux lettres de la zone de chalandise le 15 mars N au plus tard.**

Document 1 Liste des tâches (action 1)

Tâches	Heures de travail nécessaires
Vider les rayons, déménager les meubles d'exposition.	6 heures
Démonter les linéaires.	6 heures
Nettoyer la surface de vente et les linéaires.	6 heures
Remonter les linéaires.	6 heures
Théâtraliser l'offre et remplir les linéaires.	30 heures
Baliser le magasin et étiqueter les produits.	6 heures

Document 2 Planning initialement prévu (semaine 11 – année N)

Salariés	Lundi	Mardi	Mercredi	Jeudi	Vendredi	Samedi
Jean-Louis (35 h)	5 h	5 h	Repos	8 h	10 h	7 h
Roger (35 h)	8 h	Repos	6 h	7 h	7 h	7 h
Laetitia (35 h)	6 h	6 h	5 h	Repos	9 h	9 h
Marc (apprenti – 18 ans, 20 h en magasin)	Formation	Formation	6 h	7 h	7 h	-
Noémie (étudiante, temps partiel 15 h)	Cours	Cours	Cours	Cours	7 h	8 h
Khadija (étudiante, temps partiel 15 h)	Cours	Cours	Cours	Cours	8 h	7 h
Laurina (30 h)	5 h	5 h	5 h	5 h	Repos	10 h
Marion (20 h)	-	5 h	5 h	5 h	5 h	-
Stéphane* (20 h)	-	-	-	5 h	7 h	8 h

* Stéphane a un autre contrat à temps partiel de 15 heures chez un autre employeur, les lundis et mardis.

Document 3 Contraintes

CONTRAINTES SPÉCIFIQUES AU RÉAMÉNAGEMENT

- Le magasin sera fermé deux jours : les lundi et mardi de la semaine 11.
- Il n'est pas prévu d'attribuer d'heures supplémentaires aux employés lors de la semaine 11.
- L'opération sera supervisée obligatoirement par l'adjoint(e) pendant les deux jours.
- Les salariés affectés au réaménagement travailleront le nombre d'heures maximal autorisé par la législation.

CONTRAINTES LÉGISLATIVES

- La durée légale du travail peut être dépassée dans le cadre de la réglementation sur les heures supplémentaires.
- Sauf autorisation de l'inspecteur du travail, la durée du travail des travailleurs âgés de moins de 18 ans ne peut dépasser la durée légale du travail.
- Toutefois, il existe des durées maximales au-delà desquelles aucun travail effectif ne peut être demandé. Ces durées maximales de travail s'imposent également au salarié qui cumule plusieurs emplois. Sauf dérogation, les durées maximales sont fixées à :
  - 10 heures par jour ;
  - 48 heures par semaine ;
  - 44 heures en moyenne sur une période de 12 semaines consécutives.

www.travail.gouv.fr/informations-pratiques/fiches-pratiques/durée du travail

Document 4 Descriptif des tâches (action 2)

Tâches	Durée des tâches	Tâches à réaliser au préalable
A. Collecte des catalogues diffusés par les concurrents	1 jour	
B. Analyse des catalogues des concurrents	1 jour	A
C. Analyse de l'intérêt commercial des produits et choix des produits à présenter dans le catalogue	2 jours	B
D. Définition du nombre de pages, du format, du grammage et du nombre d'exemplaires	1 jour	C
E. Envoi des appels d'offres aux imprimeurs et réception des propositions	15 jours	D
F. Étude des offres et choix d'un imprimeur	1 jour	E
G. Réalisation des photographies des produits	3 jours	C
H. Choix des visuels et des emplacements des photographies dans la mise en page	3 jours	G
I. Rédaction des accroches et des textes	3 jours	H
J. Fixation des prix de vente	1 jour	C
K. Détermination du coût d'envoi des catalogues	1/2 jour	D
L. Élaboration du budget	1/2 jour	F, K
M. Impression du catalogue	10 jours	F, H, I, J
N. Diffusion du catalogue	3 jours	M

4 Établir un planning hebdomadaire collectif

Vous assistez le chef du rayon « Produits frais » d'un hypermarché de la côte bretonne.
Ce rayon compte le plus grand nombre d'employés (18) de l'hypermarché et procure le chiffre d'affaires le plus important (45 % du CA du magasin). Son organisation est donc primordiale.
Il est composé de plusieurs sous-rayons : « Ultra-frais » (yaourts, fromages blancs...), « Crèmerie libre-service », « Charcuterie libre-service », « Surgelés », « Charcuterie à la coupe » et « Crèmerie à la coupe ».

En tant que second du chef du rayon « Produits frais », vous préparez le planning hebdomadaire collectif des employés « libre-service » du sous-rayon « Ultra-frais » pour la semaine 28 (période estivale).

Document **Informations utiles sur le sous-rayon « Ultra-frais »**

- Vous disposez de trois employés « libre-service » : Jean et Marc travaillent à temps complet (35 heures/semaine), Élodie est à temps partiel (21 heures/semaine).
- Jean est en congé les mardi et jeudi, Marc le lundi et le dimanche. Élodie travaille trois jours par semaine : les vendredi, samedi et dimanche.
- Pour les services du matin, la journée d'un employé « libre-service » commence à 6 h du lundi au samedi et à 7 h le dimanche. Elle se termine à 13 h. Pour les services de l'après-midi, la journée commence à 13 h et se termine à 20 h (21 h le samedi).
- Vous devez impérativement disposer d'au moins un employé chaque matin pour réceptionner les marchandises livrées.
- En période estivale, il y a un gros afflux de clients les vendredi, samedi et dimanche, jours d'arrivée des vacanciers. Pour ces trois jours, il faut donc prévoir deux employés le matin.

5 Évaluer la durée optimale d'un projet

Le leader français de la vente de fleurs en libre-service poursuit le développement de son réseau de magasins franchisés et envisage la création d'un nouveau point de vente.
Les études de marché ont permis de trouver en centre-ville un emplacement attractif de 250 m^2 dans une zone de chalandise de plus de 50 000 habitants.
Les dossiers de candidature à la franchise ont été examinés attentivement. Un nouveau partenaire a été choisi.
Vous êtes chargé(e), dans le cadre de votre stage, d'assister le futur franchisé et de l'aider à organiser les opérations (document) qui précèdent l'ouverture d'un point de vente.

1. **Représentez l'enchaînement des opérations et déterminez le temps minimal nécessaire à leur réalisation.**
2. **Sur quelles opérations faut-il éviter un retard ? Évaluez votre marge de manœuvre.**

Document **Descriptif des tâches (action 2)**

Tâches	Nature de la tâche	Durée de la tâche	Tâches précédentes
A	Recrutement des vendeurs	30 jours	
B	Formation des vendeurs	90 jours	A
C	Travaux d'aménagement du point de vente	60 jours	
D	Choix des produits et des quantités à commander dans le catalogue du franchiseur	1 jour	
E	Réception du matériel et installation du mobilier, agencement et organisation du point de vente	5 jours	B, C
F	Conception, diffusion d'une information sur l'ouverture	10 jours	C
G	Mise en place des produits avant l'ouverture	1 jour	D, E
H	Inauguration du magasin	1 jour	B, F, G

6 Planifier les rendez-vous d'un conseiller clientèle particuliers

Stagiaire en BTS MUC au CIC de Condé sur l'Escaut (Nord), votre directeur vous charge de planifier les rendez-vous du conseiller clientèle Marc Dufour pendant la semaine 3.

- **Complétez le document 1 en prenant en compte au mieux les contraintes d'urgence et de disponibilité des clients (document 2).**

Document 1 **Agenda de Marc Dufour – Missions de la semaine 3 (autres que les RDV)**

	Mardi	Mercredi	Jeudi	Vendredi	Samedi
9 h – 10 h	Étude et suivi des dossiers	Permanence à l'agence de Quiévrechain	Étude et suivi des dossiers	Formation à la Direction régionale (Lille)	
10 h – 11 h					
11 h – 12 h 30	Appels téléphoniques		Appels téléphoniques		Étude et suivi des dossiers
14 h – 15 h					Fermeture de l'agence
15 h – 16 h					
16 h – 17 h					
17 h – 18 h		Appels téléphoniques			
18 h – 19 h 30	Fermeture	Fermeture	Brief hebdomadaire	Fermeture	

L'étude et le suivi des dossiers ainsi que les appels téléphoniques ne sont pas des contraintes strictes. Elles peuvent être déplacées en fonction des urgences.

Document 2 **Demandes de RDV avec Marc Dufour — Semaine 3**

Client	Motif du RDV	Durée à prévoir	Urgence	Disponibilité du client
Mme Dotel	Simulation prêt personnel	30 minutes	RDV dans la semaine si possible	En semaine, après 17 h. Samedi matin.
M. Viel	Découvert bancaire	30 minutes	Très urgent	Tous les jours sauf le mercredi.
Mme Greg	Demande d'un crédit immobilier	2 heures	RDV avant le jeudi	Mercredi matin et mardi matin.
M. Brat	Demande d'information sur les placements financiers	1 heure et 30 minutes	Peu urgent	Vendredi et samedi.
M. Ferté	Ouverture d'un compte jeune	2 heures	RDV dans la semaine si possible	Mercredi après-midi.

Chapitre 6

Animer l'équipe commerciale

C. 123 Animer l'équipe
C. 124 Évaluer l'organisation du travail de l'équipe
C. 223 Fixer des objectifs commerciaux et financiers
C. 23 Assurer la communication des résultats de l'activité

Situation

MAIF ASSUREUR MILITANT.

Forme juridique : groupe mutualiste d'assurance

Activité : assurance auprès des particuliers, associations et collectivités

Nombre de foyers assurés : 3 millions (soit 6,5 millions de Français)

Chiffre d'affaires : 3 Mds d'euros

Effectifs : 7 000 collaborateurs répartis entre le siège social de Niort, les 150 délégations départementales et les plateaux téléphoniques dédiés

Valeurs fondamentales : humanisme, solidarité et respect de la personne

Préoccupation au cœur des valeurs de la mutuelle : le développement durable

Depuis 2012, la MAIF est engagée dans un vaste projet de réorganisation de son réseau. La nouvelle architecture est construite autour de cinq filières : le conseil-vente en face-à-face, le conseil-vente à distance, la déclaration de sinistres, la gestion de sinistres et les pôles dédiés aux associations et collectivités. Le but de la nouvelle organisation est d'améliorer la qualité et la rapidité de la prise en charge des sociétaires.

Dans le cadre de cette refonte, la MAIF a récemment ouvert un centre de gestion des sinistres rassemblant une quarantaine de gestionnaires. Une partie de l'équipe est issue du réseau MAIF et a volontairement accepté la mobilité géographique, encouragée par les incitations financières et le « pack mobilité » d'accompagnement. Une autre partie comprend de nouvelles recrues issues de réseaux concurrents et de jeunes diplômés, embauchés en CDD de 4 à 12 mois.

Vous secondez le responsable d'un centre d'appels dédié à la gestion des sinistres.

Afin de créer des liens entre les différents membres du plateau téléphonique, le gestionnaire du centre vous charge de deux missions d'animation :

- imaginer un projet pour fédérer les membres de l'équipe tout en les sensibilisant au développement durable ;
- participer à l'organisation d'une réunion d'accueil de tous les gestionnaires.

Annexe 1 Des exemples d'actions menées par la MAIF dans le cadre du développement durable

Les relais « Développement durable »

250 salariés et militants volontaires ont accepté de s'impliquer en tant qu'ambassadeurs du développement durable et de la responsabilité sociale de l'entreprise. Ils relaient auprès de leurs collègues toutes les initiatives engagées par la mutuelle dans ce domaine et les motivent pour que ces actions soient suivies d'effets.

Le défi solidaire avec la plateforme de prêt solidaire dédiée au microcrédit BABYLOAN

[...] Un partenariat a été conclu entre la MAIF et l'entreprise de microcrédit Babyloan pour la Semaine du développement durable. Le but consistait à soutenir un maximum de microprojets. Dans les faits, 18 % des acteurs ont participé à ce défi solidaire et réuni en onze jours 42 500 € que la MAIF s'est engagée à doubler. C'est donc 85 000 € qui ont été prêtés à 120 microentreprises, soit plus de trois fois l'objectif initial.

•••

•••

Annexe 1 Des exemples d'actions menées par la MAIF dans le cadre du développement durable (suite)

CONCOURS DE MOBILITÉ ALTERNATIVE AVEC LA SEMAINE « TOUS À VÉLO »

Pendant la Semaine de la mobilité, plus de 230 participants du siège et de l'agglomération bordelaise ont parcouru 27 000 km à vélo, train, bus ou… à pied. Ils ont ainsi évité l'émission de 4 tonnes de CO_2, soit l'équivalent de deux allers-retours Paris/New York en avion.

La double collecte en 2013

Pour la Semaine du développement durable 2013, la MAIF s'est associée à deux entreprises favorisant le retour à l'emploi de personnes en situation de précarité : l'entreprise à but socioéconomique Le Relais et son partenaire Les Ateliers du Bocage, pour organiser une double collecte de vêtements et de téléphones portables usagés. Près de 2,7 tonnes de vêtements et plus d'une centaine de téléphones ont ainsi pu être récupérés.

www.maif.fr

Annexe 2 La Semaine européenne de la mobilité

LA SEMAINE EUROPÉENNE DE LA MOBILITÉ
BOUGEZ AUTREMENT
16-22 SEPTEMBRE

Créée en 2002 à l'initiative de la Commission européenne, la Semaine européenne de la mobilité a lieu chaque année la troisième semaine de septembre. Cet évènement encourage les collectivités, entreprises, associations et établissements scolaires à repenser leur façon de se déplacer au quotidien en privilégiant des transports plus écologiques et économiques. Tous les moyens de transport sont mis à l'honneur : bus, train, vélo, marche à pied, covoiturage, autopartage, rollers… Randonnées ou rallyes à vélo, ateliers informatiques autour de l'empreinte environnementale, contrôles de sécurité du vélo, bourse au vélo avec ateliers de réparation, projections de films documentaires, initiations à l'éco-conduite, stands d'information sur le partage de la rue… sont autant de thématiques possibles.

Plus d'informations : retrouvez la liste complète des manifestations sur le site www.bougezautrement.gouv.fr.

Annexe 3 Informations sur la réunion de bienvenue

1. La réunion comportera trois temps forts.

- **Phase 1 – L'accueil** : mot de bienvenue par le responsable du plateau, Ludovic Sanders. Moment de convivialité autour d'un café et de viennoiseries.
  Prévoir ½ heure.
- **Phase 2 – Le groupe MAIF** : présentation PowerPoint sur la nouvelle organisation du réseau, la culture de la mutuelle, les objectifs assignés à l'équipe de gestion des sinistres.
  Prévoir 1 heure.
- **Phase 3 – Le lancement du projet**
  - Présentation du projet
  - Constitution des groupes
  - Répartition des rôles entre les groupes
  - Recherche d'un volontaire par équipe pour la piloter
  - Travail en groupe de réflexion sur les tâches à mener et leur répartition
  - Détermination d'un calendrier de rencontres pour avancer sur le projet

  Prévoir 1 heure.

•••

•••

Annexe 3 Informations sur la réunion de bienvenue (suite)

Une pause de 15 minutes est prévue après la deuxième phase.
Un *feedback* de 15 minutes est prévu après le travail en groupes pour faire la synthèse des décisions prises.

2. Les locaux sont équipés d'une vaste salle de réunion (12 m × 8 m). Celle-ci est munie d'un tableau, d'un écran, d'un vidéoprojecteur fixé au plafond, d'un PC et d'enceintes acoustiques, d'une quarantaine de chaises pliantes et d'une dizaine de grandes tables.

3. Les intervenants et les interventions

Intervenants	Interventions
Le responsable du centre d'appels	– Accueil – Présentation du groupe MAIF
Vous-même	Lancement du projet

Annexe 4 Informations sur le projet

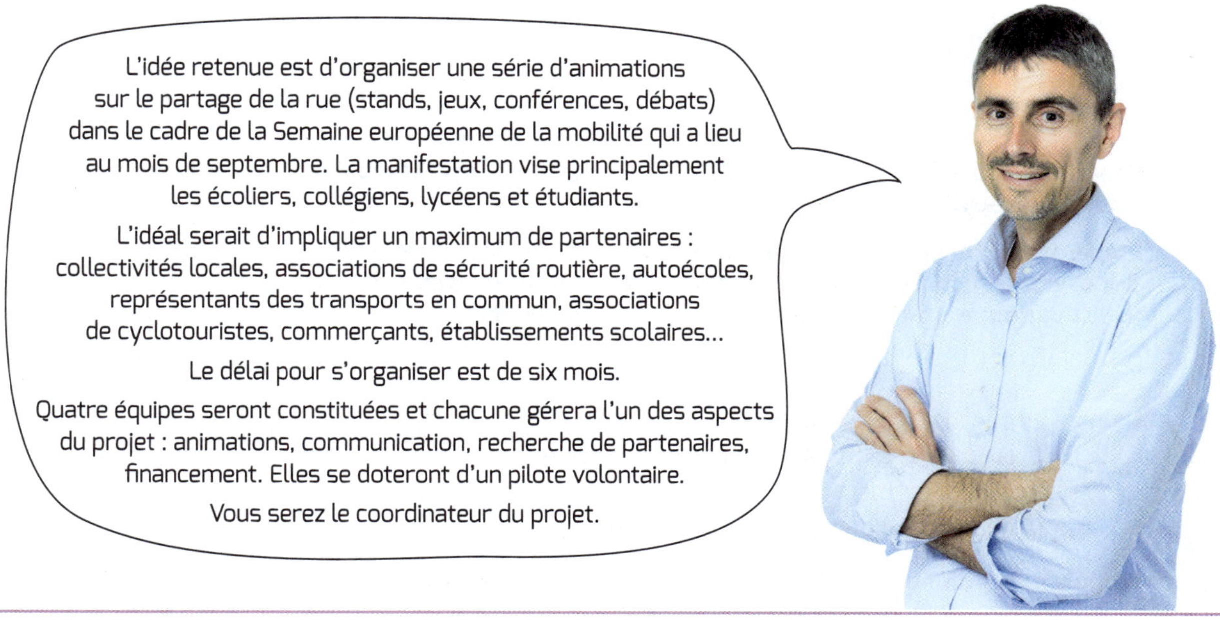

Travail à faire

1 Comprendre le contexte

a. **À quelle difficulté le responsable du nouveau centre de gestion des sinistres pourrait-il être confronté ?**

b. **Pourquoi est-il important, pour le responsable de plateau, de réunir toute son équipe et de l'impliquer dans un projet fédérateur ?**

2 Agir sur l'esprit d'équipe et le sentiment d'appartenance

a. **Proposez différents moyens pour, d'une part, développer la cohésion d'équipe et, d'autre part, favoriser un sentiment d'appartenance.**

Fiche ressource 1 · Les enjeux de l'animation

•••

• • •

Votre responsable souhaite mettre en place un projet afin de fédérer la nouvelle équipe.

b. **Proposez quelques évènements que vous pourriez mettre en place afin d'impliquer tous les membres de l'équipe tout en respectant les engagements de la MAIF en matière de développement durable.**

Annexe 1
- **Des exemples d'actions menées par la MAIF dans le cadre du développement durable**

Annexe 2
- **La Semaine européenne de la mobilité**

3 Préparer une réunion

Votre responsable vous charge de préparer l'assemblée générale de bienvenue. Il vous a laissé ses consignes en annexe.

a. **Trouvez un nom évocateur à cette réunion.**

b. **Préparez et présentez l'ordre du jour de la réunion : minutage, étapes, points abordés, intervenants.**

Annexe 3
- **Informations sur la réunion de bienvenue**

Annexe 4
- **Informations sur le projet**

Fiche ressource 2
- **La préparation d'une réunion**

c. **Rédigez une note de service annonçant la réunion. Celle-ci sera affichée sur le panneau d'information destiné aux salariés.**

Fiche ressource 3
- **La note interne de service**

d. **Préparez l'aménagement de la salle en indiquant sur un plan où vous disposerez le mobilier. Cette proposition devra prendre en compte la taille du groupe ainsi que les trois temps forts de la réunion.**

4 Animer une réunion

Lors de la phase 3 de la réunion, l'un des groupes se montre bruyant. Les idées fusent.

a. **Précisez le rôle à jouer par l'animateur dans cette circonstance.**

b. **Proposez une solution pour calmer le groupe sans brider sa créativité.**

c. **Comment allez-vous gérer les 15 minutes prévues après le travail en groupes (déroulement, style d'animation) ?**

Fiche ressource 4
- **L'animation d'une réunion**

Fiche ressource 1

Les enjeux de l'animation

L'animation est l'une des missions de tout manageur. Elle vise à donner envie aux membres de l'équipe de travailler ensemble à la réussite de l'unité. Cela passe par le développement de l'esprit de groupe, la création d'un sentiment d'appartenance et la diminution du stress professionnel.

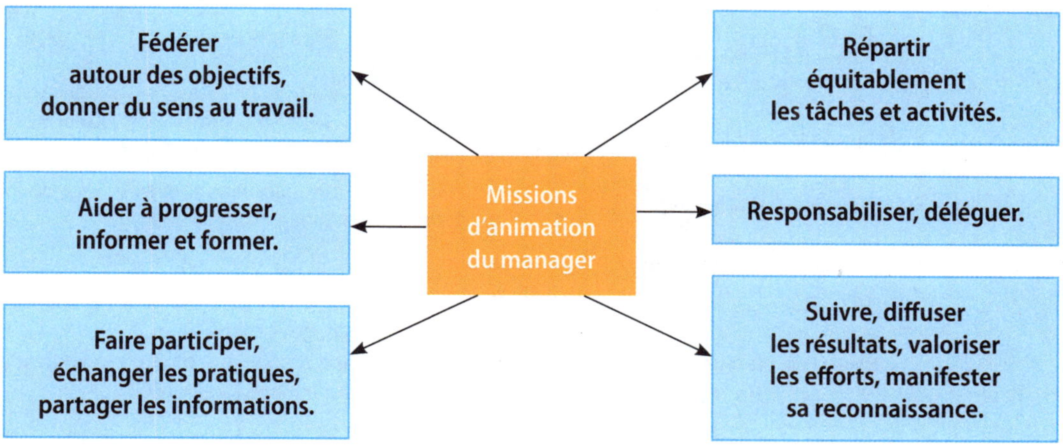

I La cohésion de l'équipe

Les membres de l'équipe doivent être unis et solidaires afin de travailler de manière constructive et de limiter les risques d'échecs individuels et de conflits.
L'animateur pourra développer la cohésion de son équipe grâce à une communication efficace, un mode de management basé sur la confiance et le respect réciproque, et la mise en place de techniques d'accompagnement individuel et collectif au sein de l'équipe.

> Exemple : Pour stimuler l'esprit d'équipe, un manageur peut commencer par montrer l'exemple en aidant ses équipiers dès que ceux-ci en ont besoin. Il peut organiser des challenges et féliciter chaleureusement toute son équipe en cas de succès. S'il y a des tensions, il doit les apaiser et faire cesser tout comportement négatif.

II Le sentiment d'appartenance à l'équipe

Les membres du groupe doivent partager les mêmes valeurs et la même vision positive de leur unité. C'est essentiellement par les réunions de travail que cette culture commune pourra être développée, mais aussi par l'organisation de rencontres conviviales en dehors de l'unité.

> Exemple : Chez Center Parcs, deux fois par an, une centaine de salariés découvrent un autre emploi (par exemple, une employée de restauration découvre le métier d'animatrice pour enfants). L'initiative permet de faire se rencontrer des salariés de tout le groupe, fiers de présenter leur travail à d'autres. Le sentiment d'appartenance est renforcé.

III La diminution du stress professionnel

Les salariés sont soumis à de nombreux facteurs stressants : la gestion du temps et des urgences, les tensions avec la hiérarchie, une charge de travail trop importante… Le stress au travail a de multiples conséquences sur : les relations entre collègues, l'efficacité au travail, la santé, le coût en temps perdu, les frais médicaux…
Afin de diminuer les sources de stress au travail, le manageur veillera à adopter un mode de management basé notamment sur la reconnaissance et la critique positive.

Fiche ressource 2

La préparation d'une réunion

Pour qu'une réunion soit efficace, il est important de la préparer sérieusement.

I La phase de réflexion

Questions importantes	Commentaires
La réunion est-elle nécessaire ?	Vérifier l'utilité de la réunion.
Quel est l'objet de la réunion ?	Déterminer s'il s'agit d'une réunion d'information, d'analyse de problème, de décision, de formation, de créativité, de projet…
Quel est le contenu de la réunion ?	Définir précisément la liste des questions à traiter et les ordonner par ordre d'importance. Ne pas aborder trop de questions.
Qui sont les participants réellement concernés par l'objet de la réunion ?	Fixer la liste des participants et des intervenants (animateur, secrétaire de séance…).
Où et quand organiser la réunion ?	Prévoir un lieu adapté, aménagé et calme. Programmer la réunion à une période qui convienne aux participants. Ne pas programmer une réunion trop longue.

II La rédaction de l'ordre du jour

– L'ordre du jour est une liste des points à aborder lors de la réunion.
– Il est distribué aux participants avant la réunion afin d'en améliorer l'efficacité.
– Sa présentation suit les règles suivantes :

En-tête du document	Titre : ordre du jour Date et heure de la réunion Nom de l'organisateur Noms des participants
Contenu	Minutage Points abordés : titres + détail Noms des intervenants *Ces éléments peuvent être présentés dans un tableau.*

III La préparation matérielle

1. Vérifier la disponibilité de la salle pour le jour et l'heure de la réunion.
2. Aménager la salle en fonction du nombre de participants et de l'objet de la réunion.

Taille du groupe	Objet de la réunion	Aménagement de la salle
Petit groupe	Travail, créativité, projet	Une seule table, ronde ou ovale
Groupe moyen	– Résolution de problème, décision – Formation	– Disposition des tables en U – Disposition des tables en salle de classe
Grand groupe	Assemblée générale, conférence, exposé	Amphithéâtre

3. Vérifier la présence et le fonctionnement du matériel de projection et de sonorisation dans la salle de réunion, s'assurer que l'éclairage fonctionne.
4. Préparer, visionner, dupliquer les supports d'aide à l'animation de réunion : documents, tableaux, graphiques, photos, vidéos…
5. Informer les participants de la tenue de la réunion (convocation ou note de service).

Fiche ressource 3

La note interne de service

Au sein d'une entreprise, les messages adressés à ses membres le sont sous forme de notes. La note remplace la lettre quand l'émetteur et le(s) récepteur(s) appartiennent à la même unité commerciale.

Coordonnées de l'émetteur → Desmont SA
La direction

Le 18 février N ← Date d'émission

Numérotation pour permettre le classement → **Note de service n°8**

Destinataires

Liste des destinataires →

Pour action : M. Harlet
M. Duval
Mme Servam
Pour information : Mme Vilmain

Rappel du motif de la note → Objet : préparation du planning des congés d'été

Motif de la note ↓

En vue d'élaborer le planning des vacances d'été, je vous prie de me faire parvenir pour le 15 mars les souhaits de vos collaborateurs regroupés sur le document joint. ← Délai d'exécution

Pour faciliter l'exploitation de ces informations, vous veillerez pour votre service au respect des principes suivants :

Rappel d'informations utiles aux destinataires →

- les congés d'été doivent être pris dans la période comprise entre le 1er juin et le 30 septembre ;
- leur durée ne peut excéder 4 semaines consécutives ;
- un cadre doit toujours être présent pour assurer une permanence.

J'ai demandé à Mme Vilmain de vous adresser l'état des congés restant disponibles pour chacun des membres de votre département. Vous voudrez bien leur rappeler que les reliquats de congés ne sont pas reportables d'une année sur l'autre ; ils doivent en conséquence épuiser leur solde de congés avant le 31 Mai N.

Le directeur du magasin
Signature
Didier Defossés ← Rappel du nom de l'émetteur

Fiche ressource 4

L'animation d'une réunion

I Le déroulement de la réunion

Au début de la réunion	– Accueil des participants. – Tour de table (si les participants sont peu nombreux et ne se connaissent pas). – Présentation de l'objet de la réunion. – Communication de l'ordre du jour et de la durée de la réunion. – Rappel des règles de bon fonctionnement d'une réunion.
Pendant la réunion	**Phase de production d'idées :** sollicitation du groupe, stimulation des échanges. Prise de notes. **Phase d'exploitation :** classement des idées, reformulation, clarification et approfondissement. Synthèses intermédiaires : points d'accord et de désaccord.
À la fin de la réunion	– Synthèse, conclusion dégagée. – Reformulation, confirmation des décisions prises : objectifs fixés, missions attribuées à chacun. – Programmation des prochaines rencontres.
Après la réunion	– Rédaction d'un compte rendu. – Évaluation des résultats des actions décidées en réunion.

II Les rôles de l'animateur et les techniques d'animation

Rôles de l'animateur	Techniques d'animation
Faire progresser le groupe vers l'objectif fixé.	– Utiliser différentes techniques de créativité ou de réflexion (*brainstorming*…). – Questionner. – Faire des synthèses.
Faciliter les échanges.	– Fixer un cadre : objectifs, ordre du jour, règles… – Distribuer la parole. – Reformuler.
Réguler les échanges.	– Répartir équitablement le temps de parole entre les participants. – Recentrer les débats sur l'ordre du jour en cas de déviation. – Gérer les émotions et les incidents.

III Les styles d'animation

Autoritaire / Directif	Démocratique	Non directif / Laisser-faire
Cadre imposé par l'animateur. Information descendante. Recherche de la productivité.	Cadre proposé par l'animateur qui recherche autant la productivité du groupe que la qualité des relations humaines.	Rien n'est prévu par l'animateur, sauf le lieu et l'objet. Discussion ouverte : le groupe fixe les objectifs, les procédures.

IV La gestion des incidents

Les incidents	Recommandations
Les retardataires	– Commencer la réunion à l'heure. – Accepter les retardataires, les saluer et leur résumer ce qui a été dit. – Leur rappeler qu'il ne sera plus admis de retard lors d'une prochaine réunion.
Les contestataires	Préparer à l'avance ses arguments pour répondre efficacement aux objections prévisibles.
Le brouhaha	– Faire une pause. Se taire. Rappeler les règles d'un échange constructif. – Synthétiser les propos tenus et rappeler l'objectif de la réunion. – Distribuer la parole à tour de rôle.
La passivité du groupe	– Faire une pause. – Stimuler le groupe en changeant de ton. – Inviter les participants à s'exprimer (par le regard ou nominativement).
Le groupe emporté par sa créativité	– Dans un premier temps, continuer à laisser les participants exprimer leur créativité puis, dans un second temps, récapituler les idées émises. – Faire le point sur les questions restant à traiter.

Applications

1 Souder l'équipe en participant à un projet solidaire

Vous gérez un magasin de bricolage discount situé à la périphérie d'Amiens (Picardie), dans un quartier constitué principalement de HLM. Le taux de chômage dans la zone est important.

Votre équipe comprend quelques anciens et une majorité de jeunes, récemment recrutés localement. L'ambiance de travail est plutôt morne. Il n'y a pas de véritable esprit d'équipe dans le magasin, ce qui nuit à la qualité et à l'efficacité du travail. Vous souhaitez donc changer cet état d'esprit en faisant participer tous les membres de votre personnel à une journée solidaire.

Vos objectifs sont multiples :
- sortir du cadre strictement professionnel ;
- mener un projet utile, qui a du sens ;
- intégrer une dimension ludique pour tenir compte de l'âge moyen des membres de l'équipe ;
- prendre en compte la politique de responsabilité environnementale et sociétale du réseau auquel vous appartenez.

Vous avez la possibilité d'engager votre équipe sur l'un des projets suivants, en partenariat avec la société coopérative et participative Ça me regarde :

Ça me regarde

1. un chantier de bénévoles pour restaurer le parc d'un château dans la région ;
2. une course pédestre dans la commune d'implantation du magasin pour collecter des fonds au profit des enfants défavorisés de la ville ;
3. une visite guidée en barque des hortillonnages avec un volet « sauvegarde de l'environnement » (entretien des fossés et canaux privés) ;
4. une journée de travail pour réhabiliter un local du quartier destiné à accueillir une épicerie solidaire.

- **Laquelle de ces actions vous paraît la plus pertinente compte tenu du secteur d'activité du magasin, de vos objectifs et du contexte ? Justifiez votre réponse.**

2 Analyser les résultats d'une enquête sur le stress au travail

1. **Quelles sont les principales causes et conséquences du stress au travail ?**
2. **L'enquête montre-t-elle l'existence d'interlocuteurs efficaces pour résoudre les problèmes de stress ? Argumentez votre réponse.**
3. **Pour la plupart des répondants, le stress au travail est-il une fatalité ? Justifiez votre réponse.**
4. **Selon vous, comment un manager peut-il réduire le stress de ses salariés ?**

Document **Les résultats d'une enquête sur le stress au travail**

Enquête en ligne sur le stress au travail menée auprès de 1 653 lecteurs du *JDN Management*

Quelle est la principale cause de votre stress au travail ?

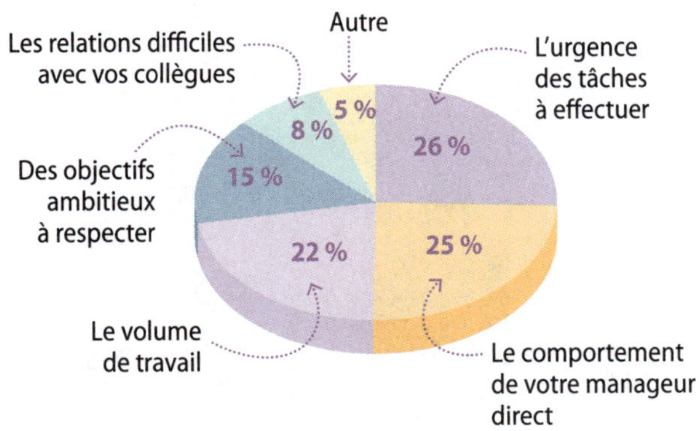

Vous trouvez que la pression que vous subissez a un rôle…

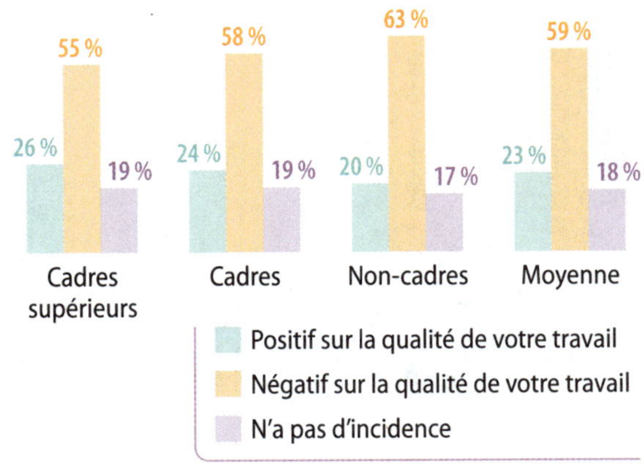

Un excès de stress vous a-t-il déjà amené à…
(plusieurs réponses possibles)

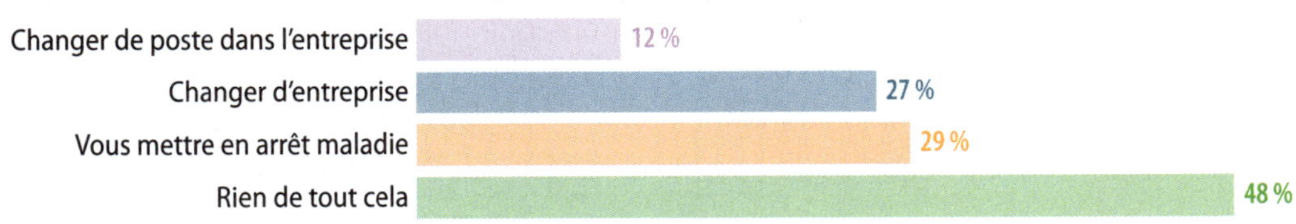

Face à un excès de stress, avez-vous déjà été amené à…

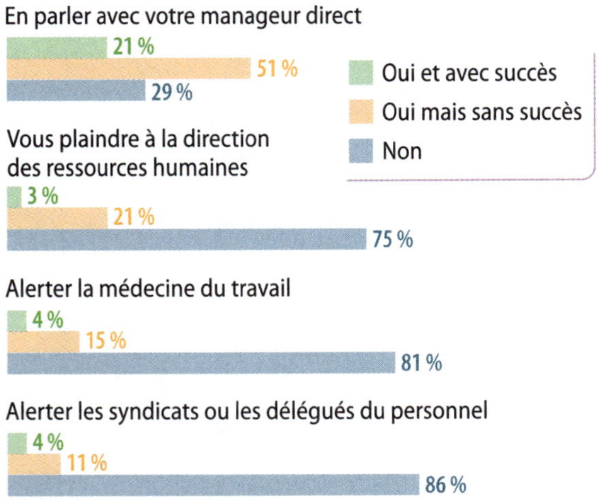

En cas d'excès de stress au travail, êtes-vous d'accord avec les affirmations suivantes ?

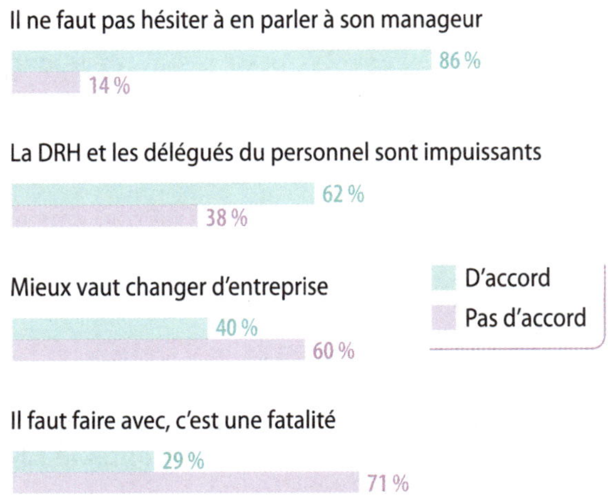

Journal du Net Management, www.journaldunet.com

3 Préparer une réunion importante

Thierry Sorraux dirige un restaurant à thème dans un quartier de centre-ville en pleine rénovation. Il a sous sa responsabilité une dizaine de salariés et un adjoint.
Le contexte commercial et géographique étant favorable, il a un projet assez ambitieux de développement de son unité qu'il compte présenter, lors d'une réunion exceptionnelle, à ses employés, mais aussi aux élus locaux et à son banquier.
Vous êtes chargé(e) de préparer cette réunion.

1. **Quelle méthodologie proposez-vous pour préparer la réunion ?**
2. **Que préconisez-vous pour faciliter et réussir la présentation du projet (supports, matériel...) ?**

4 Rédiger un ordre du jour

Le magasin Aux jardins fleuris organise, à l'occasion de son quinzième anniversaire, une exposition florale sur le parking d'un centre commercial.
Le but de cette manifestation est de convaincre les amateurs de végétaux de la qualité des produits.
Une équipe a été constituée pour préparer l'événement. Elle y travaille depuis plusieurs semaines.
Jérôme, le chef d'équipe, réunit ses collaborateurs chaque semaine pour faire le point sur l'avancement des préparatifs (constitution de l'assortiment, location de matériel pour l'enclos sur le parking, agencement et décoration de l'enclos, catalogue, communication sur l'évènement, négociation avec les fournisseurs pour les promotions...).

L'une des questions qui le préoccupe actuellement est le choix des fournisseurs de proximité qui doivent assurer l'approvisionnement des produits locaux. Elle doit être débattue en priorité lors de la prochaine réunion.
Jérôme vous demande de préparer cette réunion.

1. **Pourquoi la préparation de la réunion est-elle essentielle ?**
2. **Quel est l'objectif général de cette réunion ?**
3. **Préparez l'ordre du jour de la réunion.**

5 Gérer les perturbations et les difficultés lors d'une réunion

1. **Complétez le tableau et analysez les solutions proposées dans chaque situation.**
2. **Déduisez-en les règles pour gérer les perturbations lors d'une réunion.**

Document **Tableau d'analyse**

Situations / Solutions	Plutôt conseillé	Plutôt déconseillé
Un ou plusieurs participants sont en retard.		
1. Commencer la réunion à l'heure et ignorer les retardataires à leur arrivée.		
2. Retarder l'heure de la réunion jusqu'à l'arrivée de tous les participants et manifester poliment son mécontentement.		
3. Commencer la réunion à l'heure et refuser l'entrée aux retardataires.		
4. Commencer la réunion à l'heure, accepter les retardataires et leur résumer ce qui a été dit.		
5. Faire remarquer aux retardataires qu'il ne sera plus admis de retard lors des prochaines réunions.		
Les participants s'énervent. Tout le monde parle en même temps. Les échanges ne sont plus constructifs.		
6. Clore immédiatement la réunion.		
7. Exiger le calme.		
8. Synthétiser les propos tenus, faire le point sur la progression et rappeler l'objectif de la réunion.		
9. Rappeler les règles de participation et de bon fonctionnement d'une réunion.		
10. Distribuer la parole à tour de rôle.		
Les participants semblent endormis. Ils sont passifs et ne s'expriment pas.		
11. Continuer à parler avec la même intonation, conserver la même attitude.		
12. Changer d'attitude, parler plus ou moins fort.		
13. Demander aux participants les raisons de leur silence.		
14. Ne pas briser le silence et laisser le temps aux participants de réfléchir.		
15. Inviter les participants à s'exprimer, soit par le regard, soit en les nommant.		
Les participants sont trop créatifs. Les idées fusent dans tous les sens.		
16. Stopper immédiatement les discussions.		
17. Laisser les participants diverger à leur guise.		
18. Laisser les participants diverger un moment puis récapituler l'ensemble des idées émises, les points traités et les points restant à débattre.		

Arnaud Le Gal et Dominique Michel, d'après « Réunionite : guide de survie », *L'Entreprise*, n° 198.

L'unité commerciale Bancap

La société Bancap, réseau régional d'établissements de crédit, compte une vingtaine d'agences situées principalement dans des agglomérations de 10 000 à 30 000 habitants.
L'agence dans laquelle vous travaillez est dirigée par Odile Lezenne et emploie six salariés : deux conseillers clientèle professionnels, deux conseillers clientèle particuliers et deux guichetiers chargés de l'accueil des clients.
Elle est ouverte du lundi au vendredi de 9 h à 17 h.

Vous êtes l'adjoint(e) d'Odile Lezenne, qui vous charge de deux missions : l'organisation des congés en mai et la modulation des horaires de l'agence.

DOSSIER 1 La gestion des congés en mai

Le mois de mai arrive avec son cortège de jours fériés, de ponts, de soldes de congés non encore pris et de premiers départs en vacances d'été (annexe 1). Chaque année, la gestion de ces congés est un véritable casse-tête pour la responsable d'agence.
Cette fois encore, deux salariés n'ont pas soldé leur cinquième semaine de congés. Il s'agit de l'un des guichetiers et de vous-même.
Par ailleurs, un conseiller clientèle souhaiterait prendre son congé principal d'été en mai. Les nécessités de service imposent qu'il y ait au moins un responsable et cinq commerciaux présents en permanence et au moins vingt jours de travail effectif sur le mois.

1. **Indiquez sur le calendrier (annexe 2) les demandes de congés souhaitées par les salariés ainsi que les jours fériés et le pont éventuel. Les contraintes de service sont-elles respectées ?**
2. **Mme Lezenne peut-elle refuser certaines demandes de congé ? Si oui, quelles dispositions du Code du travail doit-elle respecter (annexe 3) ?**
3. **Mme Lezenne dispose-t-elle d'une certaine souplesse concernant la gestion des jours fériés ? Justifiez votre réponse.**
4. **Proposez un nouveau planning des congés prenant en compte les dispositions réglementaires, conventionnelles et les contraintes de service.**
5. **Mme Lezenne devra négocier le report de congé de l'un de ses collaborateurs. Quelle méthode lui conseillez-vous pour arriver à faire coopérer le salarié ?**

DOSSIER 2 La modulation des horaires de l'agence

Une enquête de clientèle menée récemment par un étudiant de BTS MUC a révélé certaines insatisfactions concernant les horaires de l'agence.
Mme Lezenne souhaite réunir ses collaborateurs pour leur présenter les résultats de l'enquête et proposer une modulation des horaires.

1. **Indiquez les étapes de la préparation de cette réunion.**
2. **Rédigez un ordre du jour.**
3. **Proposez de nouveaux horaires pour les deux guichetiers, pour une journée type (par exemple, le lundi), en prenant en compte les diverses contraintes (annexe 4).**

Annexe 1 Demandes de congés des salariés et jours fériés

Vous : du lundi 1er mai au vendredi 5 mai	Conseiller clientèle : du lundi 8 mai au vendredi 2 juin
Guichetier : du lundi 15 mai au vendredi 19 mai	Jours fériés : 1er mai, 8 mai, 25 mai (Ascension)

Annexe 2 Calendrier mai – début juin

Lundi 01/05	Mardi 02/05	Mercr. 03/05	Jeudi 04/05	Vendr. 05/05	Lundi 08/05	Mardi 09/05	Mercr. 10/05	Jeudi 11/05	Vendr. 12/05	Lundi 15/05	Mardi 16/05
Mercr. 17/05	**Jeudi 18/05**	**Vendr. 19/05**	**Lundi 22/05**	**Mardi 23/05**	**Mercr. 24/05**	**Jeudi 25/05**	**Vendr. 26/05**	**Lundi 29/05**	**Mardi 30/05**	**Mercr. 31/05**	**Jeudi 01/06**
Vendr. 02/06											

Annexe 3 Dispositions du Code du travail et de la convention collective nationale de la banque

D'après le Code du travail

- **Les congés payés**

– Le salarié a droit à 2,5 jours ouvrables (du lundi au samedi) de congé par mois effectif de travail, soit 5 semaines de congé par an. La durée des congés est proportionnelle au temps de travail réalisé pendant la période de référence du 1er juin de l'année précédente au 31 mai de l'année en cours.

– Le congé principal d'été (4 semaines) doit être pris entre le 1er mai et le 31 octobre. Sa durée est au minimum de 12 jours ouvrables en continu et au maximum de 24 jours ouvrables. Pour cette période, l'employeur est décisionnaire. Il peut refuser une demande de congé pour des contraintes d'organisation du travail mais s'il modifie les dates du salarié, il doit respecter un délai de prévenance de 1 mois.

– La 5e semaine est prise à part, à la discrétion du salarié. Elle doit néanmoins respecter un délai de prévenance et est soumise à l'accord de l'employeur. Elle doit être soldée avant le 31 mai de l'année suivante sinon elle est perdue, sauf exceptions. L'employeur peut néanmoins autoriser le report du solde des jours non pris.

– Si l'employeur refuse la demande du salarié pour des raisons de service, il doit le justifier par écrit.

- **Les jours fériés**

– Le 1er mai est obligatoirement chômé et payé, sauf dans certains secteurs (hôpitaux, transports publics…).

– Les autres jours fériés sont des jours de repos rémunérés. Ils peuvent être travaillés, sauf dispositions conventionnelles.

– L'employeur peut accorder un pont entre un jour férié et un ou deux jours de repos hebdomadaire, mais ce n'est pas une obligation. Cependant, il est d'usage de l'accorder dans le secteur bancaire.

– L'employeur peut faire récupérer ces heures perdues au cours des 12 mois précédant ou suivant cette perte.

D'après la convention collective nationale de la banque

L'employeur peut faire travailler son équipe un jour férié légal (autre que le 1er mai) en raison des spécificités de service ou d'activité, à condition qu'il y ait eu accord d'entreprise ou consultation des représentants du personnel.

Annexe 4 Contraintes à respecter dans le cadre d'une réorganisation des horaires d'ouverture

- L'agence ouvrira ses portes en continu, sans interruption le midi, du lundi au vendredi, de 8 h à 19 h.
- Il faut obligatoirement un employé à l'accueil à l'ouverture ainsi qu'à la fermeture.
- Il faut impérativement deux personnes à l'accueil entre 9 h et 11 h et entre 16 h et 18 h pour gérer les pics d'affluence.
- Un employé est présent au minimum 3 heures sur une demi-journée.
- Les employés travaillent 35 heures par semaine, 7 heures par jour.
- Les temps de pause des salariés sont compris dans le temps de travail.
- Les conseillers clientèle peuvent occasionnellement s'occuper de l'accueil afin de gérer les pics d'affluence.

Chapitre 7

Gérer les achats et les approvisionnements

C. 52 Gérer les achats et les approvisionnements

Situation

La société Vertdis propose un assortiment de 20 000 références dans le végétal, l'équipement et les produits pour le jardin, l'animalerie, la motoculture, l'habillement, la boutique et les produits du terroir.
Dans le cadre d'un partenariat entre le groupe Advitam et les chambres d'agriculture du Nord-Pas-de-Calais et de la Somme, elle développe, dans certains de ses magasins, la vente de produits frais en circuit court.
Le magasin de Valenciennes (Nord) propose ainsi un rayon « Paniers de mon terroir » afin de répondre aux attentes qualitatives de sa clientèle. Les produits vendus : fruits, légumes, laitages et fromages, viande, charcuterie, boissons et épicerie, sont issus des bonnes pratiques de production. Les produits frais sont en provenance directe des fermes et exploitations locales situées dans un rayon de 15 km.
Vous assistez le responsable du magasin dans la gestion de l'approvisionnement et des achats du magasin.

Dénomination : Vertdis, société du groupe coopératif agricole Advitam (Pas-de-Calais)
Réseau : 92 magasins Gamm Vert, 1 100 collaborateurs
CA : 171 millions d'euros
Clientèle : 6 millions de particuliers/an

Annexe 1 Ventes prévisionnelles de pommes

Statistiques des ventes de pommes (en sachets) – 4e trimestre N-1

Mois	Octobre				Novembre				Décembre			
N° semaine	41	42	43	44	45	46	47	48	49	50	51	52
Quantités vendues	30	32	33	35	37	38	38	42	35	34	34	33

L'unité de vente est le sachet de 2,5 kg.

Au cours du 4e trimestre N, plusieurs opérations promotionnelles sont prévues ainsi qu'une campagne publicitaire pour promouvoir la pomme (en octobre). L'analyse des retombées commerciales sur des opérations similaires permet d'envisager une augmentation des ventes par rapport à N-1 :
– semaines 41 à 44 : + 20 % ;
– semaines 45 à 48 : + 15 % ;
– semaines 49 à 52 : + 10 %.

Annexe 2 Informations sur l'approvisionnement des pommes (en circuit court)

- Le stock de début de la semaine 41 est de 5 sachets de 2,5 kg.
- Le stock de sécurité est de 4 sachets de 2,5 kg.
- Le délai de livraison est de 1 semaine.
- Le magasin est livré tous les 15 jours par le producteur local, les lundis de la 1re et de la 3e semaine de chaque mois.
- Les besoins sont évalués à chaque date d'approvisionnement. Ils correspondent à la consommation estimée de 2 semaines augmentée du stock de sécurité.

Programme des approvisionnements

Semaines	41	42	43	44	45	46	47	48	49	50	51	52
Ventes prévisionnelles												
Stock initial												
Besoins												
Quantités livrées												
Stock final												
Date de commande												
Date de livraison												

Annexe 3 Points de contrôle et conditions à négocier avec le producteur de pommes de terre

Points de contrôle

- S'assurer que l'agriculteur utilise bien des plants certifiés garantissant une bonne qualité sanitaire, c'est-à-dire des plants exempts du mildiou (maladie fréquente de la pomme de terre Bintje, qui fait apparaître des taches brunes sur la peau et à l'intérieur du tubercule).
- Vérifier qu'il respecte la **norme AFNOR NF V25-111** « Bonnes pratiques de production et de stockage des pommes de terre de conservation destinées au marché du frais, compatibles avec les objectifs de l'agriculture raisonnée ».

Conditions à négocier par téléphone

- Retour, à la charge de l'agriculteur, d'une tonne de pommes de terre de consommation, de variété Bintje, contaminées par le mildiou.
- Expédition en J+5 au plus tard d'une tonne de pommes de terre de consommation, de variété Bintje, contrôlées avant livraison, exemptes de pourriture, issues de plants certifiés et respectant la norme NF V25-111.
- Demande d'un avoir : négociation d'un rabais de 3 % du montant brut HT de la marchandise défectueuse pour préjudice commercial.

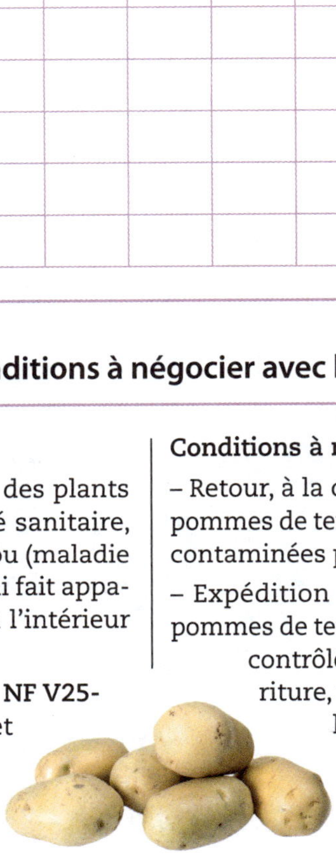

Annexe 4 Caractéristiques du service « Livraison d'articles encombrants »

Le directeur estime qu'il pourrait y avoir, dans un premier temps, une douzaine de livraisons en moyenne par semaine. Pour minimiser les coûts, il envisage de ne livrer les clients que dans un rayon de 15 km, d'effectuer un groupage des livraisons (le mercredi et le samedi) et de facturer le transport aux clients.

Montant des articles achetés	Frais de port et d'emballage facturés au client
De 0 à 43,39 €	6,50 €
De 43,40 à 99,99 €	6,50 à 15 € (15 % du montant de la commande)
De 100 à 299,99 €	10 à 30 € (10 % du montant de la commande)
À partir de 300 €	Offerts

Annexe 5 Critères à remplir pour la location du véhicule

- Le coût de location du véhicule ne devra pas être excessif comparé au coût de livraison facturé au client. C'est le critère de sélection le plus important pour le directeur.
- Location d'un utilitaire moyen, type camionnette, de catégorie 4, charge utile : 8 à 10 m^3 (exemples : Renault Master, Peugeot Boxer, Citroën Jumper).
- Possibilité de réserver dans les 24 heures.
- Location 2 jours par semaine.
- Kilométrage inclus : 200 km par jour.
- Taxe d'immatriculation et taxe routière incluses.
- Lieu de prise en main du véhicule et lieu de retour : Valenciennes.

Travail à faire

1 Comprendre le contexte

a. **Quel est l'intérêt, pour le magasin Gamm Vert de Valenciennes, de proposer un rayon « Paniers de mon terroir » ?**

b. **À quelles difficultés le responsable du magasin peut-il se trouver confronté quant à l'approvisionnement de ces produits ?**

2 Prévoir les approvisionnements du rayon « Paniers de mon terroir »

a. **Établissez le programme des approvisionnements de pommes pour le 4e trimestre N.** (arrondu à l'entier inférieur)

Le succès de la campagne publicitaire entraîne une forte hausse des ventes de pommes en semaine 43 (60 sachets par rapport aux 33 de l'année N-1).

b. **Évaluez l'impact de cette augmentation des ventes sur les stocks de début et de fin de la semaine 44. Qu'observez-vous ?**

c. **Proposez une solution à mettre en œuvre immédiatement pour remédier au problème constaté.**

d. **Réfléchissez à une amélioration possible du système actuel d'approvisionnement afin de mieux faire face aux aléas éventuels entre deux dates de livraison.**

Annexe 1
- Ventes prévisionnelles de pommes

Annexe 2
- Informations sur l'approvisionnement des pommes (en circuit court)

Fiche ressource 1
- Les modèles de gestion des approvisionnements

3 Régler un litige avec un fournisseur

Plusieurs clients mécontents vous ont retourné des sacs de 5 kg de pommes de terre impropres à la consommation. Vous décidez d'appeler l'agriculteur pour régler le problème.

a. **Notez sur une fiche les différentes étapes de votre appel.** + jeu de rôles

• • •

• • •

L'entretien téléphonique s'est conclu par un accord : l'agriculteur s'engage à reprendre à sa charge les produits avariés et à vous accorder une réduction de 3 % sur la prochaine livraison.

b. Rédigez le courrier de confirmation de cet accord en utilisant un logiciel de traitement de texte (Word, OpenOffice...).

Annexe 3
- Points de contrôle et conditions à négocier avec le producteur de pommes de terre

Fiche ressource 2
- La rédaction d'un courrier professionnel

4 Rechercher et sélectionner une agence de location de véhicules utilitaires

Afin d'élargir la palette de services proposés à la clientèle, votre directeur envisage de tester un service de livraison des articles encombrants ou lourds (grands végétaux, matériel de motoculture...). Le magasin ne disposant pas de véhicule utilitaire, vous contactez plusieurs agences de location de véhicules pour connaître leurs offres en matière de tarifs, de délais et de prestations.

a. Recherchez sur Internet les agences de location de véhicules utilitaires implantées à Valenciennes ainsi que leurs offres de services.

b. Construisez un tableau de comparaison des offres. Sélectionnez deux agences et justifiez votre choix.

c. Concevez un document préimprimé de demande de prix en faisant apparaître les besoins exprimés par votre directeur.

Annexe 4
- Caractéristiques du service « Livraison d'articles encombrants »

Annexe 5
- Critères à remplir pour la location du véhicule

Fiche ressource 3
- Les procédures d'achat et les outils d'aide à la décision

Fiche ressource 1

Les modèles de gestion des approvisionnements

Dans une unité commerciale, la prévision des approvisionnements découle directement de la prévision des ventes.
La gestion des approvisionnements consiste à déterminer quelles quantités commander et à quel rythme.

I Les différents niveaux de stock

La gestion des approvisionnements vise à **minimiser les risques de rupture**. Elle s'appuie sur l'évaluation de différents niveaux de stock.
– **Le stock minimum** correspond au nombre d'articles suffisants pour satisfaire la demande des clients entre la passation de commande et la livraison.
– **Le stock de sécurité** permet de répondre aux aléas les plus fréquents lors de la consommation (ventes plus élevées que prévu) ou de la livraison (retards, grèves…). Il est déterminé à partir du rythme moyen de consommation d'un article et des écarts par rapport à cette moyenne.
– **Le stock d'alerte** est le point de déclenchement d'une commande. Il est égal au stock minimum augmenté du stock de sécurité.
– **Le stock moyen** est la moyenne du stock initial et du stock final.

II Les coûts liés au stock

La gestion des approvisionnements vise à **minimiser le coût global de stockage**, composé de deux éléments :
– le **coût de passation d'une commande** correspond aux charges administratives liées à l'approvisionnement : salaires des employés chargés de passer les commandes, coût administratif de prise de commande (téléphone, fournitures administratives…), coût de réception et de contrôle de livraison ;
– le **coût de possession du stock** est évalué à partir des frais de stockage : amortissement et entretien des locaux où sont stockées les marchandises, frais de gardiennage, frais d'assurance des locaux et des stocks. Il est généralement évalué selon la formule suivante :

Coût de possession = Taux de possession du stock × Stock moyen

III Les méthodes d'approvisionnement

Lorsque la demande d'un produit est régulière, il est possible de le commander en quantités constantes à intervalles réguliers.
Cependant, la plupart du temps, cette demande n'est pas régulière. Dans ce cas, la commande se fait :
– soit en quantités constantes à un rythme irrégulier, c'est ce que l'on appelle la « méthode du point de commande » ;
– soit en quantités variables à un rythme régulier : « méthode du recomplètement périodique » ou « gestion calendaire ».

1. La méthode du point de commande

Principe	Avantages	Limites/inconvénients
La quantité fixe de commande est calculée de manière à minimiser le coût global de stockage. Pour déterminer la date de livraison, il faut calculer le **stock final avant livraison** et le comparer au niveau du **stock de sécurité**.	– Possibilité d'avoir un stock de sécurité relativement faible (stock juste suffisant pour couvrir les aléas pendant le délai de livraison). – Système souple et réactif qui convient aux articles à rotation irrégulière.	– Système nécessitant un suivi journalier du niveau des stocks. – Informatisation du système conseillée. – Pas de possibilité de grouper les commandes (même si les articles sont livrés par le même fournisseur).

2. La méthode du recomplètement périodique (ou gestion calendaire)

Principe	Avantages	Limites/inconvénients
L'**intervalle de temps fixe** est calculé de façon à minimiser le coût global de stockage. Pour déterminer les quantités à commander, il faut calculer le besoin à chaque date d'approvisionnement.	– Traitement des commandes à intervalles constants permettant de regrouper des commandes. – Suivi périodique au moment du réapprovisionnement.	– Nécessité d'un stock de sécurité plus important (suffisant pour couvrir les aléas éventuels entre deux dates d'approvisionnement). – Système moins souple et réactif qui convient aux articles à rotation régulière.

Exemple :

Point de commande				Gestion calendaire			
Stock de sécurité : 60 unités **Quantité fixe de commande : 100 unités** Livraison possible tous les jours Commande chaque jour avant 10 h. Livraison dans la journée.				**Stock de sécurité : 120 unités** **Quantité variable de commande** Livraison le lundi et le jeudi			
	Lundi	Mardi	Mercredi		Lundi	Mardi	Mercredi
Ventes prévisionnelles	70	60	30	Ventes prévisionnelles	70	60	30
Stock initial avant livraison	30	60	100	Stock initial avant livraison	30	210	150
Stock final avant livraison	30 – 70 = – 40 – 40 < 60	60 – 60 = 0 0 < 60	100 – 30 = 70 70 > 60	Besoin à chaque date d'approvisionnement	70 + 60 + 30 + 120 = 280		
Jour de livraison	✓	✓	–	Jour de livraison	✓	–	–
Quantité livrée	100	100	–	Quantité à livrer	280 – 30 = 250		
Stock final après livraison	– 40 + 100 = 60	0 + 100 = 100	70	Stock final après livraison	30 + 250 – 70 = 210	210 – 60 = 150	150 – 30 = 120

Fiche ressource 2

La rédaction d'un courrier professionnel

I L'en-tête

Exemple :

Coordonnées de l'expéditeur
(utiliser un papier à en-tête préimprimé)

Coordonnées du destinataire

Société Parcot
68 rue des Récollets
59230 Saint-Amand-les-Eaux

Vos réf. : Livraison n°
Nos réf. : BSA22014
Objet : Livraison défectueuse

Société Rebat
256 rue des Alouettes
59300 Valenciennes

Saint-Amand-les-Eaux, le 19 novembre N

Objet et références

Date en entier

II Le corps de la lettre

Le ton est courtois ; il est ferme en cas de litige.
La lettre doit être concise et aller à l'essentiel. Elle commence par une formule de salutation.

Exemple : « Monsieur Dupont, »

Elle comporte :
- une introduction qui rappelle l'objet de la demande ;
  Exemple : « Lors de notre entretien téléphonique du …, nous avons évoqué … »
- un développement qui précise clairement les attentes ;
  Exemple : « Vous vous êtes engagé à … », « Nous avons convenu que … »
- une phrase finale qui résume les points traités et remercie le destinataire.
  Exemple : « Nous espérons que … et nous vous remercions pour votre coopération. »

III La conclusion

Elle comporte :
- une formule de politesse ;
  Exemple : « Nous vous prions d'agréer, Monsieur, l'expression de nos sentiments distingués. »
- une signature, précédée du nom et de la fonction du signataire.

En bas de la page préimprimée figurent les coordonnées de l'expéditeur : statut juridique de la société, SIREN, téléphone, adresse mail…

Fiche ressource 3

Les procédures d'achat et les outils d'aide à la décision

I Les procédures d'achat

Une fois les besoins d'achat définis précisément et les fournisseurs potentiels identifiés, ces derniers sont consultés par l'envoi d'une simple demande de prix ou par la procédure de l'appel d'offres.

1. La demande de prix (ou le devis)

Exemple :

Nous vous remercions de nous faire parvenir vos meilleures conditions de prix pour l'achat éventuel des fournitures suivantes.

Description	Quantité	Livraison	Lieu de livraison
Ramettes de papier blanc A4, 80g	50	J + 5 après la commande	Société …

Pour être recevable, votre offre devra nous parvenir avant le 30/11/N.
Vous resterez engagé par votre proposition pendant une durée de 1 mois.
Dans l'attente de vous lire, nous vous prions d'agréer, Monsieur, nos salutations distinguées.

Il est important de ne pas s'engager.

Il faut préciser :
– une date limite de retour de l'offre ;
– une date de validité de l'offre.

2. L'appel d'offres

Cette procédure, très réglementée, est utilisée pour les marchés publics, mais elle peut l'être aussi pour les marchés privés. Elle consiste à diffuser largement une même demande d'achat à différents fournisseurs afin de choisir l'offre la plus économique, sans négociation. Elle doit être formulée selon des critères objectifs.

Exemple : Une unité commerciale lance un appel d'offres en ligne pour renouveler sa ligne de caisses.

II Les outils d'aide à la décision

Généralement, les propositions des fournisseurs sont rassemblées dans un tableau de synthèse afin d'effectuer les analyses et comparaisons. Différentes méthodes d'évaluation (ou de *scoring*) peuvent aider à classer les offres et à retenir celle qui, au final, couvrira le mieux les besoins.

Exemple : Les critères sont pondérés sur une échelle de 1 à 4 en fonction de l'importance définie par l'acheteur. Une note sur 10 est ensuite attribuée à chaque critère. La note globale pondérée d'un fournisseur s'obtient en multipliant, pour chaque critère, la note obtenue par le coefficient de pondération et en cumulant ces notes pondérées.

Critères	Coefficient de pondération	Marques		
		Nestlé	Poulain	Lindt
Qualité	**3,5**	7	5	10
Coût d'achat	**4**	4	6	4
Délais de livraison	**2**	5	6	7
Note globale pondérée		**50,5***	**53,5**	**65**

* *Détail des calculs pour Nestlé : (3,5 × 7) + (4 × 4) + (2 × 5) = 50,5*

– Sur la base de la note globale pondérée, on choisira Lindt (qui obtient la meilleure note).
– Sur la base du critère d'achat le plus important (celui qui a le plus grand coefficient de pondération), on choisira Poulain.
– Et si l'on considère que la note 4 est éliminatoire, on retiendra Poulain (qui n'a pas de note < 5).

Applications

1 Approvisionner en quantités fixes à intervalles irréguliers

Stagiaire dans une librairie-papeterie indépendante de votre ville, vous êtes chargé(e) de l'approvisionnement des stylos feutres à pointe fine pour la rentrée des classes. Le magasin est ouvert du lundi au samedi.

1. **Complétez le programme prévisionnel des approvisionnements.**
2. **Les ventes effectives de la semaine 34 se sont élevées à 660 unités. Quelle en est la conséquence ?**
3. **Quelles solutions commerciales et de gestion pouvez-vous proposer pour remédier au problème ?**

Document **La politique d'approvisionnement de la librairie-papeterie**

- Les quantités commandées sont fixes et s'élèvent à 500 unités.
- Les dates de commande sont variables.
- Le délai de livraison est de 1 semaine. Les livraisons peuvent avoir lieu chaque jour de la semaine, du lundi au samedi.
- Le stock de sécurité est fixé à 50 unités.
- La date de commande est fixée à partir du stock disponible et de la couverture en jours de vente.

Exemple : si le stock disponible à la fin de la semaine 33 permet de couvrir un peu plus de 2 jours de vente de la semaine 34, alors la commande sera faite le mercredi de la semaine 33 pour une livraison le mercredi de la semaine 34.

Programme prévisionnel des approvisionnements

	Semaine 32	Semaine 33	Semaine 34	Semaine 35	Semaine 36	Semaine 37
Ventes prévisionnelles	150	330	570	450	360	210
Stock initial avant livraison	225	75	245	175	225	365
Stock final avant livraison	75	-255	-325	-275	-135	155
Quantité livrée	–	500	500	500	500	–
Stock final après livraison	75	245	175	225	365	155
Stock de sécurité	50	50	50	50	50	50
Stock disponible	25	195	125	175	315	105
Ventes par jour	150/6 = 25	55	95	75	60	35
Couverture en jours de vente		< 1 j	2,5 j	1,6 j	2,9 j	9 j
Date de commande	Lundi	mercr	mardi	mercr	–	–
Date de livraison		Lundi	merc	mardi	mercr	–

Par souci de simplification, on considère que les ventes sont régulières tout au long de la semaine.

2 Sélectionner un fournisseur et négocier une remise de prix

Vous assistez M. Fleury, chef du secteur « Produits frais » dans un hypermarché de la Haute-Corse.

L'assortiment de fruits et légumes proposé aux clients de cet hypermarché dépend en partie de la centrale d'achat, mais il peut être complété par des produits locaux.

En mai N, vous préparez avec M. Fleury la campagne de la clémentine. Celle-ci doit démarrer en magasin dès le 15 novembre N et durera jusqu'au 15 janvier N+1.

M. Fleury prévoit de vendre 27 tonnes de clémentines de Corse (10 tonnes en barquettes de 2 kg, 10 tonnes de calibre 2 et 7 tonnes de calibre 3). Il a pris contact avec quatre organisations locales de producteurs.

1 **Évaluez chaque proposition puis concluez sur le groupement de producteurs à retenir pour la saison N/N+1.**

2 **Proposez d'autres critères à prendre en compte pour améliorer le processus de décision.**

À la fin de la saison, les performances du fournisseur choisi et la qualité des produits sont satisfaisantes. M. Fleury envisage donc de pérenniser la relation par la mise en place d'un partenariat commercial. Il souhaite également compléter l'assortiment de fruits locaux et commander d'autres références. Le marché représenterait pour le fournisseur un débouché de 50 tonnes de fruits écoulés annuellement. À l'occasion de ce nouveau contrat, M. Fleury souhaite obtenir une remise supplémentaire d'assortiment de 5 %.

3 **Rédigez trois arguments que vous pourriez utiliser pour obtenir cette remise.**

Document 1 Barème de notation des propositions

Critères	Coefficients de pondération	Options possibles	Notes
Prix net global (remise déduite)	50 %	Inférieur ou égal à 26 000 € De 26 001 à 27 500 € Au-delà de 27 500 €	3 2 1
Délai de paiement	30 %	45 jours fin de mois 30 jours fin de mois À réception de la facture	3 2 1
Livraison	20 %	Trois fois par semaine Deux fois par semaine Une fois par semaine	3 2 1

Document 2 Les producteurs de clémentines de Corse

Groupements de producteurs / Informations	Aliméa	Coopérative agricole du Nord de la Corse	Sica Casinca	Société coopérative agricole des agrumiculteurs indépendants du Centre Corse
Certification		**HACCP***		
Fruits	**Agrumes**	**Agrumes**	**Agrumes**	**Agrumes**
	Citrons	Clémentines	Clémentines	Citrons
	Clémentines	Pomelos	Pomelos	Clémentines
	Pomelos	**Autres fruits**	**Autres fruits**	Oranges
	Autres fruits	Kiwis	Kiwis	Pomelos
	Kiwis			**Autres fruits**
	Fruits à coques			Kiwis
	Amandes			**Fruits à pépins**
	Noisettes			Raisins
	Fruits exotiques			
	Avocats			
Coût d'achat HT de la clémentine expédiée au kilogramme				
Calibre 2 : 58-63 mm	1,38 €	1,40 €	1,39 €	1,41 €
Calibre 3 : 54-58 mm	1,00 €	0,85 €	1,05 €	1,10 €
Barquettes de 2 kg	0,70 €	0,75 €	0,58 €	0,60 €

Groupements de producteurs / Informations	Aliméa	Coopérative agricole du Nord de la Corse	Sica Casinca	Société coopérative agricole des agrumiculteurs indépendants du Centre Corse
Remises commerciales				
	Remise d'assortiment de 5 % (si commande d'au moins 3 références dans l'année)	6 % de remise sur l'ensemble de la commande de clémentines si celle- ci excède 25 000 €	Aucune remise sur les volumes	5 % sur la partie de la commande de clémentines qui excède 20 000 €
Délais de paiement				
	30 jours fin de mois	Paiement à réception de la facture	45 jours fin de mois	30 jours fin de mois
Livraison				
	Deux livraisons par semaine	Livraison tous les deux jours	Une livraison par semaine	Une livraison par semaine

* *HACCP* (Hazard Analysis Critical Control Point) *: système qui identifie, évalue et maîtrise les dangers significatifs au regard de la sécurité des aliments.*

3 Les achats, l'approvisionnement et la logistique des Mousquetaires

1 **Différenciez, dans un tableau, les achats, la logistique et les approvisionnements en termes de fonction, d'objectifs et de moyens.**

2 **Identifiez les points forts de l'organisation mise en place par Les Mousquetaires.**

Document **Organisation logistique des Mousquetaires**

La puissance des achats

Pour maîtriser ses approvisionnements, massifier ses achats et ainsi obtenir les prix les plus bas, le groupe a noué des alliances d'achats internationales, dédiées aux produits alimentaires et de bricolage.
Il s'appuie également sur des structures d'achats nationales, huit bureaux régionaux ainsi que des bureaux spécialisés dans les fruits et légumes (600 fournisseurs référencés) et les produits de la mer. Ainsi, la performance des achats repose à la fois sur la puissance de l'organisation à l'international et sur la qualité des relations entretenues avec les fournisseurs à l'échelle régionale.

www.emploi-mousquetaires.com

L'approvisionnement

C'est prévoir l'avenir en utilisant des outils puissants de calcul et de prévisions de commande. C'est aussi gérer les commandes fournisseurs en fonction des commandes points de vente tout en tenant compte de la capacité de réception et de stockage de chaque base logistique. Les approvisionneurs sont les garants de 3 objectifs : réduction des ruptures, réduction des stocks et réduction des coûts de possession.

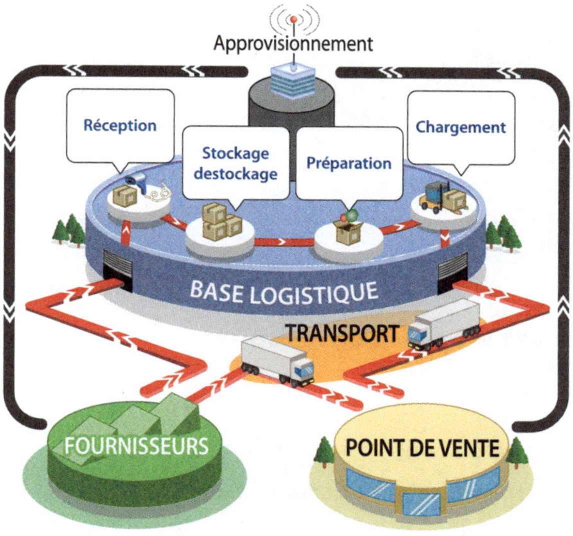

La logistique

Pour stocker et transporter au moindre coût et pour livrer les points de vente tous les jours, Les Mousquetaires ont créé leur propre logistique, constituée de 38 bases logistiques, d'une flotte de 2 300 camions et d'un système informatique moderne et performant.

www.logistique-mousquetaires.com

4 Préparer une action promotionnelle

Vous assistez le responsable « produits frais » d'un supermarché U.
Vous êtes chargé(e) de préparer une opération promotionnelle sur le canard à l'occasion de la Saint-Valentin. L'offre dure 2 semaines (semaines 7 et 8). Vous disposez des statistiques de vente de canard en N-1. Une opération similaire avait été menée à la même période (document).

1 Complétez le tableau du document jusqu'à la colonne 4. Déduisez-en le rythme de progression actuel des quantités vendues par rapport à N-1 (période hors promotion).

2 Sachant qu'une opération promotionnelle de ce type a pour effet d'augmenter les ventes de 25 % en moyenne, calculez la quantité totale de pièces et de cartons à commander pour le mois de février (pour résoudre la question, faire abstraction des niveaux de stock et des dates de livraison).

Document **Extrait du tableau de bord – Janvier /Février – Produit : Canard**

Semaines	1	2	3	4	5	6	7	8	9
Quantités vendues N-1	185*	175	168	159	204	252	315	284	202
Cumul N-1	185	360	528	687	891	1143	1458	1742	1944
Quantités vendues N	188	180	175	162					
Cumul N	188	368	543	705					
Évolution semaine N / semaine N-1	1,62 %	2,85 %							
Évolution des cumuls N/N-1	1,62 %	2,22 %							

- L'unité de vente * est la pièce découpée ou confite.
- Les pièces de canard sont livrées par cartons de 20.
- Le nombre minimum de pièces à commander est de 20.
- La commande ferme pour le mois de février doit intervenir au plus tard le mercredi de la semaine 5.

Chapitre 8

Suivre le cycle d'exploitation : valoriser et contrôler le stock

C. 211 Suivre le cycle d'exploitation

Situation

BricoChef

Dénomination : réseau BricoChef
Activité : matériaux de construction
Localisation : ZI B Annezin 62

BricoChef, fournisseur multi-spécialiste pour les chantiers en neuf ou de rénovation, s'adresse à une clientèle de particuliers et de professionnels.

Les vendeurs sont formés pour conseiller les professionnels et accompagner les particuliers dans leur projet personnel, en agence ou sur les chantiers. Les espaces d'exposition et les magasins, des catalogues spécialisés, le site Internet permettent de présenter la variété de l'offre : carrelages et salle de bains, matériaux de construction, décoration intérieure, aménagement extérieur...

Les professionnels du bâtiment s'approvisionnent facilement chez BricoChef car chaque unité commerciale dispose d'un accès direct aux camions et véhicules utilitaires. Ils disposent d'un compte qu'ils acquittent mensuellement.

La gestion des stocks

Une agence ne peut stocker la totalité des marchandises proposées par BricoChef. Toute commande de produits est disponible sous 5 jours ouvrés.

L'agence s'approvisionne régulièrement en matériaux fréquemment achetés par la clientèle et dispose d'un stock des références couramment demandées. Chaque vendeur a accès, par l'outil informatique, aux quantités en stock dans l'unité commerciale.

Annexe 1 Relevé des opérations du modèle carrelage grès émaillé – Juin N

Modèle carrelage grès émaillé 41 × 41 cm, couleur beige, réf. 180916		
01/06	Stock initial 60 m²	23 € HT le m²
06/06	Achat de 120 m²	23,50 € HT
16/06	Ventes de 80 m²	
21/06	Achats de 60 m²	24 € HT le m²
25/06	Ventes de 90 m²	

Annexe 2 Fiches de stock – Carrelage grès émaillé

Méthode CMUP

Fiche de stock										
Date	Libellé	Entrée			Sortie			Stock		
		Qté	PU	Valeur	Qté	PU	Valeur	Qté	PU	Valeur
01/06	Stock initial									
06/06	Achats									
16/06	Ventes									
21/06	Achats									
25/06	Ventes									

Méthode PEPS

Fiche de stock										
Date	Libellé	Entrée			Sortie			Stock		
		Qté	PU	Valeur	Qté	PU	Valeur	Qté	PU	Valeur
01/06	Stock initial									
06/06	Achats									
16/06	Ventes									
21/06	Achats									
25/06	Ventes									

Annexe 3 Relevé en valeur et en quantité des chiffres d'affaires des produits retenus

Portail Rama

- PVC cadre apparent aluminium 50 × 30 mm laqué blanc
- Hauteur : 1,20 m
- Montants : 160 × 28 mm – Traverses : 120 × 28 mm
- Barreaudage : 100 × 20 mm

Largeur : 3,00 m
Réf. : 342971

Largeur : 3,50 m
Réf. : 342972

	Articles	Références	PV unitaires HT	Quantités vendues	Chiffres d'affaires HT
A	Portail Rama 3 m 50 × 1 m 20	342972	910	18	16 380
B	Portail Sago blanc 3 m 50 × 1 m 40	342507	1 500	30	45 000
C	Portail blanc Héma 3 m × 1 m 40	342099	710	110	78 100
D	Portillon Héma 1 m × 1 m 40	342097	330	67	22 110
E	Demi-panneau Darel brun 1 m 80 × 90 cm	354141	40	400	16 000
F	Panneau bois naturel 1 m 80 × 1 m 80	354125	30	1 100	33 000
G	Motorisation à bras	392357	850	257	218 450
				1 982	**429 040**

Annexe 4 Relevé en pourcentage des chiffres d'affaires

Articles	Qtés vendues	PV unitaires HT	Chiffres d'affaires HT	% articles vendus en qté	% articles vendus en valeur
A	18	910	16 380		
B	30	1 500	45 000		
C	110	710	78 100		
D	67	330	22 110		
E	400	40	16 000		
F	1 100	30	33 000		
G	257	850	218 450		
	1 982		**429 040**		

Annexe 5 Tableau des pourcentages cumulés croissants

Articles	Qtés vendues	PV unitaires HT	Chiffres d'affaires HT	% articles vendus en qté	Cumul % articles vendus en qté	% articles vendus en valeur	Cumul % articles vendus en valeur
G	257	850	218 450				
C	110	710	78 100				
B	30	1 500	45 000				
F	1 100	30	33 000				
D	67	330	22 110				
A	18	910	16 380				
E	400	40	16 000				
	1 982		**429 040**				

Travail à faire

En tant qu'assistant(e) du responsable du secteur « Décoration et aménagement extérieur », vous êtes chargé(e) de suivre attentivement les stocks du carrelage grès émaillé et des portails de jardin.

1 Comprendre le contexte

a. Quel est l'intérêt de connaître le stock disponible ?

b. Pourquoi est-il nécessaire d'établir un inventaire physique périodique du stock ?

•••

•••

2 Élaborer une fiche de stock

Le carrelage grès émaillé couleur beige est un modèle très prisé par la clientèle. Son prix catalogue HT est de 23,08 € le m².

a. Remplissez la première fiche de stock de l'annexe 2 selon la méthode du coût moyen unitaire pondéré (CMUP).

b. Complétez la deuxième fiche de stock (annexe 2) selon la méthode du premier entré premier sorti (PEPS).

c. Comparez la valeur finale du stock selon les deux méthodes.

Annexe 1
• Relevé des opérations du modèle Carrelage grès émaillé – Juin N

Annexe 2
• Fiches de stock – Carrelage grès émaillé

Fiche ressource 1
• La valorisation des stocks

3 Contrôler le stock

Les éléments d'aménagement extérieur se vendent plus ou moins bien. Votre responsable vous demande d'établir un suivi de sept références. Vous avez construit un tableau regroupant leurs prix et les quantités vendues (annexe 3).

a. Calculez les pourcentages respectifs de chaque article (annexe 4).

b. Calculez les pourcentages cumulés croissants de chaque article (annexe 5).

c. Segmentez les produits en deux catégories selon la méthode « 20-80 ».

Annexe 3
• Relevé en valeur et en quantité des chiffres d'affaires des articles retenus

Annexe 4
• Relevé en pourcentage des chiffres d'affaires

Annexe 5
• Tableau des pourcentages cumulés croissants

Fiche ressource 2
• Le contrôle du stock

4 Évaluer la démarque

À l'inventaire physique réalisé en fin d'exercice, vous relevez 52 éléments de pilier 40, ton pierre, référence 115983. Au vu de la fiche de stock informatisée, vous notez avoir acheté 1 000 unités au prix d'achat HT de 10 €. Le stock initial est nul.
Le chiffre d'affaires HT de cet article s'élève à 11 830 € pour un PV HT unitaire de 13 €.
Il a été noté dans le cahier de démarque une perte pour casse de 10 unités.

a. Retrouvez le stock théorique de cet article en quantité.

b. Calculez le montant de la démarque inconnue, en quantité et en valeur.

Fiche ressource 2
• Le contrôle du stock

Fiche ressource 1

La valorisation du stock

I Le stock et sa fonction

Le stock est l'ensemble des marchandises disponibles à la vente, soit en magasin, soit en réserve. Par « stock », on entend généralement les marchandises, les pièces de rechange, les fournitures pour une unité commerciale et les matières premières pour une unité de production.
Dans une unité commerciale, le stock joue un rôle tampon entre l'achat en grande série localisé géographiquement et la consommation en petite série répartie en temps et en lieu.

II Les méthodes de valorisation

La valorisation d'un stock consiste à lui donner une valeur à une date précise ou après une période définie.
Trois éléments sont à prendre en compte, en quantité et en valeur :
– le stock existant (stock initial) ;
– les entrées (achats) ;
– les sorties (ventes).
Ils sont enregistrés dans une fiche de stock.
Chaque opération (achat/vente) est enregistrée dans le tableau et indique le stock en quantité et en valeur.
Diverses méthodes de valorisation des stocks existent. Celles le plus souvent utilisées sont la méthode du coût moyen unitaire pondéré et la méthode du premier entré premier sorti.

1. La méthode du coût moyen unitaire pondéré (CMUP)

La valorisation du stock tient compte du poids de la valeur de chaque entrée dans le stock total. À chaque entrée, on valorise le stock en calculant le coût moyen unitaire pondéré selon la formule suivante :

$$\text{CMUP} = \frac{\text{Stock initial} + \text{Achats (en valeur)}}{\text{Stock initial} + \text{Achats (en quantité)}}$$

Le CMUP détermine alors le prix unitaire des sorties.

Exemple : Un magasin commercialise du riz conditionné en paquets de 1 kg.
Le 1er mars, il dispose en stock (stock initial) de 60 kg à 2,90 € HT.
Le 3 mars, Il achète 120 kg à 2,35 € HT et le 20 mars, 60 kg à 3 € HT.
Il vend 80 kg le 15 mars et 90 kg le 25 mars.
La fiche de stock dressée à la fin du mois de mars se présente ainsi :

Fiche de stock										
Date	Libellé	Entrée			Sortie			Stock		
		Qté	PU	Valeur	Qté	PU	Valeur	Qté	PU	Valeur
01/03	Stock initial							60	2,90	174,00
03/03	Achats	120	2,35	282,00				180	2,53[a]	455,40
15/03	Ventes				80	2,53	202,40	100	2,53	253,00
20/03	Achats	60	3,00	180,00				160	2,71[b]	433,60
25/03	Ventes				90	2,71	243,90	70	2,71	189,70

a. $\frac{174 + 282}{60 + 120} = 2,53$ b. $\frac{253 + 180}{100 + 60} = 2,71$

2. La méthode du premier entré premier sorti (PEPS)

Pour les produits qui subissent des fluctuations de prix importantes ou qui sont facilement différentiables en lots, on distingue la valeur de chaque entrée. Cette méthode permet de répercuter rapidement la variation du prix d'achat sur le prix de vente.
À chaque sortie, on va d'abord puiser dans les stocks les plus anciens.

Exemple (suite) :
Selon la méthode PEPS, le stock de riz du magasin est valorisé ainsi :

Fiche de stock										
Date	Libellé	Entrée			Sortie			Stock		
		Qté	PU	Valeur	Qté	PU	Valeur	Qté	PU	Valeur
01/03	Stock initial							60	2,90	174,00
03/03	Achats	120	2,35	282,00				60 120	2,90 2,35	174,00 282,00
15/03	Ventes				60 20	2,90[a] 2,35[b]	174,00 47,00	100	2,35	235,00
20/03	Achats	60	3,00	180,00				100 60	2,35 3,00	235,00 180,00
25/03	Ventes				90	2,35	211,50	10[c] 60	2,35 3,00	23,50 180,00

a. On sort d'abord les 60 kg achetés en premier.
b. Puis 20 kg à 2,35 €.
c. Il reste 10 kg à 2,35 € et 60 kg à 3 €.

On remarquera que si les quantités en stock sont évidemment identiques (70), la valeur du stock final est différente : 189,70 € en CMUP et 203,50 € (23,50 + 180,00) en PEPS.

Fiche ressource 2

Le contrôle du stock

Toute bonne gestion des stocks nécessite d'effectuer des contrôles réguliers en quantité et en valeur afin d'éviter toute rupture. L'inventaire périodique permet de vérifier l'exactitude du stock théorique et d'identifier la démarque.

I Le suivi du stock

Le manageur analyse fréquemment son stock afin d'adopter une meilleure politique d'approvisionnement. La répartition du stock en plusieurs catégories facilitera le suivi plus ou moins régulier des produits. Deux méthodes sont habituellement utilisées.

1. La méthode des « 20-80 »

On estime que :

- 20 % des références représentent 80 % du chiffre d'affaires : elles font l'objet d'un inventaire périodique et sont très surveillées en termes de coût et de délais d'approvisionnement ;
- 80 % des références font 20 % du chiffre d'affaires : leur gestion est plus sommaire.

Pour identifier ces références, on relève, dans un premier tableau, le chiffre d'affaires de chacune puis on calcule leur taux de contribution dans le chiffre d'affaires total, en valeur et en quantité.

Dans un second tableau, les références sont classées par ordre décroissant des taux de contribution au chiffre d'affaires total, en valeur et en quantité, puis les taux sont cumulés. L'analyse de ces cumuls croissants révèle ainsi les 20 % de références qui représentent 80 % du chiffre d'affaires et, par déduction, les 80 % de références qui représentent 20 % du chiffre d'affaires.

Exemple : Le manageur du rayon « Électroménager » d'un distributeur spécialisé souhaite analyser le chiffre d'affaires réalisé. Il relève le prix moyen de huit produits représentatifs de son rayon et les quantités vendues pendant l'année.

Premier tableau – Calcul des taux de contribution de chaque référence au chiffre d'affaires, en valeur et en quantité

	Quantités vendues	% des quantités	PV TTC	CA TTC	% de contribution en valeur
Lave-linge	150	4,34	350	52 500	18,86 %
Réfrigérateur	20	0,58	290	5 800	2,08 %
Lave-vaisselle	190	5,49	550	104 500	37,55 %
Micro-ondes	50	1,45	95	4 750	1,71 %
Fer à repasser	550	15,90	39	21 450	7,71 %
Grille-pain	900	26,01	27	24 300	8,73 %
Cafetière	1 000	28,90	20	20 000	7,19 %
Aspirateur	600	17,34	75	45 000	16,17 %
	3 460	**100,00**	**1 446**	**278 300**	**100,00 %**

Second tableau – Classement croissant de la contribution des références

	% de contribution en valeur	% de contribution en quantité	Cumul en valeur	Cumul en quantité	
Lave-vaisselle	37,55 %	5,49 %	37,55 %	5,49 %	80 % du CA = 20 % des références
Lave-linge	18,86 %	4,34 %	56,41 %	9,83 %	
Aspirateur	16,17 %	17,34 %	72,58 %	27,17 %	
Grille-pain	8,73 %	26,01 %	81,32 %	53,18 %	20 % du CA = 80 % des références
Fer à repasser	7,71 %	15,90 %	89,02 %	69,08 %	
Cafetière	7,19 %	28,90 %	96,21 %	97,98 %	
Réfrigérateur	2,08 %	0,58 %	98,29 %	98,55 %	
Micro-ondes	1,71 %	1,45 %	100,00 %	100,00 %	
	100,00 %	**100,00 %**			

Les références « lave-vaisselle », « lave-linge » et « aspirateur » représentent approximativement 80 % du chiffre d'affaires (72,58 %) et 20 % des quantités vendues. Par déduction, les autres références représentent 20 % du chiffre d'affaires.

Remarque : on prendra les valeurs qui avoisinent les 80 % du CA et les 20 % des quantités. C'est la raison pour laquelle on ne prend pas en compte le produit « grille-pain », qui permet d'atteindre un cumul en valeur plus proche de 80 % (81,32 %) mais dépasse largement le cumul en quantité (53,18 %).

2. La méthode « ABC »

On suit la même procédure que pour la méthode des « 20-80 » mais on classe les références en trois groupes :

- 10 % des références représentent 60 % des ventes : elles nécessitent un inventaire périodique ;
- 40 % des références représentent 30 % des ventes : leur gestion est plus sommaire ;
- 50 % des références représentent 10 % des ventes : il faut pratiquer une gestion souple.

II Le contrôle de la démarque

La démarque est une perte de chiffre d'affaires due à des marchandises non vendues ou à une baisse volontaire ou involontaire de la marge commerciale.

La différence à l'inventaire entre le stock théorique et le stock réel permet de quantifier et d'identifier la démarque (connue ou inconnue), en valeur et en quantité.

Démarque = Achats – Ventes – Stock

Démarque connue volontaire	Démarque connue involontaire	Démarque inconnue
– Soldes – Promotion – Alignement des prix sur la concurrence	– Casse – Produits périmés – Déchets – Diminution naturelle du poids liée à la perte d'humidité (dessiccation) – Cambriolage	– Pertes non comptabilisées – Erreurs de caisse (enregistrement manuel) – Vol et consommation sur place – Consommation interne – Erreurs de réception

Exemple : Le rapprochement automatique mensuel entre l'inventaire physique et l'inventaire théorique d'un rayon « Confiserie » relève une différence de 12 unités de M&M's. Le cahier de démarque connue mentionne 5 paquets vides retrouvés dans le rayon lors du réassortiment.

On peut donc considérer que la démarque inconnue est de 7 unités (12 – 5).

Applications

1 Compléter une fiche de stock par la méthode du CMUP

La société Gaspard commercialise des produits bureautiques à usage professionnel. Assistant(e) du responsable de l'entrepôt, vous devez tenir à jour la fiche de stock des disques durs WD 1 téraoctet pour le mois de mai. Le réseau préconise la méthode du coût moyen unitaire pondéré.
Vous disposez du relevé des opérations réalisées durant le mois de mai (document 1).

- **Complétez la fiche de stock (document 2) mise à disposition par le réseau pour valoriser les stocks.**

Document 1 **Relevé des opérations réalisées en mai**

Disque dur WD, 1 To		
07/05	Bon d'entrée E1 de 320 unités	60 € HT l'unité
11/05	Bon de sortie S1 de 65 unités	
18/05	Bon de sortie S2 de 215 unités	
22/05	Bon d'entrée E2 de 160 unités	68 € HT l'unité
26/05	Bon d'entrée E3 de 80 unités	72 € HT l'unité
28/05	Bon de sortie S3 de 130 unités	

Le 1er mai, le stock initial était de 80 unités à 60 € HT l'unité.

Document 2 **Fiche de stock des disques durs WD 1 To – mars**

Fiche de stock										
Date	Libellé	Entrée			Sortie			Stock		
		Qté	PU	Valeur	Qté	PU	Valeur	Qté	PU	Valeur

2 Compléter une fiche de stock par la méthode PEPS

La société BioPlus commercialise des produits alimentaires biologiques à destination des collectivités (cantines, hôpitaux, restaurants scolaires…).
Responsable des produits frais, vous êtes chargé(e) de la tenue des fiches de stock des produits « barquettes Blanc de poulet ». S'agissant de denrées périssables, les stocks exigent un contrôle physique régulier et une rotation sans faille.
La méthode d'évaluation des stocks requise est la méthode PEPS.
Vous disposez du relevé des opérations réalisées sur le produit « barquette Blanc de poulet ». durant le mois de mars (document 1).

- **Complétez la fiche de stock (document 2).**

Document 1 Relevé des opérations réalisées en mars

Barquette Blanc de poulet cuit à l'étouffée 4 tranches Conditionnement en carton de 10 unités de 180 g			
01/03	Stock initial	50 u	40 €/u
08/03	Entrée	200 u	52 €/u
12/03	Sortie	100 u	
22/03	Entrée	90 u	54 €/u
27/03	Sortie	120 u	
30/05	Sortie	50 u	

Document 2 Fiche de stock du produit « barquette Blanc de poulet »

Fiche de stock										
Date	Libellé	Entrée			Sortie			Stock		
		Qté	PU	Valeur	Qté	PU	Valeur	Qté	PU	Valeur
01	Stock initial							50	40	2000
08	Entrée	200	52	10400				50 200	40 52	2000 10400
12	Sortie				50 50	40 52	2000 2600	150	52	7800
22	Entrée	90	54	4860				150 90	52 54	7800 4860
27	Sortie				120	52	6240	30 90	52 54	1560 4860
30	Sortie				30 20	52 54	1560 1080	70	54	3780

3 Analyser les stocks par la méthode des « 20/80 »

Le chef du rayon « Secteur informatique » a sélectionné 8 produits phares de son activité et a recensé dans un tableau les quantités vendues et le chiffre d'affaires pour chacun d'eux (document 1). Il vous propose d'effectuer l'étude du stock par la méthode des « 20-80 ».

1. **Complétez le tableau de calcul des taux de contribution (document 2).**
2. **Ordonnez les références dans le tableau de classement des catégories (document 3) et déterminez :**
   - **les 20 % des références qui représentent 80 % des ventes (1re catégorie) ;**
   - **les 80 % des références qui représentent 20 % des ventes (2e catégorie).**
3. **Quelle gestion des stocks pratiqueriez-vous pour les références des deux catégories ?**

Document 1 Relevé des résultats des 8 produits phares

Produits	Quantités vendues	CA TTC
P1	28	32 256 €
P2	51	37 485 €
P3	96	50 208 €
P4	122	50 142 €
P5	192	52 608 €
P6	307	42 059 €
P7	515	30 900 €
P8	935	28 985 €

Document 2 Tableau de calcul des taux de contribution

Produits	Quantités vendues	CA TTC	% de contribution en quantité	% de contribution en valeur
P1	28	32 256 €	1,25 %	9,94 %
P2	51	37 485 €	2,27 %	11,55 %
P3	96	50 208 €	4,27 %	15,47 %
P4	122	50 142 €	5,43 %	15,45 %
P5	192	52 608 €	8,55 %	16,20 %
P6	307	42 059 €	13,67 %	12,96 %
P7	515	30 900 €	22,93 %	9,52 %
P8	935	28 985 €	41,63 %	8,93 %
	2 246	**324 643 €**	100 %	100,02 %

Document 3 Tableau de classement des catégories « 20/80 »

Produits	% cumulé de la contribution en valeur		% cumulé de la contribution en quantité		
P5	16,20	16,20	8,55	8,55	
P3	15,47	31,67	4,27	12,82	Cat. 1
P4	15,45	47,12	5,43	18,25	
P6	12,96	60,08	13,67	31,92	
P2	11,55	71,63	2,27	34,19	
P1	9,94	81,57	1,25	35,44	
P7	9,52	91,09	22,93	58,37	Cat. 2
P8	8,93	100,02	41,63	100,00	

4 Analyser les stocks par la méthode « ABC »

La méthode des « 20/80 » utilisée dans l'application 3 ne vous semble pas satisfaisante. Vous proposez de compléter l'analyse par la méthode « ABC » que vous jugez plus pertinente.

En reprenant les données de l'application 3 :

1. **Retrouvez les articles de la catégorie A qui représentent 10 % en quantité et 60 % en valeur.**
2. **Retrouvez les articles de la catégorie B qui représentent 40 % en quantité et 30 % en valeur.**
3. **Retrouvez les articles de la catégorie C qui représentent 50 % en quantité et 10 % en valeur.**

Document Tableau de classement des catégories « ABC »

Produits	% cumulé de la contribution en chiffre d'affaires TTC	% cumulé de la contribution en quantité
P5	16,20	8,55
P3	31,67	12,82
P4	47,12	18,25
P6	60,07	31,92
P2	71,62	34,19
P1	81,55	35,44
P7	91,07	58,37
P8	100,00	100,00

60 % 30 % 10 %

5 Évaluer la démarque inconnue

Assistant(e) du manageur du rayon « Bazar-Hygiène-Beauté » dans un supermarché Carrefour Market, vous êtes intrigué(e) par le niveau du stock des flacons d'eau de toilette. En effet, l'inventaire physique mensuel semble régulièrement révéler une différence avec l'inventaire théorique édité par le réseau.
Vous décidez d'effectuer un contrôle ponctuel du produit.

L'outil informatique vous permet de recueillir les informations suivantes :
- Stock début mois : 0 flacon (nouveau référencement)
- Stock fin de mois : 120 flacons
- Achats : 300 flacons (30 cartons de 10 flacons)
- Prix de vente TTC : 14,99 €
- Ventes mensuelles TTC enregistrées : 2 263,49 €
- Démarque connue répertoriée dans le cahier de démarque : 14 flacons (casses en magasin et en réserve)

1. **Retrouvez le montant de la démarque inconnue en quantité et en valeur.**
2. **Comment peut-on expliquer cette démarque inconnue ?**
3. **Quelles actions pouvez-vous envisager pour limiter cette démarque ?**

Chapitre
9
Suivre le cycle d'exploitation : les coûts et la fixation des prix

C. 211 Suivre le cycle d'exploitation

Situation

Au Pays de Nounours
Un cadeau en douceur

Dénomination : Au pays de Nounours
Activité : site marchand dédié aux ours en peluche depuis 2012

Le tout nouveau site marchand Au pays de Nounours souhaite offrir à ses 100 premiers clients, pour un panier moyen de 100 €, un ours en peluche Nounours en guise de cadeau de bienvenue. Christine Debré, la directrice du site, souhaite ainsi attirer les clients et optimiser le taux de clic sur son site nouvellement référencé.
Mme Debré a confié la fabrication des peluches à un établissement et service d'aide par le travail (ESAT) car elle est particulièrement sensible à la solidarité avec des personnes à faible handicap soucieuses de s'intégrer dans la vie active. Elle demande à Pierre Noël, le directeur de l'ESAT, de lui fournir rapidement une proposition de prix.
M. Noël est conscient que cette commande importante est une opportunité pour son établissement. Mais il n'est pas très familier des techniques de gestion, en particulier le calcul des prix.

Nouvellement promu(e) conseiller financier auprès des artisans et commerçants, vous entretenez, en tant que bénévole auprès de l'ESAT, des relations privilégiées avec M. Noël, qui n'hésite pas à solliciter occasionnellement votre aide. Vous êtes ravi(e) de pouvoir apporter votre expertise financière et bancaire à M. Noël, la conclusion de ce contrat pouvant apporter à l'ESAT une reconnaissance du savoir-faire de ses membres et laisser entrevoir d'autres opportunités de travail.

Annexe 1 Le circuit de fabrication d'une peluche Nounours

M. Noël pense répartir la fabrication des peluches dans trois ateliers distincts :

- un atelier Découpage : le tissu acheté y sera découpé ;
- un atelier Assemblage : la peluche y sera rembourrée et assemblée (yeux, feutre) ;
- un atelier Contrôle et conditionnement : la peluche y sera vérifiée et emballée dans une boîte cartonnée.

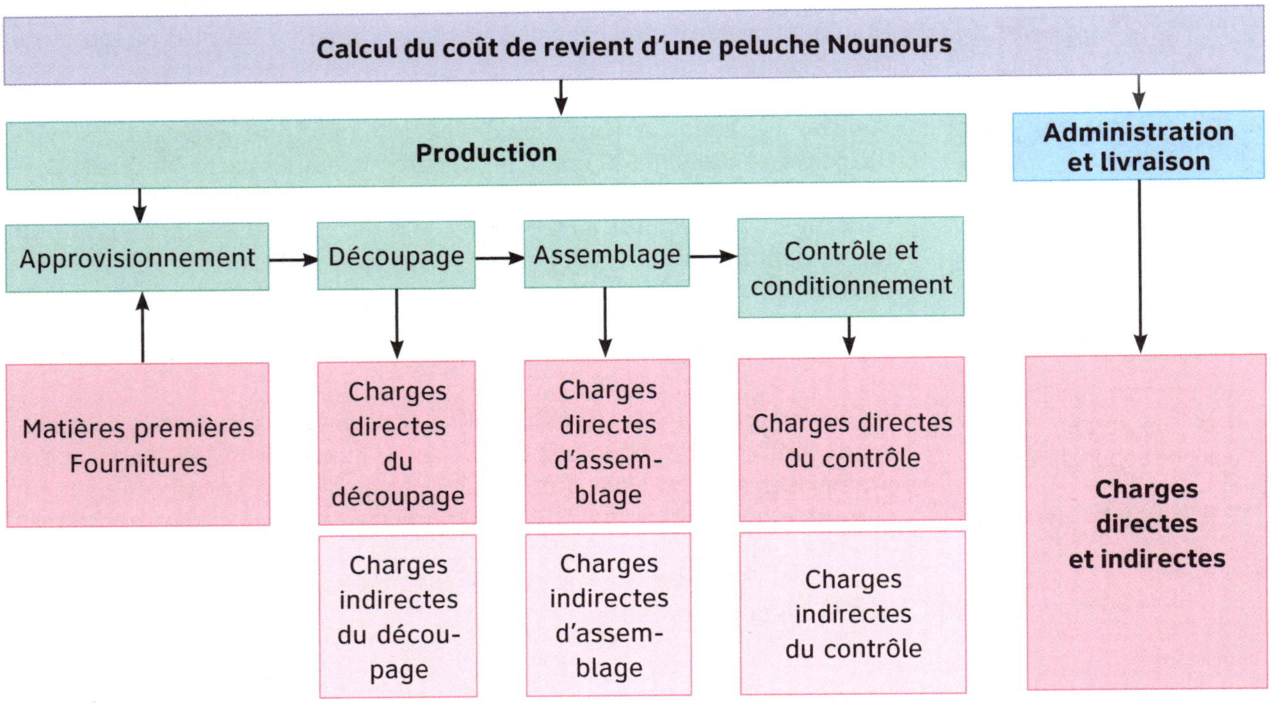

Annexe 2 Informations sur les charges directes

La fabrication d'une peluche Nounours requiert :

- 90 cm de tissu peluche : le tissu servant à la confection de l'ours est au prix de 7,62 € HT le mètre ;
- 850 g de rembourrage : le feutre servant au rembourrage est acheté 1,13 € HT le kg ;
- 2 yeux : les yeux sont vendus par boîtes de 2 000 unités à 30,49 € HT la boîte ;
- une boîte d'emballage cartonnée : 1,28 € HT la boîte.

Chaque unité produite nécessite :

- 4 minutes de main-d'œuvre directe (MOD) pour le découpage ;
- 7 minutes de MOD pour l'assemblage ;
- 4 minutes de MOD pour le contrôle et le conditionnement.

L'heure de MOD est évaluée à 9,60 €, charges sociales comprises.

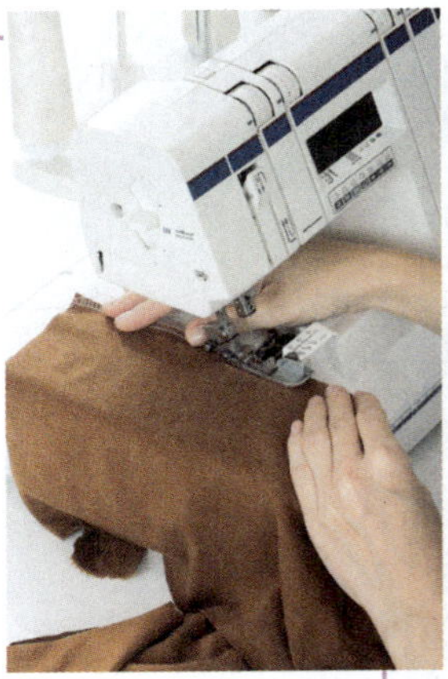

Annexe 3 Informations sur les charges indirectes

- Charges de main-d'œuvre indirectes (MOI) pour l'atelier Découpage : 4 minutes à 0,12 € la minute
- Charges de main-d'œuvre indirectes pour l'atelier Assemblage : 7 minutes à 0,15 € la minute
- Charges de main-d'œuvre indirectes pour l'atelier Contrôle et conditionnement : 4 minutes à 0,14 € la minute
- Les charges de livraison et d'administration sont évaluées à 14,5 % du coût de production de la peluche emballée et regroupent l'ensemble des charges de préparation et d'envoi de la commande.

Annexe 4 Fiche de calcul des charges directes

Atelier	Quantité	Prix unitaire	Coût total
Découpage			
Peluche			
MOD[1]			
Total			
Assemblage			
Feutre			
Yeux			
MOD			
Total			
Contrôle et conditionnement			
Boîte			
MOD			
Total			
TOTAL GÉNÉRAL			

1. Main-d'œuvre directe.

Annexe 5 Fiche de calcul des charges indirectes

Atelier	Quantité	Prix unitaire	Coût total
Découpage			
MOI[2]			
Assemblage			
MOI			
Contrôle et conditionnement			
MOI			
TOTAL			

2. Main-d'œuvre indirecte.

Annexe 6 Fiche de calcul du coût de revient total d'une peluche emballée et livrée

Atelier	Coût total
Découpage	
Total des charges directes	
Total des charges indirectes	
Total coût atelier Découpage	
Assemblage	
Total des charges directes	
Total des charges indirectes	
Total coût atelier Assemblage	
Contrôle et conditionnement	
Total des charges directes	
Total des charges indirectes	
Total coût atelier Contrôle et conditionnement	
Total général coût de revient d'une peluche emballée	
Charges de livraison et d'administration : 14,5 %	
COÛT DE REVIENT D'UNE PELUCHE EMBALLÉE ET LIVRÉE	

Travail à faire

1 Comprendre le contexte

a. **Quels sont les éléments qui interviennent en général dans la fabrication d'un produit ?**

b. **Sur quels éléments pourrait agir M. Noël si le prix de vente proposé à Mme Debré ne convenait pas ?**

2 Déterminer le coût de revient d'une peluche

M. Noël vous explique le circuit de fabrication d'une peluche Nounours et vous communique les informations nécessaires à sa confection. Il vous remet également les données comptables utiles au calcul d'un prix de revient.

a. **Calculez les charges directes pour chaque atelier.**

Annexe 1 • Le circuit de fabrication d'une peluche Nounours
Annexe 2 • Informations sur les charges directes
Annexe 4 • Fiche de calcul des charges directes

b. **Calculez les charges indirectes pour chaque atelier.**

Annexe 3 • Informations sur les charges indirectes
Annexe 5 • Fiche de calcul des charges indirectes

c. **Rassemblez, dans un même tableau, les charges directes et indirectes par atelier pour déterminer le coût de production de la peluche emballée et livrée.**

Annexe 6 • Fiche de calcul du coût de revient total d'une peluche emballée et livrée

d. **Complétez ce tableau avec les charges de livraison et d'administration et calculez le coût de revient d'une peluche emballée et livrée.**

Fiche ressource 1 • Le calcul du coût de revient

3 Déterminer la marge commerciale

M. Noël envoie à Mme Debré une proposition de prix à 17 € HT la peluche emballée et livrée.

a. **Déterminez la marge commerciale, le taux de marge et le taux de marque pratiqués par M. Noël.**

b. **Comment une unité commerciale peut-elle tirer un avantage concurrentiel au niveau du prix de vente ?**

Fiche ressource 2 • La détermination du prix de vente

Fiche ressource 1

Le calcul du coût de revient

I La notion de coût

Un coût est une somme de charges accumulées par l'approvisionnement, la production et/ou la commercialisation d'un produit. Il regroupe donc des charges directes et indirectes.
La comptabilité analytique tend à déterminer le coût de revient d'un bien ou d'un service en décomposant le coût d'achat des marchandises, le coût de production avant et après distribution.

1. Les charges directes

Les charges directes sont les charges directement imputables à un produit ou à un service : charges externes (EDF, eau, gaz...), marchandises, matières premières, fournitures, charges de personnel...

2. Les charges indirectes

Les charges indirectes sont les charges globales affectées arbitrairement à un produit ou à un service par la comptabilité analytique : salaires de la direction et de l'administration (accueil, gardiennage, entretien...), charges externes globales (loyer, téléphone...).

II Le calcul d'un coût de revient par la méthode des coûts complets

La méthode des coûts complets consiste à imputer les charges directes à un produit ou à un centre de profit puis à y affecter les charges indirectes.
À chaque étape du calcul du coût de revient, on décompose les charges directes et indirectes pour déterminer les coûts intermédiaires que l'on ajoute pour trouver le coût de revient total.
Quand le calcul du coût de revient est assez détaillé, on s'appuie sur un tableau qui décompose les différentes étapes.

Exemple : L'entreprise Tanguy est spécialisée dans la fabrication d'ULM. Son activité moyenne est de 100 unités par an.
Un ULM est composé de plastique PVC, d'un moteur, de tubes et d'une hélice. L'ensemble est assemblé dans un atelier de production puis transmis dans un atelier de distribution.
La production et la distribution sont assistées par un service de prestations et un service de gestion des immobilisations ; leur contribution est répartie dans les charges indirectes.

• CHARGES DIRECTES

Charges directes pour 1 ULM

– 10 m² de plastique	30,49 €	le m²
– 1 moteur	164,64 €	pièce
– 30 m de tubes	9,76 €	le mètre
– 1 hélice	15,24 €	pièce
– Autres approvisionnements	137,20 €	

Charges directes pour 100 ULM

– 6 employés à l'atelier	1 219,59 € /mois/employé
– Personnel de vente	18 903,70 € /an

• CHARGES INDIRECTES POUR 100 ULM

– Charges indirectes d'approvisionnement	39 275 €
– Charges indirectes de production	102 826 €
– Charges indirectes de distribution	71 728 €

Fiche de calcul du coût de revient

	Unité	Qté	PU	Total 1 ULM
Charges directes d'approvisionnement	Moteur	1	164,64	164,64
	Plastique	10	30,49	304,90
	Tube	30	9,76	292,80
	Hélice	1	15,24	15,24
	Approvisionnement			137,20
Charges indirectes				392,75
			Coût d'achat	**1 307,53**
Charges directes de production	Employés	6	1 219,59	878,10*
Charges indirectes				1 028,26
			Coût de production	**3 213,89**
Charges directes de distribution	Salaires			189,04
Charges indirectes				717,28
			Coût de distribution	**906,32**
			Coût de revient	**4 120,21**

* $\frac{1\,219{,}59 \times 12 \times 6}{100} = 878{,}10.$

Si on décompose les coûts intermédiaires :

- **Coût d'achat**
  = charges directes d'approvisionnement + charges indirectes d'approvisionnement
  = 137,20 + 392,75 = 1 307,53 €
- **Coût de production**
  = coût d'achat + charges directes de production + charges indirectes de production
  = 1 307,53 + 878,10 + 1 028,26 = 3 213,89 €
- **Coût de distribution**
  = charges directes de distribution + charges indirectes de distribution
  = 189,04 + 717,28 € = 906,32 €
- **Coût de revient d'un ULM distribué**
  = coût de production + coût de distribution
  = 3 213,89 + 906,32 = 4 120,21 €

Fiche ressource 2

La détermination du prix de vente

I Les principaux outils

Le prix de vente s'obtient en ajoutant une marge commerciale au prix d'achat HT ou au prix de revient HT.

1. Le taux de marge

Si le prix d'achat HT, la marge appliquée et le prix de vente HT sont connus, on peut calculer le taux de marge de l'unité commerciale :

$$\text{Taux de marge} = \frac{\text{Marge commerciale}}{\text{Prix d'achat HT}} \times 100$$

> Exemple : Si le prix d'achat HT (PA HT) est de 52 €, la marge de 33 € et le prix de vente HT (PV HT) de 85 €, alors le taux de marge est de : $\frac{33}{52} \times 100 = 63{,}46$ %.
> Chaque fois que l'on achète un produit 100 €, on gagne 63,46 € lors de sa vente HT.

L'unité commerciale peut ajouter une marge au prix d'achat ou au prix de revient (base 100 %) en appliquant un taux de marge pour obtenir le prix de vente HT.

> Exemple : Si le PA HT est égal à 53,37 € et que l'on décide d'appliquer un taux de marge de 28,54 %, le PV HT est de : 53,37 × 1,2854 = 68,60 €.

2. Le taux de marque

Le taux de marque permet de connaître la marge commerciale dégagée sur le prix de vente HT (base 100 %) facturé au client. En fait, l'unité commerciale obtient immédiatement la marge dégagée sur le paiement HT effectué par le client.

$$\text{Taux de marque} = \frac{\text{Marge commerciale}}{\text{Prix de vente HT}} \times 100$$

> Exemple : Si le PV HT est égal à 68,60 €, avec un taux de marque de 22,20 %, la marge commerciale est égale à : 68,60 × 0,2220 = 15,23 €.
>
> Pour retrouver le PA HT, deux possibilités se présentent :
>
> – PA HT = 68,60 – 15,23 = 53,37 € ;
>
> – le PV HT représente 100 %, la marge 22,20 % ; par déduction, le PA HT représente 77,80 %, soit : 68,60 × 0,7780 = 53,37 €.

3. Le coefficient multiplicateur

Afin de faciliter le calcul du prix de vente TTC, l'unité commerciale applique un coefficient multiplicateur (k) au prix d'achat HT.

$$k = \frac{\text{Prix de vente TTC}}{\text{Prix d'achat HT}}$$

> Exemple : Si le PA HT est de 12,30 € et que l'on décide d'appliquer un coefficient multiplicateur de 2,35, alors le PV TTC est de : 12,30 × 2,35 = 28,91 €.

II Le calcul des prix HT, des prix TTC et de la TVA

Il existe deux taux usuels de TVA : le taux normal à 20 % pour les produits manufacturés et le taux réduit à 5,5 % pour les produits alimentaires.
D'autres taux spécifiques sont utilisés dans certaines professions comme la pharmacie, le bâtiment…

Calcul du montant de la TVA	
• Si le montant HT est connu : $$TVA = \frac{Taux\ de\ TVA \times HT}{100}$$ • Si le montant TTC est connu : $$TVA = \frac{TTC \times Taux\ de\ TVA}{100 + Taux\ de\ TVA}$$	*Exemple :* HT = 12 € avec une TVA au taux de 20 % TVA = 20 % de 12 € TVA = 12 × 0,20 = 2,40 € TTC = 12 + 2,40 = 14,40 € $$TVA = \frac{14,40 \times 20}{120} = 2,40\ €$$
Calcul du montant TTC (si le montant HT est connu)	
• Si le montant de la TVA est connu : TTC = HT + TVA • Si le montant de la TVA n'est pas connu : $$TTC = HT + \frac{Taux\ de\ TVA \times HT}{100}$$ $$TTC = HT \times (1 + \frac{Taux\ de\ TVA}{100})$$	*Exemple :* HT = 14 € avec une TVA au taux de 20 % TTC = 14 + (14 × 0,20) = 14 + 2,80 = 16,80 € TTC = 14 + (20 % de 14) = 14 + (0,20 × 14) = 16,80 € TTC = 14 × (1 + 0,20) = 14 × 1,20 = 16,80 €
Calcul du montant HT	
• Si le montant TTC et celui de la TVA sont connus : HT = TTC – TVA • Si le montant de la TVA et le montant HT ne sont pas connus : $$HT = \frac{TTC \times 100}{100 + Taux\ de\ TVA}$$ $$HT = \frac{TTC}{1 + \frac{Taux\ de\ TVA}{100}}$$	*Exemple :* TTC = 15,50 € avec une TVA de 2,58 € HT = 15,50 – 2,58 = 12,92 € TTC = 15,50 € avec une TVA au taux de 20 % $$HT = \frac{15,50 \times 100}{120} = 12,92\ €$$ $$HT = \frac{15,50}{1,20} = 12,92\ €$$

Applications

1 Calculer le coût de revient d'une prestation hôtelière

Mme Dupuis exploite l'hôtel-restaurant Au Bon Accueil, situé dans le centre d'une ville de province très touristique.
Elle constate une baisse de fréquentation depuis deux ans et souhaite redynamiser son activité. Elle souhaiterait notamment engager un partenariat avec une enseigne nationale, ce qui lui permettrait d'assurer un volume d'activité régulier. Elle doit donc offrir des conditions tarifaires compétitives pour figurer dans le catalogue diffusé dans les agences de l'enseigne.
Actuellement, les clients réservent uniquement à la nuitée, avec le petit déjeuner inclus. Ils peuvent aussi se restaurer en salle, sur réservation. L'enseigne impose de commercialiser des séjours de 8 jours consécutifs, soit 9 nuitées avec petit déjeuner inclus.

Mme Dupuis se demande si elle doit répondre aux conditions de l'enseigne. Elle rassemble les informations utiles à son analyse.

1. **Calculez le coût d'une nuitée.**
2. **Calculez le bénéfice réalisé sur un séjour d'une nuitée.**
3. **Calculez le coût d'un séjour de 9 nuitées, sachant que les draps sont changés une fois par semaine.**
4. **Déterminez le bénéfice global sur un séjour de 9 nuitées.**
5. **Mme Dupuis doit-elle accepter la proposition de l'enseigne ? Justifiez votre réponse.**

Document 1 Charges directes

Informations pour un petit déjeuner

	Unité	Prix unitaire en €	Nombre de petits déjeuners produits
Café	Paquet de 250 g	2,60	50
Lait	Litre	0,75	4
Pain de mie complet	Paquet de 48 tartines	1,70	
Beurre	Plaquette de 250 g	1,32	12
Sucre	Kilogramme	1,20	50

Document 2 Charges indirectes

Les charges indirectes de restauration, qui s'élèvent à 7 200 € pour 3 000 repas, sont à imputer au coût de production des repas.

Les charges indirectes de l'hôtel, qui s'élèvent à 5 500 €, sont à imputer au coût des nuitées, petit déjeuner inclus. 900 nuitées sont proposées chaque mois.

Document 3 Informations complémentaires

- Le prix du lavage d'une paire de draps est de 2,30 €.
- Le petit déjeuner, compris dans le prix facturé, est servi systématiquement avec un café accompagné de 5 tartines de pain de mie beurrées et 4 morceaux de sucre.
- Le prix d'une nuitée est facturé 45 € HT.

2 Répartir les charges pour le calcul du coût de revient

Valéry Glaçon commercialise par correspondance un jus de fruits sous le nom « Le Divin Nectar ». Il achète la récolte de pommes des vergers de la région, réalise la mise en bouteilles et la distribution. Il emploie trois personnes.
Le statut d'entreprise individuelle ne permet pas à M. Glaçon d'être salarié ; sa rémunération est donc normalement constituée des prélèvements qu'il effectue mensuellement sur la trésorerie de l'entreprise, générée par les bénéfices de l'activité.
L'épouse de l'exploitant, professeur en économie et gestion, assure bénévolement la comptabilité et le secrétariat.
M. Glaçon a organisé son unité commerciale autour de trois fonctions : Administration, Production et Distribution.

1. **Déterminez le montant des charges directes.**
2. **Effectuez la répartition des charges indirectes.**
3. **Calculez le coût de production total de 20 000 bouteilles, puis le coût de production unitaire d'une bouteille.**
4. **Calculez le coût de revient total de la production de 18 000 bouteilles vendues dans l'année, puis le coût de revient unitaire d'une bouteille.**

Document Relevé des charges

Achats stockés
- Pommes : 15 tonnes à 0,254 € le kg
- Sucre : 2 tonnes à 320 € la tonne
- Bouteilles de 75 cl : 20 000 à 0,12 € pièce

Achats non stockés
- Électricité : 10 258 kW à 0,0783 € le kW (90 % de la consommation doivent être affectés à la production et 10 % à l'administration)
- Fournitures de bureau : 150 € (à considérer comme des charges administratives)

Charges de personnel

Fonction	Nb	Rémunération mensuelle brute	Missions
Ouvriers	3	1 000 €	Assistent le chef de production.
Chef de production	1	1 500 €	Assure et contrôle l'embouteillage.
Chauffeur	1	1 200 €	Assure les livraisons.
Exploitant	1	2 000 €	– Assure l'administration (60 % de son temps). – Contacte les clients (30 % de son temps). – Contrôle la production (10 % de son temps).

On évalue les charges patronales à 42 % des rémunérations brutes.

Amortissements
On relève, dans les écritures d'inventaire au 31/12, la dotation annuelle aux comptes d'amortissements de 9 000 €, répartis ainsi :
- 1 200 € pour le matériel de bureau et informatique ;
- 2 400 € pour le camion de livraison ;
- 5 400 € pour le matériel de production.

Charges financières
Les intérêts d'emprunt s'élèvent annuellement à 1 700 € et sont à considérer comme des charges administratives.

Autre charges à inclure dans le coût de revient
M. Glaçon considère la contribution de son épouse comme un emploi à mi-temps qu'il convient de rémunérer 700 € par mois à titre de dédommagement.

Il a apporté 12 000 € lors de la création de l'unité commerciale ; il estime la rémunération de ce capital immobilisé à 8 %.

3 Calculer les prix unitaires

Complétez les cellules blanches du tableau.

PA HT	Taux TVA	TVA	PA TTC	PV HT	PV TTC	Marge	Tmg	TMQ	k
50,00	20 %								
	5,50 %		380,00						
	20 %		454,51						
258,00			272,19						
250,00	5,50 %				791,25				
200,00	20 %			800,00					
1 250,00	20 %				3 700,00				
	5,50 %				9 700,00		33 %		
	20 %				11 856,00			30 %	
8 753,00	20 %						42 %		
924,00	5,50 %					176,00			
1 000,00	20 %						25 %		

PA : prix d'achat. – PV : prix de vente. – Tmg : taux de marge. – TMQ : taux de marque. – k : coefficient multiplicateur.

4 Répartir les charges pour le calcul du coût de revient

M. Jacquet, licencié économique depuis quelques mois, souhaite créer son entreprise de distribution de glaces à domicile. Il a acheté un véhicule d'occasion et a constitué son plan de tournée dans une agglomération située dans l'Ouest de la France.

Cependant, il éprouve quelques difficultés pour établir le prix de vente d'un cornet de glace et vous contacte pour l'aider.

Après analyse de son activité, il vous procure les informations suivantes :

- les charges directes sont les bacs de glace et les cornets :
  – prix d'achat HT d'un bac de glace : 10 €. Nombre de boules possibles dans un bac : 100 unités,
  – prix d'achat HT d'un sachet de 100 cornets : 5 € ;
- les charges indirectes pour 1 000 cornets vendus sont de deux ordres :
  – la rémunération mensuelle envisagée s'élève à 1 500 €,
  – la consommation mensuelle de carburant est de 200 €.

1. **Calculez le coût de revient d'un cornet de glace.**
2. **Quel sera le prix de vente TTC d'un cornet de glace si M. Jacquet souhaite appliquer un coefficient multiplicateur de 1,50 ?**
3. **Quelle sera la marge dégagée avec un taux de TVA à 5,5 % ?**
4. **Déterminez le taux de marge sur un cornet de glace.**

5 Calculer le coût d'une communication locale

L'unité commerciale Feu Vert située à Auchy les Mines (62) a décidé de mettre en place une communication locale du 19 mai au 7 juin 201N pour fêter son anniversaire. Elle organisera à cette occasion une vaste opération promotionnelle et souhaite en informer la clientèle sur sa zone de chalandise.

NB : Le taux de marque moyen de l'unité commerciale est de 45 %.

1. **Calculez le coût prévisionnel de la campagne de communication locale.**
2. **Calculez le chiffre d'affaires supplémentaire à réaliser pour couvrir le coût de la campagne de communication.**

Document 1 Extrait du plan promotionnel 201N

Jour	Date	Presse locale	Distribution prospectus	Les supports et programmes à la semaine
lun	19-05-1N	**3/4 page TV AVANTAGES**	**10 000 exemplaires**	DISTRIBUTION 10 000 exemplaires TV AVANTAGES 3/4 page
mar	20-05-1N			
mer	21-05-1N			
jeu	22-05-1N			
ven	23-05-1N			
sam	24-05-1N			
dim	25-05-1N			
lun	26-05-1N	**1 page La Voix du Nord**		1 page La Voix du Nord (76 mm sur 2 colonnes)
mar	27-05-1N	**1 page La Voix du Nord**		
mer	28-05-1N	**1 page La Voix du Nord**		
jeu	29-05-1N	**1 page La Voix du Nord**		
ven	30-05-1N	**1 page La Voix du Nord**		
sam	31-05-1N			
dim	01-06-1N			
lun	02-06-1N	**3/4 page TOP 62 Mag'**		TOP 62 Mag' 3/4 page
mar	03-06-1N			
mer	04-06-1N			
jeu	05-06-1N			
ven	06-06-1N			
sam	07-06-1N			

Document 2 Tarifs des supports publicitaires utilisés

Prospectus	– Coût d'achat : 1,0959 € HT l'unité ; – Coût de distribution : 4,22 € HT pour 100 exemplaires.	
TV AVANTAGES	3/4 page : 550 € HT	
TOP 62 Mag'	3/4 page : 400 € HT	
La Voix du Nord	**Module 1 : Format 76 mm × 5 colonnes** • 2 à 4 parutions : 731 € HT la parution • + de 5 parutions : 452 € HT la parution	**Module 2 : Format 76 mm × 2 colonnes** • 2 à 4 parutions : 499 € HT la parution • + de 5 parutions : 293 € HT la parution

Chapitre 10

Suivre le cycle d'exploitation : la facturation et le règlement

C. 211 Suivre le cycle d'exploitation

Situation

Metro Cash & Carry est le leader mondial du libre-service de gros et développe son activité dans 28 pays au travers de deux marques : Metro et Makro. Le Cash & Carry représente l'activité principale de Metro Group (50,4 % du CA).

Titulaire du BTS MUC, vous êtes embauché(e) comme adjoint(e) du chef de caisse du magasin de Lomme, M. Vermeulen, qui a été votre tuteur lors des stages réalisés pendant les deux années qui ont précédé votre embauche. Il vous charge de diverses missions car il est convaincu que votre formation vous permet d'intervenir sur les dossiers de facturation en cours.

Dénomination : Metro
Activité : distribution en gros
Localisation : ZA MIN 59462 Lomme-Lez-Lille

Annexe **Quelques opérations réalisées par l'UC Metro Lomme en octobre N**

01/10	Ventes de fruits et légumes au magasin Frais Plus pour un montant brut HT de 1 500 €, remises de 5 % et 3 %, escompte de règlement de 1 %, TVA à 5,5 % Frais de port : 180 € HT, TVA à 20 % Règlement à 30 jours Facture n° 237
03/10	Ventes de fruits et légumes à la supérette L'Épicier Sympa pour un montant brut HT de 2 300 €, remise de 3 %, escompte de 2 %, TVA à 5,5 % Port facturé : 20 € HT, TVA à 20 % Règlement au comptant par chèque déposé sur le compte bancaire Facture n° 238
06/10	Frais Plus retourne pour 300 € HT de marchandises non conformes (opération du 01/10)
13/10	Expédition de la facture d'avoir n° 237A relative au retour du 06/10 Un chèque bancaire est joint à l'envoi (ne pas tenir compte des frais de port).
20/10	Vente à crédit de linge de table au restaurant À l'Ô à la bouche pour un montant brut HT de 2 550 €, remise de 10 %, TVA à 20 % Règlement à 30 jours fin de mois Facture n° 239

• • •

•••

Annexe Quelques opérations réalisées par l'UC Metro Lomme en octobre N (suite)

22/10	Ventes de mobilier de bureau aux établissements Deluc pour un montant brut HT de 15 000 €, remises de 10 % et 5 %, TVA à 20 % Frais de port : 160 € HT, TVA à 20 % Règlement par traite à 45 jours Facture n° 240
26/10	Ventes de mobilier de bureau au magasin Reverdit pour un montant brut HT de 950 €, remise de 15 %, TVA à 20 % Emballages consignés pour 30 € net Facture n° 241 Versement par le client d'un acompte de 300 € par chèque bancaire, encaissement immédiat sur notre compte
30/10	Le client Reverdit retourne les 30 € d'emballages consignés (opération du 26/10). Expédition de la facture d'avoir n° 241A

Travail à faire

1 Comprendre le contexte

a. Pourquoi est-il indispensable de remettre une facture (ou un ticket de caisse) au client ?

b. Pourquoi les règles de facturation doivent-elles être rigoureuses ? Retrouvez les éléments essentiels figurant sur la facture.

> Fiche ressource 1
> • La facture, un document formalisé

2 Établir les factures

a. Identifiez les opérations de vente réalisées en octobre (annexe) puis établissez les factures correspondantes.

> Annexe
> • Quelques opérations réalisées par l'UC Metro Lomme en octobre N
>
> Fiche ressource 1
> • La facture, un document formalisé
>
> Fiche ressource 2
> • L'établissement de la facture

b. Identifiez les avoirs à établir puis établissez ces factures.

3 Identifier les conditions de paiement et leurs conséquences

a. À partir des différentes factures établies, indiquez les solutions proposées aux clients pour acquitter le montant de leur achat.

> Fiche ressource 3
> • Le règlement de la facture

b. Quelles auraient été les conséquences si le client Reverdit avait renoncé à son achat de mobilier de bureau ?

c. Quel est l'intérêt pour Metro des conditions de paiement convenues avec les établissements Deluc ?

Fiche ressource 1

La facture, un document formalisé

La facture est un document formalisé obligatoire établi par le vendeur pour consigner ses conditions de vente et obtenir du client son règlement. Elle doit donc inclure des indications obligatoires définies dans l'article L. 441-3 du Code de commerce.
Elle doit toujours faire apparaître clairement les taux de TVA et leurs montants.
Dans le commerce de détail, le ticket de caisse fait office de facture pour le client.

I Les règles de la facturation

La facture doit comporter impérativement certaines indications afin d'identifier clairement le vendeur et l'acheteur ainsi que les éléments de la transaction.

Les indications obligatoires	
La dénomination sociale de l'entreprise	• Numéro de Siren • Mention RCS (registre du commerce et des sociétés) et ville d'immatriculation • Forme juridique de la société
Le numéro de facture	Y compris pour les factures d'acompte
La quantité de marchandises ou de prestations facturées	Poids, volume, taux horaire, nombre d'heures facturées ou forfait…
Les conditions applicables en cas de paiement anticipé par rapport aux conditions générales de vente inscrites au verso de la facture	
La mention du taux de TVA par produit ou service	• Taux réduit à 5 % pour les produits alimentaires de première nécessité • Taux normal à 20 % pour les produits manufacturés et services • Taux intermédiaire à 10 % pour certaines prestations
La date de règlement	
Le prix unitaire en euros et la réduction de prix pratiquée	
Les pénalités de retard exigibles suivant la date de règlement inscrite sur la facture fixé dans les conditions générales de vente	

II Les composantes d'une facture

Outre les mentions obligatoires, la facture doit faire apparaître le détail des montants intermédiaires relatifs à la transaction.

Éléments intermédiaires	Détail des calculs
Montant brut HT	Nombre d'unités vendues × Prix unitaire HT
Réductions de prix sur facture	Remises, rabais, ristournes
Montant net commercial HT	Montant brut HT – Réductions de prix
Majorations HT	Emballages et frais de port
Montant net facturé HT	Montant net commercial HT + Majorations HT
Montant de la TVA (par taux)	
Montant de l'escompte	
Montant net financier HT	Montant net commercial HT – Montant de l'escompte
Montant net facturé TTC	Montant net commercial HT + Montant de la TVA
Acompte (ou arrhes) versé(s)	
Montant net TTC à acquitter	Montant net commercial TTC – Acompte versé

III Exemple

METRO
(1) Cash & Carry France
(15)

FACTURE
Z.A. du Petit Nanterre
5, rue des Grands Prés
F-92024 Nanterre Cedex

S.A.S. capital : 45 750 000 €
R.C.S. Nanterre B 399 315 613
SIREN 399 315 613 - APE 4639 B
N° T.V.A. intra comm : FR 52 399 315 613

A

Raison sociale / DESTINATAIRE (4) / Adresse	N° Compte	Branche/Code	N° : 113061004864 (2)
Rue Tourniole ZAE DU BAC DES AUBINS 95820 – BRUYERES SUR OISE	017/092365	5631	Date de facture et de paiement : (15) 04.04.2016
APE : 513W NIC : FR52399315613 SIRET : 399 315 613 01145 TEL : 08.25.09.09.09	2201709236501 0032		Page : 1

2 Communauté Européenne
Exemplaire à conserver par le DESTINATAIRE

Document simplifié d'accompagnement commercial.
Pour un contrôle fiscal des produits soumis à accises en régime de droits acquittés et/ou exonérés.

Code EAN	Numéro Article	Conditionnement	Poids Litre (10)	Désignation de l'article (8)	T.V.A.	Régie	% Volumique	Contenance unitaire L	Qté	Volume effectif ou Volume d'A.P HL L	Marchandises Prix unitaire	Marchandises Montant	Promo
	0172411	1		FRAIS TRANSPORT INTERNET NF	C				15		1,000	15,00	
	0339762	1		PAPIER NEUTRE 5RAM 500F A4 80G	D				17		9,450	160,65	

PI : Produits Intermédiaires

Laissez passer les boissons désignées ci-dessus et correspondantes au volume indiqué ci-dessous

Cotisation solidarité S.S.

Montant Emballages H.T. :
Montant Marchandises H.T. : 175,65

Volume effectif (10) : Vin | PI
Volume d'A.P (10)
Parcours : Ordinaire
Délai | Heure 10:15

Moyen de transport : Voiture de l'acheteur (5)
Immatriculation :

	T.V.A. C = 20 %	T.V.A. D = 20 %	T.V.A.	T.V.A.	T.V.A.
H.T.	15,00	160,65			
T.V.A.	3,00	32,13			
T.T.C.	18,00	192,78			

H.T.	175,65
T.V.A.	35,13
T.T.C.	210,78

Aucun escompte pour paiement anticipé. Tout retard de paiement entraînera l'application d'une pénalité de 3 fois le taux d'intérêt légal.

Paiement :
Paiement comptant sauf mentions contraires

A payer (13)
EUR 210,78

MF1506 - 03/2012 - réf. 10124 - ver.05.1

Voir indications et extraits des conditions générales de vente au verso.

http://shop.metro.fr

Fiche ressource 2

L'établissement de la facture

L'établissement d'une facture est la matérialisation de conditions de vente négociées entre le vendeur et le client. Outre le prix unitaire HT brut mentionné au client, le vendeur peut proposer des réductions de prix, qui seront indiquées sur la facture. En outre, certaines ventes sont accompagnées de prestations qui engagent des majorations sur la facture.
Le client peut régler immédiatement (au comptant) ou plus tard (à terme), selon les conditions de paiement négociées en amont avec le vendeur.

I Les réductions

Le Code de commerce distingue les réductions de prix en fonction de leur nature :
- les **réductions à caractère commercial** s'appliquent au montant brut HT et déterminent le montant net commercial HT ;
- la **réduction à caractère financier** s'applique au montant net commercial HT pour établir le net financier HT.

Réductions		Définitions
Les réductions à caractère commercial	**Remise**	Réduction consentie selon l'importance de la vente ou la fidélité du client
	Rabais	Réduction accordée du fait d'une marchandise non conforme à la commande, d'un défaut de qualité ou d'un retard de livraison
	Ristourne	Réduction sous forme de « cadeau » accordée par le fournisseur au client, souvent en fin d'année, selon le volume de ventes annuel
La réduction à caractère financier	**Escompte**	Réduction consentie pour un règlement comptant ou anticipé de la facture

II Les majorations

Les majorations HT sont des prestations supplémentaires pour acheminer les marchandises commandées. Elles sont inscrites après le montant commercial (ou financier) HT car elles ne font jamais l'objet de réductions.

Éléments	Exemples	Conséquences
Frais de transport	Port payé par le fournisseur	Répercuté sur la facture du client
	Port dû au transporteur ou fournisseur	Facturé par ce dernier
	Franco de port	Inclus dans le prix de vente
Emballages	Emballages vendus avec le produit et consignés comme des emballages perdus	Prix incorporé dans le prix de vente
	Emballages consignés au client, considérés comme prêtés et devant être rendus	Prix remboursé au client dès leur retour chez le fournisseur

Exemple : L'unité commerciale Décathlon a vendu des fournitures au club sportif Beffy Hockey Patinage Club pour 1 000 € HT. Elle consent une remise de 10 % à toute association, collectivité ou club sportif. Le club, qui souhaite régler comptant, bénéficiera d'un escompte de 3 %. Un taux de TVA à 20 % est appliqué.

La facture s'établira ainsi :

Brut HT	1 000,00
– Remise 10 %	100,00
= Net commercial HT	900,00
– Escompte 3 %	27,00
= Net financier HT	873,00
+ TVA 20 %	174,60
= Net facturé TTC	1 047,60

III La facture d'avoir

Certaines factures doivent être corrigées quand des erreurs ou omissions sont commises lors d'édition de la facture. On accorde alors un avoir pour modifier la somme due par le client. On établit alors une deuxième facture pour rectifier la précédente facture.

La facture d'avoir est de ce fait postérieure à la facture initiale et permet au client de régler le juste montant dû au vendeur. Elle reprend toutes les réductions accordées lors de la facture initiale en fonction du montant brut HT à rectifier et vient en déduction du montant TTC dû à l'origine.

Exemple (suite) : Le président du Beffy Hockey Patinage Club a contacté le magasin Décathlon pour signaler que des fournitures facturées 100 € HT n'étaient pas comprises dans la livraison. Une facture d'avoir est alors éditée :

Brut HT	100,00
– Remise 10 %	10,00
= Net commercial HT	90,00
– Escompte 3 %	2,70
= Net financier HT	87,30
+ TVA 20 %	17,46
= Net facturé TTC	104,76

La facture d'avoir a tenu compte des réductions accordées lors de la facture initiale. Le club, qui devait régler 1 047,60 €, réglera finalement : 1 047,60 – 104,76 = 942,84 €.

Vérification : (1 000 – 100) – 10 % – 3 % + 20 % = 942,84 €.

Fiche ressource 3

Le règlement de la facture

La vente est un accord entre un vendeur et un acheteur qui comporte trois éléments :
- le consentement entre les deux parties ;
- la remise de la chose par le vendeur ;
- le paiement par l'acheteur.

Le règlement s'effectue :
- soit au comptant lorsque les trois éléments sont proches ;
- soit à terme lorsque le paiement et la livraison sont éloignés.

I Le règlement au comptant

Le client paie à la réception ou dans un délai bref, en espèces ou par chèque. On entend par « espèces » (ou « liquide ») le règlement par pièces et/ou billets. La seule trace pour le client particulier est la pièce de caisse ou ticket de caisse (attestation de paiement, justificatif d'encaissement pour l'administration fiscale).
D'autres moyens de paiement sont aujourd'hui à la disposition du client particulier pour acquitter sa créance :

Moyens de paiement	Définitions
Chèque	Écrit par lequel une personne (tireur) disposant de fonds (provision) dans un organisme bancaire ou postal (tiré) donne un ordre de payer la somme indiquée au profit du bénéficiaire.
Titre interbancaire de paiement (TIP)	Chèque préétabli, adressé à chaque opération par le créancier en même temps que la facture, que le débiteur doit signer pour acceptation de prélèvement.
Virement	Ordre donné par le débiteur à sa banque de régler la créance en transférant les fonds sur le compte du créancier.
Prélèvement	Ordre de régler périodiquement une dette au créancier à une échéance déterminée.
Carte de paiement	Carte magnétique permettant au particulier de régler ses achats grâce à une puce incorporée.

II Le règlement à terme

Le professionnel règle plus généralement les factures d'achat soit par un paiement différé (à crédit à plus de huit jours après la livraison des marchandises ou de la facturation), soit par l'émission d'un effet de commerce : la lettre de change (appelée « traite »).
Une lettre de change est un document écrit par lequel le fournisseur (le tireur) donne l'ordre à son client débiteur (le tiré) de lui payer une somme d'argent déterminée, à une date indiquée (l'échéance).
C'est donc le fournisseur qui la remplit et l'adresse pour acceptation au client redevable, accompagnée de la facture à payer. Au retour, le client la déposera à sa banque pour paiement à l'échéance.
Le fournisseur peut anticiper le paiement de la créance avant la date d'échéance en remettant à l'escompte la traite à sa banque ; celle-ci avance le montant de la transaction moyennant des agios et frais de traitement.

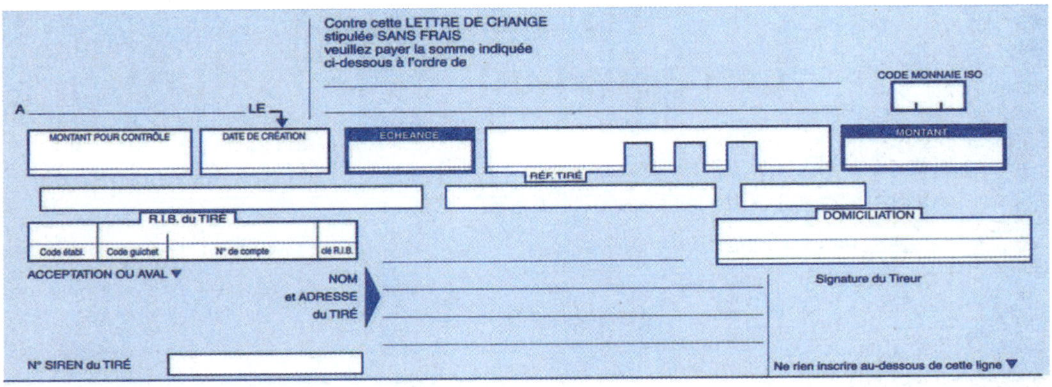

www.arc-registres.com

La création d'une traite modifie la qualité et la forme juridique de la créance du fournisseur sur son client dans la mesure où cette créance devient :

– plus précise : la date de règlement (et d'échéance) est impérativement fixée ;
– plus sûre : le bénéficiaire possède une reconnaissance de dette et bénéficie de garanties en cas de non-paiement de l'effet ;
– plus « mobilisable » : l'effet peut être remis avant l'échéance pour paiement (escompte d'effet) ou à d'autres bénéficiaires (endossement d'effet) ; tous les signataires d'un effet de commerce sont solidaires de son paiement. Chaque signataire est tenu de l'intégralité de la dette (art. 151 du Code de commerce).

III Les différences juridiques entre les arrhes et l'acompte

Lorsque la marchandise n'est pas remise dès la commande, le fournisseur peut demander au client un premier règlement afin de se garantir contre une renonciation ultérieure. Le client verse alors soit un acompte, soit des arrhes. La distinction entre les deux termes est juridiquement essentielle. Le montant de l'acompte ou des arrhes est déduit du total net TTC facturé et est inscrit sur la facture.

L'article L. 114-1 du Code de la consommation stipule que toute somme versée pour la réservation d'un bien ou service est considérée comme des arrhes, sauf stipulation contraire expressément indiquée au contrat.

- Les **arrhes** laissent en principe au client la possibilité d'annuler sa commande et de se désengager ; dans ce cas, il perd la somme d'argent qu'il a versée. S'il conclut l'affaire, cette somme est déduite du montant total.
  Le commerçant n'est pas non plus tenu par la transaction. S'il a vendu le produit ou s'il ne peut plus le fournir, il rembourse au client le double des arrhes perçues (art. 1590 du Code civil).
- L'**acompte** est un engagement ferme des deux parties et matérialise pour le client un premier versement à valoir sur le prix total de l'achat. Il interdit toute possibilité de dédit. Celui qui se rétracte risque d'être condamné à des dommages et intérêts pouvant aller jusqu'au montant total de la vente. Le commerçant doit donc tout mettre en œuvre pour honorer son contrat, faute de quoi il devra rembourser les sommes perçues et indemniser le client pour le préjudice subi.

Applications

1 Établir des factures avec réductions de prix

La société Evrard est une entreprise familiale spécialisée dans les arts de la table. Elle importe et distribue une large gamme de produits (porcelaine, faïence, verrerie, cadeaux, décoration). Début avril, elle adresse plusieurs factures à divers clients professionnels (document).

1. **Établissez la facture adressée le 3 avril au client Feutrie Béron.**
2. **Établissez la facture d'avoir adressée à ce client le 5 avril.**
3. **Établissez la facture adressée le 10 avril au client Lesage.**
4. **Établissez la facture adressée le 11 avril au client Carré Luz.**
5. **Établissez la facture d'avoir adressée le 13 avril à ce client.**

Document

Les conditions de vente sont les suivantes :
- réduction de prix promotionnelle de 10 % ;
- réduction de prix de 5 % pour fidélité ;
- escompte de 2 % pour paiement comptant ;
- taux de TVA : 20 %.

03/04	Vente de marchandises à l'unité commerciale Feutrie Béron pour un montant de 6 000 € HT. Paiement dès réception de la facture.
05/04	Malgré le soin apporté à la préparation de la commande, Feutrie Béron retourne des marchandises pour un montant brut de 200 € HT.
10/04	Vente de marchandises au client Lesage pour un montant HT de 25 000 €. Paiement dès réception de la facture.
11/04	Vente de marchandises au client Carré Luz pour un montant HT de 1 600 €. Paiement dès réception de la facture.
13/04	Suite à un retour de marchandises du client Carré Luz, Evrard adresse à son client une facture d'avoir de 300 € HT. Il consent en dédommagement un rabais supplémentaire sur les marchandises retournées de 22 € HT.

2 Établir des factures avec réductions et majorations de prix

Vous êtes responsable du point de vente de la société Tonus, qui commercialise des fruits et légumes au détail pour les particuliers et semi-détail pour les unités commerciales.
Vous venez de recevoir une commande de la boulangerie locale Au pain quotidien (document).

- **Établissez la facture à adresser au client.**

Document **Commande de la boulangerie Au pain quotidien**

Commande :
- 10 barquettes de fraises origine France à 3,02 € l'unité
- 5 cagettes de 10 kg de pommes Golden origine Normandie à 0,35 € le kg

Conditions de vente :
- Réduction de prix habituelle de 15 %
- Frais de port forfaitaire 10 € HT ; TVA à 20 %
- TVA sur produits alimentaires : 5,5 %

3 Calculer des ristournes à accorder

Vous êtes responsable d'un magasin de l'enseigne BigMat, qui commercialise des matériaux de construction à destination des particuliers et des professionnels du bâtiment.
Chaque mois, afin de fidéliser vos clients, vous leur accordez une ristourne sur les ventes totales HT mensuelles, selon un barème. Vous établissez alors à chacun d'eux une facture d'avoir accompagnée d'un chèque de règlement.
En novembre, vous avez reçu plusieurs commandes de l'entreprise artisanale Dardeau.

1. **Établissez les factures adressées au client Dardeau.**
2. **Calculez le montant de la ristourne accordée au client Dardeau pour le mois de novembre.**
3. **Établissez la facture d'avoir à lui adresser le 30 novembre.**

Document 1 Les commandes du client Dardeau au cours du mois de novembre

03/11 Achat de 250 € HT – règlement au comptant avec escompte de 2 %
10/11 Achat de 850 € HT – règlement à 30 jours
15/11 Achat de 530 € HT – règlement à 30 jours
20/11 Achat de 2 500 € HT – règlement au comptant avec escompte de 2 %
27/11 Retour de 500 € HT sur l'achat du 20/11 selon un accord de restitution de matériaux inutilisés négocié avec BigMat
Le taux de TVA est le taux normal de 20 %.

Document 2 Barème des ristournes accordées

CA net HT	Taux de ristourne
De 0 à 449 €	0 %
De 450 à 762 €	1 %
De 763 à 1 499 €	2 %
À partir de 1 500 €	4 %

Le taux de ristourne est à appliquer par tranches sur le chiffre d'affaires HT.

4 Déterminer un taux de réduction de prix

Nouvellement promu(e) responsable des ventes dans la société Diproc, qui approvisionne les collectivités en produits d'entretien et d'hygiène, vous êtes chargé(e) par le directeur, M. Leblanc, de définir le barème des réductions de prix à accorder aux clients. Ce barème servira d'outil de négociation pour les vendeurs lors de leurs prospections.
M. Leblanc souhaiterait par ailleurs percer le secteur de la grande distribution en offrant des produits attractifs. Le barème permettrait de proposer des promotions en tête de gondole lors du démarchage tout en maintenant la même marge.

- **Complétez le barème des ristournes (document).**

Document Barème des ristournes à accorder

Taux de ristourne	0 %	2 %	3 %	4 %	5 %
Prix de vente (en €)	25	24,50	24,25	24	23,75
Prix d'achat (en €)	20	20	20	20	20
Quantités vendues	1 000	1111	1176	1250	1333
Marge unitaire (en €)	5	4,50	4,25	4	3,75
Marge totale	5 000	5 000	5 000	5 000	5 000
Augmentation des quantités vendues	–	111	176	250	333
Augmentation des quantités vendues (en %)	–	11,11%	17,6%	25%	33,3%

5 Retenir la responsabilité en cas de litige

1. **Dans chacune des situations du document 2, situez la responsabilité du commerçant à partir des deux hypothèses du document 1.**
2. **Quelle est la différence entre un avoir et une facture d'avoir ?**

Document 1 Le commerçant propose un avoir, peut-on le refuser ?

Un avoir, c'est un papier par lequel un commerçant reconnaît […] devoir de l'argent [au client]. Cette somme est, en principe, à valoir sur un achat futur.
Deux hypothèses vont découler de cet avoir : ou bien le commerçant ne peut pas honorer la commande, ou bien c'est [le client qui revient sur son choix] une fois l'achat conclu et réglé en partie ou en totalité.

Hypothèse 1 – Le commerçant ne peut pas honorer la commande

[Le client peut] refuser un avoir, et donc exiger le remboursement des sommes versées, dans le cas où c'est le commerçant qui n'est pas en mesure d'exécuter parfaitement la commande : il ne peut pas livrer ce que [le client a] choisi ou l'objet a un défaut caché (en ce qui concerne les défauts apparents, le vendeur n'en est pas responsable car [le client aurait] pu les déceler [lui-même], après un examen attentif). […]
Dans toutes ces éventualités, c'est le commerçant qui est responsable de la mauvaise ou de la non-exécution du contrat qui le liait [au client]. Il est alors tenu au remboursement intégral de la somme encaissée (avec, le cas échéant, le versement complémentaire de dommages et intérêts, s'il s'avère que l'acheteur a subi un préjudice). […]
[Si le client préfère ou accepte] un avoir, [il consent] en quelque sorte un « cadeau » au commerçant, puisqu'[il] lui garantit un achat ultérieur. […]

Hypothèse 2 – Le client revient sur son choix

Dans le cas d'une commande ferme, le commerçant (qui n'est aucunement fautif) peut contraindre [le client] à respecter le contrat, c'est-à-dire à prendre livraison de l'article et à verser le solde du prix.
[Si le client a versé] des arrhes, [le commerçant] est alors en droit de garder la somme correspondante à titre de dédit (art. 1590 du Code civil).
Si le vendeur accepte de […] consentir un avoir (un échange n'étant pas possible par ailleurs ou ne satisfaisant pas le client), […] c'est la preuve qu'il a le sens commercial et qu'il est soucieux de satisfaire sa clientèle dans toute la mesure du possible. […]

Jean-Michel Rothmann, extrait de « fiche pratique Arrhes, acompte et avoir », Site conso.net de l'Institut national de la consommation.

Document 2

Situation 1. Le client a commandé un manteau bleu, taille 44, et on lui livre un manteau rouge, taille 42. Le commerçant se trouve dans l'impossibilité de lui donner satisfaction avant plusieurs semaines.

Situation 2. Le client vient d'acheter une paire de chaussures et le cuir se craquelle. Une simple réparation se révèle insuffisante et un échange impossible.

Situation 3. Le client a changé d'avis car il s'est aperçu qu'il a commis une erreur.

Situation 4. Le commerçant n'est pas en mesure de livrer le client car l'article ne se fabrique plus.

6 Établir une facture pro-forma

Adjoint au manageur commerce « librairie », vous êtes chargé de gérer le produit « e-book » que vous proposez sans abonnement aux clients dans l'unité commerciale Auchan Bagnolet (93).
Madame Babette, professionnelle de la formation, qui vient d'acheter le produit, s'adresse à vous pour obtenir une facture pour la comptabilité de son entreprise.
Malheureusement, la borne d'édition de facture est momentanément en panne et vous devez donc réaliser une facture pro-forma car Madame Babette habite en lointaine banlieue et ne souhaite pas revenir.

- **Réalisez la facture pro-forma émise le 6 février N.**

Document **Renseignements concernant la vente du produit « e book »**

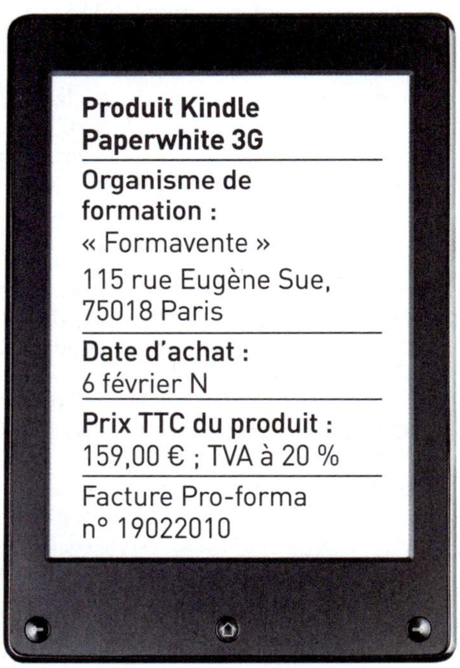

Chapitre 11

Organiser la maintenance et le renouvellement des équipements

C. 212 Organiser la maintenance, l'entretien et le renouvellement des équipements
C. 213 Traiter les incidents

Situation

La société Les P'tites Bouchées a été créée il y a une dizaine d'années par Alain et Brigitte Demasure, tous deux passionnés d'art culinaire et n'ayant de cesse d'imaginer de nouvelles recettes originales et élégantes pour le plaisir des papilles et des yeux des clients.

La société vend des produits d'épicerie fine dans une boutique située à Vannes (Morbihan) et propose différents services « Traiteur » : plateaux-repas à emporter ou à livrer, organisation de séminaires et mariages, cocktails dînatoires, buffets, repas de fête.

La qualité des préparations culinaires lui a permis d'asseoir sa notoriété dans sa zone de chalandise et de se développer. Elle compte aujourd'hui 6 salariés.

En tant que gérant(e) de la société, l'une de vos missions est d'organiser la maintenance, l'entretien et le renouvellement des équipements. À ce titre, vos préoccupations sont de suivre le mieux possible l'entretien des installations et des équipements de l'unité commerciale tout en maîtrisant les coûts.

Annexe 1 La réglementation des véhicules de transport frigorifique

1. Le contrôle technique obligatoire pour les véhicules des catégories M1 et N1

Selon l'article R. 311-1 du Code de la route, sont concernés par le contrôle périodique obligatoire les véhicules des catégories M1 et N1 – véhicules à moteur ayant au moins quatre roues, d'un poids inférieur ou égal à 3,5 tonnes, conçus et construits pour le transport de personnes (M1) ou de marchandises (N1). Le premier contrôle doit être effectué dans les six mois qui précèdent la date du quatrième anniversaire de la première mise en circulation du véhicule. Ce contrôle doit être renouvelé ensuite tous les deux ans.

Annexe 1 Suite

2. La réglementation du transport frigorifique

Le transport de denrées périssables est soumis à une réglementation pour garantir la sécurité des consommateurs. La France, dans ce domaine, applique sur son territoire national une norme internationale, créée à l'origine pour les transports transfrontaliers : l'ATP. [...] Le renouvellement d'agrément ATP est soumis à deux types de contrôles : techniques et sanitaires.

- **Techniques**

- Vérification de l'état de l'isolation (absence de chocs non réparés, état des joints....).
- Contrôle de l'efficacité de la production de froid (via un test de descente en température).

- **Sanitaires**

Vérification des conditions d'hygiène du véhicule.

« Évaluer votre besoin frigorifique », www.lamberet.fr

Planning des agréments d'un véhicule dans le temps

- **Véhicule neuf**

- Départ avec 6 ans d'agrément à partir de la date d'assemblage des panneaux d'isolation (date de fabrication + 6 ans).
- Fourniture d'une attestation constructeur provisoire, transmise au concessionnaire en même temps que les documents carrossiers nécessaires à l'immatriculation.
- Envoi du certificat définitif au propriétaire du véhicule par l'autorité de certification CEMAFROID après réception par le carrossier d'une copie de carte grise.

- **6 ans**

Fin d'agrément, visite technique et sanitaire de renouvellement.

- **9 ans**

Fin d'agrément, visite technique et sanitaire de renouvellement.

- **12 ans**

Fin d'agrément, le véhicule n'est plus considéré comme frigorifique. Il n'est plus possible de renouveler l'agrément, sauf procédure spéciale et coûteuse.

Annexe 2 Extrait du carnet de bord des véhicules de transport frigorifique au 06/01/N

Concernant l'entretien périodique courant d'un véhicule, les interventions sont fonction du kilométrage (après 7 500 km pour un véhicule ancien, après 25 000 km pour un véhicule récent).

- Vidange de l'huile moteur : au minimum une fois par an.
- Contrôles huile boîte de vitesse et système de freinage : en même temps que la vidange.
- Remplacement du filtre à huile et du filtre à air du moteur : toutes les 2 vidanges.

L'entretien courant des véhicules de la société Les P'tites Bouchées est effectué par le concessionnaire Renault de Vannes.

L'entretien technique et sanitaire de l'équipement frigorifique est confié à la société Fraikin de Vannes, dont l'une des activités est la maintenance des véhicules de transport frigorifique.

Entretien courant des véhicules

Véhicule 1			Véhicule 2		
Mois de l'année de fabrication : janvier N-12 Date de 1re mise en circulation : février N-12			Mois de fabrication du véhicule : mars N-6 Date de 1re mise en circulation : juin N-6		
Dates	**Kilomètres parcourus**	**Entretien périodique courant**	**Dates**	**Kilomètres parcourus**	**Entretien périodique courant**
			12/07/N-4	25 489	Vidange + contrôles
24/06/N-2	234 489	Vidange + contrôles + changement filtres à huile et à air	30/06/N-2	51 023	Vidange + contrôles + changement filtres à huile et à air
06/12/N -2	242 750	Vidange + contrôles			
18/08/ N-1	250 289	Vidange + contrôles + changement filtres à huile et à air			

Annexe 2 Suite

Visites techniques et sanitaires périodiques

Véhicule 1	Véhicule 2
Contrôles techniques : janvier N-8, janvier N-6, janvier N-4, janvier N-2	Contrôle technique : mars N-2
Renouvellement d'agrément délivré par Cémafroid en janvier N-6, puis en janvier N-3	

Annexe 3 Options de renouvellement du véhicule réfrigéré

Option 1 : acquisition d'un véhicule de base + aménagement isotherme et frigorifique

- Acquisition chez le concessionnaire Renault d'un véhicule de base : fourgonnette Kangoo Compact Express non réfrigérée (volume > 2 m^3)
  - Prix d'acquisition (sans remise) : 16 000 € TTC ; taux de TVA : 20 %.
  - Remise de 40 % accordée par le concessionnaire pour déstockage (modèle disponible immédiatement).
  - Financement par un crédit classique : 60 mensualités de 219 €.
- Aménagement du véhicule par un carrossier, transformateur du froid
  - **Garanties :**
    - *cellule isotherme :* 2 ans ;
    - *groupe frigorifique :* 2 ans avec visite annuelle obligatoire.
  - **Coût des aménagements :** 5 000 € TTC.
  - **Possibilité d'obtenir un financement :** 230 €/mois pendant 24 mois.

  - **Délai pour obtenir un RDV avec le carrossier transformateur :** 2 mois.

La valeur totale (prix de base + aménagements) du véhicule utilitaire est soumise à un amortissement linéaire de 5 ans.

Option 2 : location longue durée Kangoo Express Frigorifique

- **Montant du loyer financier :** 419 € (pendant 49 mois ou jusqu'à 40 000 km, au premier des deux termes atteint), avec entretien, garantie et assistance pendant 4 ans, sans apport, sans condition de reprise.
- **Délai :** disponible immédiatement.

Annexe 4 Devis n° 245

Les P'tites Bouchées

Les P'tites Bouchées - BP 269 - 56000 VANNES

Devis n° 245 émis le 09/07/N-1

Client Duvert/Pastat
24 rue du Capitaine Cook
56000 VANNES

Prestations	Prix unitaire HT	Quantité	Montant HT	Montant TTC
Cocktail adulte (hors champagne)	13,64	80	1 091,20	1 200,32
Cocktail enfant	5,45	15	81,75	89,92
Canapé salé supplémentaire	1,27	300	381,00	419,10
Menu adultes	59,09	80	4 727,20	5 199,92
Menu enfant (– 12 ans)	16,36	15	245,40	269,94
Champagne	23,33	30	699,90	839,88
Forfait « Sommelier »	13,33	80	1 066,40	1 279,68
Brunch (pour le lendemain)	20,00	20	400,00	440,00
		Total HT	**8 692,85**	**9 738,76**
		TVA 10 % Sur les champagnes et forfait « Sommelier »		692,65
		TVA 20 % Sur les champagnes et forfait « Sommelier »		353,26
		Total TVA		1 045,91
		Total TTC		**9 738,76**

Devis établi en 2 exemplaires.
Lieu de la réception : Château de la Baie verte
Date du mariage : 2 juillet N

Conditions générales de vente

Confirmation de réservation : la signature du client sur la confirmation de réservation implique son accord sans réserves aux conditions générales de vente.

Arrhes : afin de fixer définitivement la date choisie, une somme d'un montant 1 500 € minimum pour un mariage jusqu'à 100 personnes devra être versée dès la confirmation de l'option.

Règlement : un acompte de 50 % du devis sera demandé un mois avant la date du mariage. Le solde de la facture devra être réglé le lendemain de la fête.

Pénalités de retard : des pénalités de retard seront dues dès le premier jour de retard. Elles seront calculées sur le montant dû TTC au taux de 11%.

Travail à faire

1 Comprendre le contexte

a. Indiquez de quels équipements, matériels et installations un traiteur a besoin.

b. Expliquez pourquoi l'entreprise Les P'tites Bouchées doit entretenir et faire contrôler régulièrement ses équipements.

c. Donnez des exemples de coûts liés à la maintenance de ces équipements.

2 Planifier l'entretien des équipements et les contrôles administratifs

L'unité commerciale comprend une boutique de 50 m², un laboratoire équipé d'un plan de travail en inox et des matériels et ustensiles nécessaires à la fabrication des plats « traiteur », une réserve pour les produits non périssables, une chambre froide à froid positif (+ 3 °C) et une chambre froide à froid négatif (– 18 °C).

Elle dispose également de deux camionnettes de transport frigorifique pour livrer les clients 7 jours sur 7. Leur utilisation est intensive.

a. Listez les domaines et les opérations de maintenance spécifiques à une unité commerciale du secteur de la restauration qui livre ses préparations culinaires chez les clients.

Fiche ressource 2 • La maintenance au sein de l'unité commerciale
Annexe 1 • La réglementation des véhicules de transport frigorifique

b. Repérez et planifiez les prochaines opérations d'entretien et/ou de conformité à effectuer au cours de l'année N pour les véhicules de transport frigorifique.

Annexe 2 • Extrait du carnet de bord des véhicules de transport frigorifique au 06/01/N

c. Indiquez les risques d'un défaut d'entretien et/ou de conformité de ces véhicules.

Fiche ressource 2 • La maintenance au sein de l'unité commerciale

3 Renouveler les équipements

Le véhicule 1 arrive au terme de son agrément. Il ne pourra plus être utilisé pour transporter des denrées alimentaires périssables en liaison froide (conservation entre 0 °C et 3 °C). Vous envisagez deux options pour le renouveler.

a. Pour l'option 1, calculez le montant de la dotation annuelle aux amortissements ainsi que le coût total du crédit.

Annexe 3 • Options de renouvellement du véhicule réfrigéré

b. Pour l'option 2, calculez le montant du loyer annuel et le montant global versé au bailleur.

Fiche ressource 1 • Le financement des équipements

c. Dans un tableau, présentez les avantages et les inconvénients de chaque option.

d. Faites un choix en justifiant votre décision.

•••

• • •

4 Traiter les incidents

Le client Duvert/Pastat n'a pas réglé le solde de sa facture, conformément au devis présenté le 9 juillet N-1.

a. **Évaluez le montant restant à régler (sans tenir compte du retard).**

b. **Indiquez la démarche à suivre pour tenter d'obtenir le paiement de la facture.**

Annexe 4
• **Devis n° 245**

Fiche ressource 3
• **Le traitement des incidents de paiement**

Après relance téléphonique, votre client vous demande la possibilité de régler la facture à la fin du mois. Vous acceptez et recevez le règlement par courrier le 1er août (date d'envoi du courrier : 31 juillet, le cachet de La Poste faisant foi).

c. **Calculez le montant de la pénalité de retard applicable.**

d. **Qu'auriez-vous pu encore faire en cas de défaut de paiement ?**

Fiche ressource 1

Le financement des équipements

Si l'unité commerciale dispose de liquidités suffisantes, elle peut autofinancer une partie de l'équipement, voire l'intégralité. On parle d'acquisition sur fonds propres.
Si ce n'est pas le cas, elle devra choisir un mode de financement externe.

I Le financement externe des équipements

L'entreprise peut avoir recours à trois modes de financement externe différents.

1. Le crédit classique

L'entreprise peut recourir à l'emprunt si elle ne veut pas immobiliser une partie importante de sa trésorerie ou si celle-ci est insuffisante.
Le remboursement de l'emprunt s'effectuera par annuités comprenant le remboursement du capital et les intérêts sur le capital restant dû. On emploie le terme « annuité » même si le remboursement est mensuel.

> Exemple : Pour l'achat d'un véhicule de 8 000 € HT au 07/01/2015, Cofidis propose un remboursement en 48 annuités (ou mensualités) de 181,79 € (taux d'intérêt : 4,41 %, montant des intérêts : 725,92 €).

2. La location avec option d'achat (LOA ou crédit-bail)

La LOA est un contrat de location d'un bien à durée déterminée.

> Exemple : Pour un véhicule utilitaire, la durée de location varie de 1 à 5 ans.

Au début du contrat, le locataire choisit l'apport initial, la durée du contrat et la valeur de l'option d'achat. Il peut choisir aussi d'inclure ou non l'entretien et l'assurance du bien. Ces éléments conditionnent le montant de la mensualité.
À la fin du contrat, il est possible d'acquérir le bien pour la valeur fixée au départ, de le restituer ou de repartir sur un nouveau contrat et un nouveau bien.

3. La location financière longue durée (LFLD)

La LFLD se distingue de la LOA par le fait qu'il n'existe pas de possibilité de racheter le bien à la fin de la période de location. Dans ce cas, il faut prévoir un remplacement à la fin du contrat.

II Tableau comparatif des modes de financement

Modes de financement	Avantages	Inconvénients
Acquisition sur fonds propres	• Possibilité d'utiliser le bien au-delà de la période d'amortissement ou de le revendre. • Inscription du bien à l'actif. • TVA récupérable. • Pas de charges financières. • Capacité d'endettement inchangée.	• Gestion de l'entretien, des assurances, de la revente. • Immobilisation de trésorerie.
Acquisition à crédit	• Possibilité d'utiliser le bien au-delà de la période d'amortissement ou de le revendre. • Inscription du bien à l'actif. • TVA récupérable. • Pas d'immobilisation de trésorerie.	• Gestion de l'entretien, des assurances, de la revente. • Charges financières (intérêts + autres frais financiers). • Hausse de l'endettement.

Modes de financement	Avantages	Inconvénients
Location avec option d'achat	• Aucun investissement mais droits d'usage sur le matériel. • Trésorerie préservée. • Pas d'apport initial obligatoire. • Montant des charges mensuelles sans surprise (loyer fixe + éventuellement assurances et entretien inclus). • Tranquillité si souscription d'un contrat « Services inclus ». • Charges déductibles fiscalement. • Réduction de l'impôt sur les bénéfices. • Capacité d'emprunt inchangée.	• Engagement sur plusieurs années. • Contrat rigide qui ne permet de changer de bien en cours de contrat. • Mode de financement risqué en cas de perte, vol ou destruction : obligation de continuer à payer les loyers restants et la valeur de rachat, déduction faite de l'indemnité versée par l'assurance au propriétaire bailleur.
Location financière longue durée	• Mêmes avantages que pour la LAO. • Pas besoin de se préoccuper de la revente du bien. • Pour certains contrats évolutifs, possibilité de remplacer le bien en cours de contrat.	Loyers versés « à perte » : le bien n'appartient pas à l'entreprise à la fin du contrat.

III L'amortissement d'un bien

Dès lors que l'on acquiert un bien, sur fonds propres ou avec un emprunt, ce bien s'amortit sur sa durée d'utilisation. Ce n'est pas le cas si le bien est loué.
L'amortissement constate la dépréciation de valeur et l'usure d'un équipement. Il se calcule sur le coût d'acquisition hors taxes (prix d'achat HT + charges d'installation et de livraison).

> Exemple : Selon l'administration fiscale, un véhicule utilitaire s'amortit en 4 ou 5 ans. Cela signifie qu'il perd chaque année 1/4 ou 1/5e de sa valeur.

Généralement, le calcul de la dotation aux amortissements se fait selon le système linéaire avec un taux qui ne varie pas pendant toute la durée de l'amortissement (taux linéaire ou constant).

Taux d'amortissement linéaire (ou constant) = $\frac{1}{n} \times 100$

Avec n = nombre d'années d'utilisation du bien.

Montant de la dotation annuelle aux amortissements
=
Coût d'acquisition du bien × Taux d'amortissement linéaire
(pour une année entière d'utilisation du bien)

> Exemple : Une entreprise acquiert le 01/01/N un véhicule utilitaire pour un montant de 15 000 € hors taxes. Ce véhicule est amortissable sur 5 ans. L'exercice comptable se termine le 31/12/N.
> – Le taux d'amortissement linéaire est de : $\frac{1}{5} \times 100 = 20$ %.
> – Le montant de la dotation annuelle aux amortissements est de : 15 000 × 20 % = 3 000 €. Le bien se déprécie de 3 000 € chaque année.
> Ainsi, en théorie, au bout d'une année d'utilisation du véhicule, la valeur de celui-ci sera de : 15 000 – 3 000 = 12 000 €. Il s'agit de la valeur nette comptable (VNC).

Si l'acquisition a lieu en cours d'année, la première dotation se calcule proportionnellement au nombre de jours écoulés entre la date de mise en service et la fin de l'exercice (*prorata temporis*).

Fiche ressource 2

La maintenance au sein de l'unité commerciale

I Définitions

La maintenance des équipements de l'unité commerciale est l'ensemble des opérations d'entretien, de dépannage et de réparation qui permettent de les garder dans un état acceptable de fonctionnement.

- L'**entretien** est l'ensemble des travaux destinés à maintenir les installations et équipements dans leur état initial de fonctionnement. Il peut être effectué plusieurs fois, tout au long de la durée de vie des biens, afin de limiter les risques de panne et d'incident (maintenance préventive).
- Le **dépannage** consiste à remettre en état de fonctionnement un équipement en panne. Il peut être provisoire et réalisé « hors norme ». Dans ce cas, il peut être suivi d'une réparation (maintenance curative).
- La **réparation** consiste à remettre en état de façon durable un équipement qui n'assure plus de façon acceptable ses fonctions initiales, du fait de ses défaillances, de son usure ou de sa vétusté (maintenance curative).

II Les domaines d'intervention de la maintenance

Domaines	Opérations de maintenance
Locaux, installations et équipements techniques	• Actions de mise en conformité des installations et équipements selon les textes légaux et les normes en vigueur, afin d'assurer la sécurité des personnes dans les établissements recevant du public (ERP). • Entretien et vérification des installations techniques, de gaz, de chauffage, de ventilation, de réfrigération, de désenfumage, de climatisation, de conditionnement d'air, de l'eau chaude sanitaire.
Encaissement et sécurité	• Maintenance des systèmes d'encaissement, de protection, de vidéosurveillance. • Entretien des extincteurs et autres moyens d'extinction d'un incendie, système d'alerte et d'alarme, éclairage de sécurité.
Matériel de transport	• Maintenance du matériel roulant. • Gestion des certificats de conformité (pour les matériels de transport frigorifique d'aliments d'origine animale ou de produits alimentaires en contenant).
Denrées alimentaires	• Maintenance préventive des chambres froides et des meubles de froid. • Vérification du bon fonctionnement de la cellule de refroidissement des aliments (en restauration). • Entretien général des locaux d'entreposage et de préparation des denrées alimentaires.
Conditions de travail	• Aménagement des postes de travail. • Maintenance des équipements de confort et des outils de travail.
Abords de l'unité commerciale	• Entretien et propreté des espaces verts, parkings, jeux, poubelles… • Maintenance du parc de chariots.
Protection de l'environnement	• Évacuation des déchets. • Recyclage des emballages : cartons, palettes… • Utilisation de produits d'entretien écoresponsables.
Optimisation des dépenses	• Suivi des coûts et de leurs causes. • Recherche des fournisseurs, sous-traitants et prestataires les plus compétitifs.

Fiche ressource 3

Le traitement des incidents de paiement

I La procédure de recouvrement d'une créance impayée

Il faut agir vite afin d'avoir une chance de recouvrer sa créance.

1. Relancer le client

Généralement, la procédure de traitement des incidents de paiement commence par une relance téléphonique suivie d'une mise en demeure par lettre recommandée avec accusé de réception, voire d'une sommation de payer (mise en demeure par huissier).

2. Utiliser les services d'une agence de recouvrement

Cette solution, souvent retenue par les PME, permet d'éviter de perdre du temps et de commettre des erreurs. Par ailleurs, faire intervenir une agence spécialisée a généralement plus d'impact auprès du client mauvais payeur. Cependant, les frais de dossier, de recouvrement et de correspondance sont à la charge du créancier (et non du débiteur).

3. Conclure une transaction

Une transaction est un mode de règlement amiable d'un litige.
Si un client a des difficultés à respecter ses engagements, une transaction peut être conclue avec lui. Cela évite des frais et permet de mettre un terme définitif au litige.

4. Agir en justice

Si le recouvrement amiable de la créance n'aboutit pas, il faut alors envisager un recouvrement judiciaire.
La procédure utilisée traditionnellement pour le recouvrement des créances courantes est l'injonction de payer. Elle ne nécessite pas d'avocat, est assez rapide à mettre en œuvre et peut être employée quel que soit le montant de la somme due. Elle permet d'obtenir une décision condamnant le client à payer.

II Les pénalités de retard

L'application de pénalités de retard est obligatoire pour un client professionnel, optionnelle pour un client particulier.
Les pénalités sont dues dès le premier jour de retard, sans qu'il soit nécessaire d'effectuer un rappel ou une mise en demeure préalable.
Elles doivent apparaître dans les lettres de relance. Les conditions générales de vente doivent indiquer les modalités d'application et le taux d'intérêt des pénalités dues en cas de retard de paiement. Ce taux ne doit pas être inférieur à trois fois le taux de l'intérêt légal (0,93 % pour le premier semestre 2015). En revanche, aucun taux maximum n'est prévu.
Les pénalités se calculent en fonction du nombre de jours de retard de paiement.

> Exemple : Soit une facture impayée de 8 000 € TTC.
> Taux d'intérêt applicable : 12 %
> Date d'échéance de la facture : 09/01/N
> Date d'envoi du règlement (cachet de La Poste faisant foi) : 31/01/N
> Nombre de jours de retard de paiement : 31 – 9 = 22 jours
> Montant des pénalités de retard : $\left(\frac{8\,000 \times 12\,\%}{365}\right) \times 22 = 57{,}86$ €

Applications

1 La maintenance du domaine du Center Parc

Le nouveau village de vacances situé près de Loudun (Vienne) s'étend sur 26 000 m² et compte près de 800 cottages.

Les équipements comprennent un espace aquatique (Aqua Mundo), un centre de bien-être (Deep Nature Spa) et le Dôme, un décor au sein duquel se trouvent les restaurants, boutiques et un supermarché.

L'ouverture au public en 2015 a généré la création de 600 emplois, dont environ 250 dans la maintenance du parc, l'entretien des équipements et le nettoyage des cottages.

1 Expliquez pourquoi l'équipe « Maintenance » doit veiller en permanence à la qualité des installations et des équipements du domaine et du parc.

2 Repérez les principales missions de l'équipe « Maintenance » et donnez des exemples d'intervention courante.

Document **Les métiers du nettoyage et de la maintenance**

LE NETTOYAGE

C'est le plus important département du domaine du Bois aux Daims. L'équipe assure la propreté des cottages et du Centre Village. Deux fois par semaine, les cottages sont entièrement nettoyés et vérifiés. Les équipements centraux sont nettoyés quotidiennement.

Gouvernant(e)s, adjoint(e)s et agents techniques de nettoyage garantissent la qualité et la propreté du site (environ 220 postes).

LA MAINTENANCE

Elle comporte deux services.

- **Le service technique :** la qualité des installations du domaine est sans cesse vérifiée et améliorée.
  Responsables de service technique et employés de maintenance interviennent rapidement dans les équipements centraux ou dans les cottages pour toute panne ou anomalie de fonctionnement.
- **Le service jardins :** il est composé d'un chef d'équipe et de jardiniers et il veille à l'entretien et à la qualité de l'ensemble des espèces végétales et animales du site (environ 30 postes).

Dossier de presse « Emploi », animation.corporate.groupepvcp.com

Applications

2 Le coût de maintenance d'un site marchand

Propriétaire d'une boutique de jeans depuis vingt ans dans la région lilloise, vous envisagez de créer un site de vente en ligne de denims sur mesure, personnalisables selon les souhaits des clients, que ce soit pour la coupe, la matière, les coutures, la couleur, les boutons.
Dans le cadre de l'étude de la faisabilité de votre projet, vous cherchez à estimer le coût de maintenance d'un tel site.

Faites une estimation du coût total de maintenance d'un site d'e-commerce à la date d'installation du site, à J+6 mois et à J+1 an.

Remarque : pour effectuer vos calculs de conversion temps/coût, vous prendrez l'hypothèse d'un tarif journalier moyen de 300 €.

Document **Le budget de maintenance d'un site**

Postes de coûts	Caractéristiques	J Installation du site 1 000 VU/mois[1]	J + 6 mois 10 000 VU/mois	J + 1 an 50 000 VU/mois
Hébergement	Le site est installé sur un ou plusieurs serveurs.	50 à 100 €/mois	50 à 100 €/mois	50 à 100 €/mois
Infogérance	Elle consiste à assurer la fiabilité et le parfait fonctionnement du serveur : suivi régulier, analyse des performances.	Inclus dans l'hébergement	Inclus dans l'hébergement	100 à 200 €/mois
Maintenance préventive	Elle regroupe les actions qui visent à anticiper les problèmes futurs. Installation des mises à jour et monitoring continu du serveur (plusieurs heures par semaine).	–	0,5 jour/mois	1 jour/mois
Maintenance curative	Elle consiste à corriger les « bugs » informatiques (quelques jours par mois).	0,5 jour/mois	1 jour/mois	2 jours/mois
Assistance technique	Le développeur peut apporter une aide technique pour des besoins très ponctuels (*tracking*[2], exportation de BDD…).	2 jours/mois	1 jour/mois	1 jour/mois
	Total			

Les durées mentionnées sont estimées pour assurer une maintenance correcte d'un site en croissance rapide.

1. VU/mois = visiteur unique par mois : internaute ayant visité un site une à plusieurs fois au cours du même mois, mais considéré comme unique dans les données d'audience du site sur cette période. Cet indicateur mesure la fréquentation d'un site pendant une période d'un mois. Le nombre de visites est un autre indicateur de trafic.
2. Tracking *: ensemble des moyens mis en œuvre pour suivre le parcours du visiteur d'un site.*

www.capitaine-commerce.com

L'unité commerciale Intersport

Spécialisée dans la vente d'articles de sport (matériel, textile, chaussures, accessoires) et services associés, l'enseigne Intersport est largement implantée en France et en Belgique. Intersport veut répondre à tous les besoins des consommateurs et propose une sélection de produits destinés spécifiquement aux associations sportives, établissements scolaires, mairies, administrations et comités d'entreprise, aux prix les plus attractifs.

Chef du département « Sports collectifs » dans le magasin Intersport de Parthenay (79), vous assurez la permanence managériale en l'absence du directeur.

DOSSIER 1 Le règlement des factures en attente

Vous consultez le dossier du Beffy Patinage Club de Rezé. Le président du club, M. Bouris, a constaté une erreur lors de la livraison d'une commande : des tee-shirts Ace Tee homme (réf. 2266464) ont été livrés à la place des vestes Eleni fille (réf. 222322) commandées (annexe 1). Il a donc retourné ces articles au magasin.
Vous êtes intrigué(e) par la facture d'avoir n° A302 établie manuellement sur une facture pro forma (annexe 2). Vous proposez de rectifier l'erreur et de prendre personnellement en charge le suivi du dossier.

1 À quel prix est réellement vendu le tee-shirt Ace Tee Homme ? À quel prix doit-il être repris ?

2 Établissez la facture d'avoir sur la base d'un juste prix de reprise des articles retournés.

Les tee-shirts manquants sur la facture du 20 mai sont expédiés au Beffy Patinage Club le 10 juin avec une nouvelle commande, qui comprend les articles suivants :
– 50 vestes Eleni fille (réf. 222322) à 24 € l'unité, remise 15 % ;
– 60 tee-shirts Bakaro homme (réf. 2262415) à 23,80 € l'unité, remise 15 % ;
– 40 sacs à dos Puma (réf. 072918) à 27,60 € l'unité, remise 10 %.

3 Établissez la facture correspondant à cette commande.

DOSSIER 2 La mise en place du programme d'approvisionnement annuel d'une nouvelle référence

Votre fournisseur local vous a contacté(e) pour vous proposer une opération promotionnelle sur des chaussettes de foot junior si vous vous engagez sur un volume d'approvisionnement pour le prochain semestre.
Vous décidez d'étudier sa proposition (annexe 3).

Établissez le programme d'approvisionnement des chaussettes de foot junior.

DOSSIER 3 Le calcul du coût de revient d'une opération de communication locale

Vous estimez que les ventes auprès des associations sportives et des établissements scolaires de la zone de chalandise sont insuffisantes. Vous souhaitez développer votre communication locale, en particulier auprès des clubs scolaires et universitaires.
Vous avez élaboré un dépliant qui sera distribué à la sortie des lycées et facultés de la zone de chalandise, soit 19 établissements, afin de promouvoir l'unité commerciale.
Vous vous êtes rapproché(e) d'un lycée professionnel avec qui vous entretenez un partenariat régulier pour recruter des lycéens qui seront chargés de la distribution des dépliants. Chacun portera un tee-shirt « Intersport », qu'il pourra conserver en fin d'opération.
Vous avez contacté une entreprise d'imprimerie et sérigraphie, qui vous a adressé ses conditions tarifaires, et avez également estimé les frais de distribution (annexe 4).

Calculez le coût de revient de l'action de communication.

Annexe 1 Facture concernant la commande du Beffy Patinage Club

INTERSPORT
Centre commercial
79200 Parthenay

Beffy Patinage Club
44400 Rezé

Facture F62400 Le 20 mai N

Référence	Désignation	Quantité	PU HT	Taux remise	Montant
M21857	IS RUN SL Adidas	25	23,80	15 %	505,75
2269779	Sac à dos Pixy	30	20,80	10 %	561,60
2266464	Tee-shirt Ace Tee homme	50	12,50	15 %	531,25
2262444	Tee-shirt 11 garçon	40	14,80	20 %	473,60
				Montant hors taxes	2 072,20
				TVA 20 %	414,44
				Net à payer	**2 486,64**

Annexe 2 Facture d'avoir adressée au Beffy Patinage Club

INTERSPORT
Centre commercial
79200 Parthenay

Beffy Patinage Club
44400 Rezé

Avoir A302 Le 20 mai N

Référence	Désignation	Quantité	PU HT	Taux remise	Montant
2266464	Tee-shirt Ace Tee homme	50	23,80		625,00
				Montant hors taxes	625,00
				TVA 20 %	125,00
				Net à payer	**750,00**

Annexe 3 Dispositions du Code du travail et de la convention collective nationale de la banque

Politique d'approvisionnement négociée avec le fournisseur

- Les dates de commande sont variables.
- Les quantités livrées sont fixes : 100 unités.
- Le stock minimum est d'un mois.
- Le stock de sécurité est fixé à 10 unités.
- Le stock initial au 1er juillet s'élève à 45 paires.

Fiche produit

- Paire de chaussettes fabrication 3 fils, 100 % polyester, coton bouclette
- Taille 35/38
- Coloris noir, blanc, rouge ou bleu
- Marque Pro Touch
- Premier prix : 1,99 € HT

Ventes prévisionnelles du second semestre

	Juillet	Août	Septembre	Octobre	Novembre	Décembre
Ventes prévisionnelles	30	64	130	95	70	40

Annexe 4 Informations tarifaires pour l'édition et la distribution des dépliants et tee-shirts (prix HT)

30 000 dépliants 3 volets quadri, recto verso

- Frais de création de la maquette du dépliant : 547,35 €
- Photocomposition (composition photographique pour impression papier) : 274,41 €
- Photogravure (création des supports pour impression) : 4 films à 76,22 € l'unité
- Impression papier : frais fixes 457,35 € + 45,73 € le mille imprimé
- Pliage : frais fixes 30,49 € + 7,62 € le mille plié

Tee-shirts

Prix d'achat unitaire : 2,29 € + 7,62 € l'impression unitaire par sérigraphie

Distribution

Coût de 30,49 € par établissement scolaire et universitaire visité et par personne employée à la distribution, sachant :

- qu'il faut toucher au total 19 établissements ;
- que pour 8 d'entre eux, il faut 2 personnes à la distribution ;
- que pour 5 d'entre eux, il faut 3 personnes à la distribution.

Chapitre 12

Évaluer les performances : le compte de résultat

C. 221 Évaluer les performances

Situation

Dénomination : Le Donegal
Activité : bar-tabac-presse
Localisation : Saint-Valery-sur-Somme (80)
Forme juridique : entreprise individuelle

Le bar-tabac-presse Le donegal est situé dans le centre-ville de Saint-Valery-sur-Somme (80), proche des quartiers résidentiels et du bord de la baie d'Authie. La clientèle est en partie locale et constituée d'habitués, mais aussi de nombreux touristes. L'activité du point de vente est intense compte tenu de la variété de l'offre.

Titulaire du BTS Management des unités commerciales, vous travaillez depuis huit ans dans cette entreprise familiale tenue par vos parents.

Vous souhaitez préparer la reprise de l'affaire que vos parents vous céderont à leur retraite.

Votre projet est de créer un hôtel-restaurant à côté du bar-tabac. Ceci serait tout à fait réalisable, la configuration actuelle des locaux s'y prêtant parfaitement après quelques transformations.

Pour évaluer la faisabilité du projet, vous vous rapprochez d'un ami qui possède l'hôtel-restaurant Les Mouettes, sur la côte normande, de taille équivalente à ce que vous envisagez. Il vous adresse des informations indicatives sur son établissement.

Vous entreprenez alors d'estimer les charges et les recettes de votre activité, afin de décider de poursuivre ou non votre projet.

Annexe 1 Charges et recettes indicatives de l'hôtel-restaurant Les Mouettes

Charges HT indicatives (en euros)

	Hôtel	Restaurant	Total
Marchandises consommées		71 000	**71 000**
Charges de personnel	34 000	40 500	**74 500**
Charges externes			
– Produits d'entretien	4 100	3 400	**7 500**
– Entretien et réparations	6 200	2 400	**8 600**
– Blanchissage	11 300	5 000	**16 300**
– Location de téléviseurs	5 040		**5 040**

D'autres charges supportées par l'unité commerciale sont à considérer comme communes car elles ne peuvent être réparties entre l'activité restauration ou hôtellerie.

Charges communes HT (en euros)

Charges de personnel (direction, accueil…) 52 000
Produits d'entretien 610
Entretien et réparations 300
Énergie 17 000
Publicité et communication 15 200
Impôts et taxes 44 000
Dotations aux amortissements 36 000
Intérêts d'emprunt 3 000

Recettes HT prévisionnelles (en euros)

Chiffre d'affaires Hôtellerie 204 000
Chiffre d'affaires Restauration 214 000
Produits divers (prestations diverses, téléphone…) 2 400

Annexe 2 Le compte de résultat prévisionnel simplifié

Charges		Produits	
Achats de marchandises		Chiffre d'affaires HT	
Charges externes		Produits divers	
Charges de personnel			
Impôts et taxes			
Dotations aux amortissements			
Total charges d'exploitation		**Total produits d'exploitation**	
Charges financières			
Résultat net (bénéfice)		Résultat net (perte)	
TOTAL GÉNÉRAL		**TOTAL GÉNÉRAL**	

Annexe 3 La répartition des charges

Sont considérées comme variables :
- les marchandises consommées ;
- les produits d'entretien ;
- l'entretien et réparation ;
- le blanchissage.

Toutes les autres charges sont des charges fixes et incompressibles. Y sont incluses les dotations aux amortissements.

Les produits divers sont considérés comme fixes et seront déduits des charges fixes.

Annexe 4 Tableau de calcul du seuil de rentabilité

	%	Valeur
Résultat net	0	0
Charges fixes		
Marge sur coût variable		
Coût variable		
Chiffre d'affaires = SR	SR = 100 %	

Travail à faire

1 Évaluer les charges et les recettes prévisionnelles

a. **Construisez un tableau dans lequel vous évaluerez les recettes prévisionnelles pour le projet d'hôtel-restaurant à Saint-Valery (colonne de droite).**

b. **Complétez votre tableau en évaluant les charges prévisionnelles (colonne de gauche).**

c. **Calculez les totaux puis la différence pour obtenir le solde.**

Annexe 1
- Charges et recettes indicatives de l'hôtel-restaurant Les Mouettes

Fiche ressource 1
- Le compte de résultat

2 Établir le compte de résultat prévisionnel

a. **Dressez le compte de résultat prévisionnel simplifié en reportant les données du tableau que vous avez construit précédemment dans l'annexe 2.**

b. **Justifiez votre report du solde dans le compte de résultat (bénéfice ou perte).**

Annexe 2
- Le compte de résultat prévisionnel simplifié

Fiche ressource 1
- Le compte de résultat

3 Procéder à l'analyse financière du compte de résultat

a. **Étudiez le résultat net en calculant le détail de ses trois composantes par nature.**

b. **Calculez les principaux ratios que vous jugerez pertinents.**

c. **Calculez la capacité d'autofinancement.**

d. **Que pensez-vous de la situation financière et de la faisabilité du projet ?**

e. **Quel est l'intérêt de connaître le montant des charges et des recettes de l'unité commerciale pour le manageur ? pour l'administration fiscale ?**

Fiche ressource 2
- L'analyse financière du compte de résultat

• • •

• • •

4 Établir le compte de résultat différentiel

a. Regroupez les charges variables et les charges fixes dans un tableau.

b. Dressez le compte de résultat différentiel.

c. Calculez le taux de coût variable et le taux de marge sur coût variable.

d. Quel est l'intérêt de contrôler le niveau des charges fixes et/ou le taux de coût variable ?

Annexe 3 • La répartition des charges

Fiche ressource 3 • L'analyse différentielle du compte de résultat

5 Évaluer la rentabilité du projet

a. Quel niveau de chiffre d'affaires l'hôtel-restaurant devra-t-il atteindre pour commencer à dégager des bénéfices ?

b. À quelle date ce niveau de chiffre d'affaires devrait-il être atteint ?

c. Représentez graphiquement le seuil de rentabilité et le point mort.

Annexe 4 • Tableau de calcul du seuil de rentabilité

Fiche ressource 4 • Le seuil de rentabilité

Fiche ressource 1

Le compte de résultat

À chaque fin d'exercice comptable, l'unité commerciale établit le compte de résultat qui dresse l'inventaire des produits (recettes) et charges qu'elle a engagés pour exercer son activité.
Elle distingue les opérations liées à la simple exploitation, à son financement, et celles de nature exceptionnelle.

I Les opérations de l'unité commerciale

1. Les produits

Un produit est une rentrée monétaire liée à une opération pendant l'exercice comptable. Les produits, comptabilisés HT, sont des trois natures et se répartissent donc en trois rubriques dans le compte de résultat.

Nature des produits	Composantes	Principaux postes
Les produits d'exploitation	Chiffre d'affaires	Ventes
	Subventions d'exploitation	Primes d'incitation à l'embauche
	Autres produits de gestion courante	Redevances reçues pour concessions de brevets, licences, marques
Les produits financiers	Valeurs mobilières de placement	Intérêts de placement Dividendes
Les produits exceptionnels		Plus-values sur cession d'immobilisations

2. Les charges

Parallèlement aux produits, le compte de résultat relève les différentes charges engagées lors de l'exercice.
Les charges sont comptabilisées HT et sont aussi classées en trois grandes rubriques.

Nature des charges	Composantes	Principaux postes
Les charges d'exploitation	Achats de marchandises et variation de stocks	
	Charges externes	Électricité, eau, gaz, loyers et locations de matériel, publicité, produits d'entretien, entretien et réparations…
	Charges de personnel	Salaires et charges sociales
	Impôts et taxes	
	Dotations aux amortissements	Compensent l'usure des immobilisations (matériel, machines, immeubles, agencement, mobilier…)
Les charges financières	Intérêts d'emprunt	
Les charges exceptionnelles		Amendes, dommages et intérêts, créances irrécouvrables

Selon la forme juridique de l'entreprise et le nombre de salariés, il faut inclure la participation aux bénéfices (entreprises de plus de 50 salariés) et l'impôt sur les bénéfices (sociétés).

II Formaliser le compte de résultat

Le compte de résultat est un document comptable annuel obligatoire normalisé qui se présente sous la forme d'un tableau à quatre colonnes : deux colonnes pour les libellés et deux colonnes pour reporter les montants.
Les produits (recettes) sont toujours à droite, les charges à gauche.
Le total général des produits doit être strictement égal au total général des charges.

Exemple : L'entreprise Softronics est spécialisée dans la commercialisation de matériel informatique. Elle assure occasionnellement l'installation et le dépannage à domicile des systèmes qu'elle fournit sur demande et qu'elle facture à ses clients.
Elle rembourse un emprunt (charges financières) pour l'acquisition d'un véhicule utilitaire destiné aux prestations de services en remplacement d'un ancien véhicule qu'elle a revendu (produits et charges d'exploitation). Elle a aussi placé des excédents de trésorerie sur un compte qu'elle détient auprès d'un organisme financier (produits financiers).

CHARGES (hors taxes)	N	PRODUITS (hors taxes)	N
Charges d'exploitation	**6 635 215**	**Produits d'exploitation**	**7 041 555**
Achats de marchandises	4 634 035	Chiffre d'affaires net :	
Variation de stocks	– 272 385	– Ventes de marchandises	6 931 934
Autres achats et charges externes	623 576	– Prestations de services	73 483
Impôts, taxes et versements assimilés	92 013	Autres produits	36 138
Salaires et traitements	1 000 009		
Charges sociales	461 480		
Dotations aux amortissements et aux provisions	96 487		
Autres charges	0		
Charges financières	**130 055**	**Produits financiers**	**10 431**
Charges exceptionnelles	**24 792**	**Produits exceptionnels**	**58 981**
Participation des salariés aux fruits de l'expansion	**0**		
Impôts sur les bénéfices	**136 200**		
Total des charges	**6 926 262**	**Total des produits**	**7 110 967**
Solde créditeur : bénéfice	184 705	Solde débiteur : perte	
TOTAL GÉNÉRAL	**7 110 967**	**TOTAL GÉNÉRAL**	**7 110 967**

Le compte de résultat annuel permet donc de dégager que l'entreprise Softronics a réalisé un bénéfice de 184 705 €.

Fiche ressource 2

L'analyse financière du compte de résultat

L'analyse financière du compte de résultat s'effectue selon différentes approches.

I L'analyse par la nature de ses comptes

L'unité commerciale a été créée pour exploiter une activité et dégager un profit. L'analyse de ses comptes permet de comprendre le résultat net quel qu'il soit (perte ou bénéfice), en le décomposant au niveau :
– de la seule exploitation de son activité (résultat d'exploitation) ;
– du coût du financement (résultat financier) ;
– des éventuels événements exceptionnels (résultat exceptionnel).

On reprend donc partiellement les grandes rubriques du compte de résultat, comme suit.

1. Le résultat d'exploitation

Résultat d'exploitation = Produits d'exploitation – Charges d'exploitation

Le résultat d'exploitation doit être positif. L'activité de l'unité commerciale doit dégager un bénéfice, sous peine de cesser une activité non rentable.
Dans le commerce, on peut analyser la marge commerciale, qui intervient dans le résultat d'exploitation. Elle permet d'évaluer le résultat dégagé par la seule activité commerciale et le taux de marge commerciale.

Marge commerciale = Ventes HT – Coût d'achat des marchandises vendues
Marge commerciale = Ventes HT – (Achats de marchandises ± Variation de stocks)

2. Le résultat financier

L'unité commerciale emprunte et règle des intérêts. Elle place parfois des excédents de trésorerie. Le résultat financier permet d'évaluer si le coût du financement de ses investissements est acceptable.

Résultat financier = Produits financiers – Charges financières

3. Le résultat exceptionnel

Le résultat exceptionnel est obtenu par des faits indépendants de l'activité normale de l'unité commerciale ou antérieurs à l'exercice en cours.

Résultat exceptionnel = Produits exceptionnels – Charges exceptionnelles

4. Le résultat net

La distinction des résultats partiels facilite l'analyse du résultat net, qui est la somme des résultats précédents. Il peut ainsi être faussé par un résultat exceptionnel.

Résultat net = Résultat d'exploitation + Résultat financier + Résultat exceptionnel

Si le manageur est particulièrement vigilant sur la performance du résultat d'exploitation, le banquier sur le niveau du résultat financier, les propriétaires sont attentifs au montant du résultat net qui rémunère le capital. L'administration fiscale fixera le montant de l'impôt sur les bénéfices sur le résultat net avant impôts.

II L'analyse par les ratios

De nombreux ratios permettent d'analyser un compte de résultat et de mettre l'accent sur certaines données caractéristiques. Un ratio est un rapport entre deux éléments chiffrés relatifs à des données économiques. Multiplié par 100, il donne un taux.
Un ratio permet à l'unité commerciale d'analyser les éléments essentiels du compte de résultat, tels les résultats, certaines charges (achats, charges de personnel ou financières…), et de les comparer à ceux de ses concurrents, dans son réseau ou sa zone géographique. Il montre une évolution. Un ratio seul n'ayant que peu de signification, on compare souvent les ratios sur plusieurs années.
Les ratios doivent être simples, pertinents, significatifs. Ils doivent aussi être peu nombreux. Pour analyser les performances de l'activité commerciale, les ratios suivants sont préconisés :

Classement des ratios	Intérêt des ratios	Ratios	Calculs
Ratios d'activité	Ils mesurent l'évolution de l'activité d'une année sur l'autre.	Taux d'évolution du CA	$\frac{CA_n - CA_{n-1}}{CA_{n-1}}$
Ratios d'exploitation	Ils évaluent la marge dégagée par l'activité commerciale.	Taux de marge commerciale	$\frac{\text{Marge commerciale}}{\text{Coût d'achat des marchandises vendues}}$ $\frac{\text{Marge commerciale}}{\text{CA HT}}$
Ratios de profitabilité	Ils mesurent l'aptitude à dégager des profits.		$\frac{\text{Résultat d'exploitation}}{\text{CA HT}}$ $\frac{\text{Résultat Net}}{\text{CA HT}}$
Ratios de rendement	Ils consistent à déterminer la productivité de l'unité commerciale.	Rendement par personne employée	$\frac{\text{CA HT}}{\text{Nombre de personnes employées}}$
		Rendement au m^2	$\frac{\text{CA HT}}{\text{Nombre de } m^2 \text{ de surface de vente}}$

III Le calcul de la capacité d'autofinancement par le compte de résultat

Le compte de résultat permet de déterminer la capacité d'autofinancement (CAF) de l'unité commerciale, qui est son aptitude à dégager des ressources pour financer le renouvellement des immobilisations.
La CAF se calcule en ajoutant les dotations aux amortissements au résultat net, puisque ces charges n'engagent pas de flux monétaires mais diminuent le résultat net.

CAF = Résultat net + Dotations aux amortissements et provisions

Plus la CAF est élevée, plus l'unité commerciale est capable de financer un investissement par ses propres ressources, et réduit ainsi l'appel à des ressources externes (emprunt…).

Fiche ressource 3

L'analyse différentielle du compte de résultat

L'analyse différentielle du compte de résultat consiste à distinguer les charges variables et les charges fixes pour obtenir le résultat net.
Certaines charges évoluent avec le niveau d'activité ; d'autres sont incompressibles, quel que soit leur niveau. Par cette analyse différentielle, l'unité commerciale détermine le niveau d'activité qui lui permettra de dégager un bénéfice et d'expliquer son résultat net.

I La distinction des charges

Les charges de l'exercice sont réparties en deux catégories : les charges variables et les charges fixes.

1. Les charges variables

Dans une unité commerciale, les charges variables sont proportionnelles au chiffre d'affaires, en volume ou en valeur.
L'ensemble de toutes les charges variables détermine le coût variable, qui est exprimé en pourcentage du chiffre d'affaires puisque plus le chiffre d'affaires est élevé, plus ces charges progressent, et inversement.

Exemple : Les commissions des commerciaux, les achats de marchandises, les charges externes liées au volume d'activité.

2. Les charges fixes

Certaines charges sont indépendantes du niveau d'activité de l'unité commerciale.

Exemples : Le loyer, les salaires fixes, les charges d'éclairage.

II Le compte de résultat différentiel

L'analyse différentielle décompose le résultat en trois étapes :
– le **coût variable** représente le total des charges variables. Il est exprimé en pourcentage du chiffre d'affaires ;
– la **marge sur coût variable** est le résultat obtenu après déduction du coût variable du chiffre d'affaires. Elle est évaluée en valeur et en pourcentage du chiffre d'affaires ;
– le **résultat net** est obtenu en déduisant l'ensemble des charges fixes de la marge sur coût variable.

Le compte de résultat différentiel se représente sous la forme suivante :

Chiffre d'affaires HT (CA HT) **– Coût variable (CV)**
= Marge sur coût variable (M/CV) **– Charges fixes**
= Résultat net

Exemple : Une unité commerciale présente le compte de résultat suivant :

Charges		Produits	
Achats de marchandises Autres charges externes Impôts, taxes et versements assimilés Charges de personnel Charges financières Dotations aux amortissements	120 000 60 000 34 000 200 000 10 000 30 000	Ventes	487 500
Résultat net	**33 500**		

Une répartition différentielle de ses charges donne le tableau suivant :

	Coût variable	Charges fixes
Achats de marchandises	120 000	
Autres charges externes	48 000	12 000
Impôts et taxes	17 000	17 000
Charges de personnel	140 000	60 000
Charges financières		10 000
Dotations		30 000
Total	**325 000**	**129 000**

On peut alors construire le compte de résultat différentiel de l'unité commerciale :

Chiffre d'affaires	487 500	100 %
– Coût variable	325 000	66,67 %[a]
= M/CV	162 500	33,33 %[b]
– Charges fixes	129 000	129 000
= Résultat net	33 500	6,87 %[c]

a. $\frac{325\,000}{487\,500} \times 100 = 66{,}67\ \%$

b. $\frac{162\,500}{487\,500} \times 100 = 33{,}33\ \%$ ou $100 - 66{,}67\ \%$

c. $\frac{33\,500}{487\,500} \times 100 = 6{,}87\ \%$

À chaque fois que l'unité commerciale vend 100 €, elle dépense 66,67 € de charges variables et gagne 33,33 € de marge sur coût variable. Cette marge sert à payer les charges fixes de 129 000 €. Grâce à un chiffre d'affaires de 487 500 € qui a engagé 325 000 € de charges variables, elle a dégagé 162 500 € de marge sur coût variable, qui a réglé les charges fixes de 129 000 €, et a pu réaliser un résultat net de 33 500 €, qui représente 6,87 % du résultat net.

Fiche ressource 4

Le seuil de rentabilité

I Le principe du seuil de rentabilité

Le seuil de rentabilité est le chiffre d'affaires qui permet à l'unité commerciale de dégager un résultat net nul. Dans ce cas, la marge sur coût variable est égale au montant des charges fixes. À partir de ce seuil, l'unité commerciale engendre un bénéfice.

Seuil de rentabilité (SR) **– Coût variable (CV)**
= Marge sur coût variable (M/CV) **– Charges fixes**
= 0

Le résultat est égal à 0 quand M/CV = charges fixes.

II Le calcul du seuil de rentabilité

Pour calculer le seuil de rentabilité, il faut trouver le chiffre d'affaires pour lequel la marge sur coût variable est égale aux charges fixes. On le trouve grâce à la formule suivante :

$$\textbf{SR} = \frac{\text{Charges fixes}}{\text{Taux de marge sur le coût variable}} \times 100$$

Le chiffre d'affaires est réalisé pendant une année de 360 jours. Calculer le point mort revient à déterminer la date en jours où le seuil de rentabilité est atteint.

$$\textbf{Point mort (en nombre de jours)} = \frac{\text{Seuil de rentabilité}}{\text{Chiffre d'affaires HT}} \times 360$$

Exemple : On établit le compte de résultat différentiel pour calculer le SR à partir de l'exemple de la fiche ressource 3.

	Chiffre d'affaires	100 % CA	SR = 100 %	387 039[a]
–	Coût variable	– 66,67 % CA	66,67 % × SR	– 258 039[b]
=	M/CV	= 33,33 % CA	= 33,33 % × SR	= 129 000[c]
–	Charges fixes	– 129 000	129 000	– 129 000
=	Résultat net	0	0	0

a. $\text{SR} = \frac{129\,000}{33{,}33} \times 100 = 387\,039$ €

b. 66,66 % × 387 039 = 258 039 €

c. 33,33 % × 387 039 = 387 039 – 258 039 = 129 000 €

L'unité commerciale a réalisé 487 500 € de chiffre d'affaires en 360 jours.

Le point mort est égal à : $\frac{387\,039}{487\,500} \times 360 = 286$ jours.

À partir du 287e jour, l'unité commerciale dégage un résultat net positif car elle n'a plus à financer les charges fixes.

III La représentation graphique du seuil de rentabilité

La représentation graphique permet de visualiser l'analyse différentielle de l'activité.

On trace dans un repère orthogonal :

– l'axe des abscisses x, qui représente le chiffre d'affaires (CA HT) ;

– l'axe des ordonnées y, qui représente le montant des charges ;

– la droite des charges fixes y = constante ; elle est parallèle à l'axe des abscisses car sa valeur est constante. Dans notre exemple, y = 129 000 ;

– la droite de la marge sur coût variable, qui a pour équation y = ax, avec a = taux de marge sur coût variable. Elle démarre de l'origine 0.

Exemple (suite) : a = 33,33 %, donc la droite de la marge sur coût variable a pour équation :

$$y = 33{,}33\ \% \times x$$

$$y = \frac{33{,}33\ x}{100}$$

$$y = 0{,}3333\ x$$

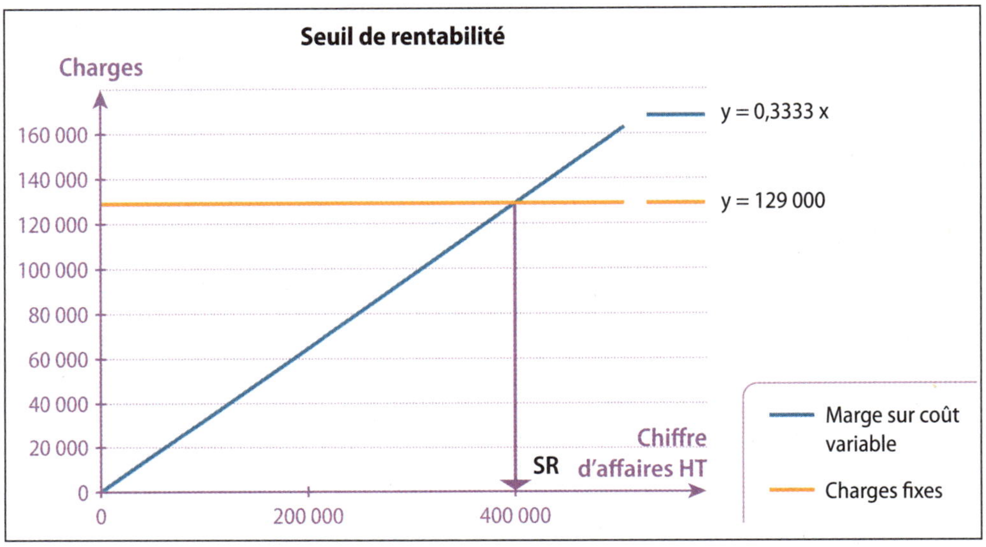

Le seuil de rentabilité correspond à l'intersection des deux droites quand la marge sur coût variable est égale au montant des charges fixes.

Exemple (suite) : On distingue que, pour un montant de charges de 129 000 €, le SR avoisine 400 000 €.

Applications

1 Étudier la rentabilité de l'unité commerciale

Vous êtes responsable d'une unité commerciale VillaVerde (anciennement « L'espace enchanté Vilmorin ») dans la ville de Doubs (25). Le réseau de franchise de jardinerie, décoration et animalerie propose de nombreux végétaux, de l'outillage de jardinerie, des animaux de compagnie et de ferme ainsi que tous les produits liés à la décoration de la maison, du jardin et de saison. L'enseigne s'adresse aux particuliers.
M. Carincotte, franchisé et propriétaire de plusieurs points de vente, vous donne rendez-vous pour étudier les résultats annuels de l'unité commerciale, et notamment analyser la rentabilité pour l'année N.

Vous disposez du compte de résultat et procédez à son analyse.

1. **Analysez le compte de résultat.**
2. **Calculez la capacité d'autofinancement.**
3. **Préparez les ratios que vous allez communiquer à M. Carincotte.**
4. **Concluez sur la rentabilité de l'unité commerciale.**

Document **Compte de résultat au 31/12/N**

CHARGES (hors taxes)	N	PRODUITS (hors taxes)	N
Charges d'exploitation	**3 410 260**	**Produits d'exploitation**	**4 128 600**
Achats de marchandises	1 430 260	Ventes de marchandises	4 128 600
Variation de stocks de marchandises	– 170 000		
Achats de matières premières et autres approvisionnements	810 000		
Variation de stocks de matières premières	80 000		
Autres achats et charges externes	100 000		
Impôts, taxes et versements assimilés	40 000		
Salaires et traitements	800 000		
Dotations aux amortissements	320 000		
Charges financières	**140 480**	**Produits financiers**	**85 000**
Intérêts et charges assimilées	140 480	Intérêts et produits assimilés	85 000
Charges exceptionnelles	–	**Produits exceptionnels**	–
Participation des salariés aux fruits de l'expansion	50 000		
Impôts sur les bénéfices	200 000		
Total des charges	**3 800 740**	**Total des produits**	**4 213 600**
Solde créditeur : bénéfice	412 860	Solde débiteur : perte	
TOTAL GÉNÉRAL	**4 213 600**	**TOTAL GÉNÉRAL**	**4 213 600**

2 Construire le compte de résultat

Vous êtes manageur adjoint dans une unité commerciale Gitem. M. Delebart, propriétaire associé au réseau, vous propose de préparer le compte de résultat pour l'exercice. Même s'il confie au comptable la réalisation des documents de fin d'année, il sait qu'il ne pourra en disposer que dans plusieurs mois. Il aimerait donc que vous lui en donniez un aperçu.

Dressez le compte de résultat simplifié.

Document **Données recueillies par M. Delebart (en euros)**

Ventes de marchandises HT	333 000
Achats de marchandises HT	200 000
Variations de stocks	400
Charges externes	60 000
Prestations de services facturées	2 500
Impôts et taxes	2 300
Charges de personnel	44 000
Intérêts créditeurs	250
Escomptes obtenus	100
Intérêts d'emprunt	1 525
Dons aux œuvres locales	100
Amendes et pénalités fiscales	60
Plus-value sur vente d'un mobilier	200

3 Construire un compte de résultat différentiel

La société Socao, grossiste commercialisant des produits dérivés du cacao, souhaite faire découvrir aux consommateurs son nouveau produit Délicao. Elle propose aux distributeurs trois projets d'action commerciale sur ce produit : une réduction de prix, une augmentation de la quantité pour le même prix (300 g au prix de 250 g) ou un jeu sans obligation d'achat. Quelle que soit la solution retenue, l'action aurait une durée de deux mois (septembre et octobre N) et s'accompagnerait d'une opération de PLV en grandes surfaces et d'une sensibilisation des distributeurs.

1. **Calculez, par le compte de résultat différentiel, le résultat prévisionnel obtenu sur le produit Délicao pour la période septembre-octobre N dans chacune des quatre hypothèses :**
   – absence d'action commerciale ;
   – réduction de prix ;
   – augmentation de la quantité ;
   – jeu.
2. **Préconisez la solution à retenir en fonction des résultats obtenus.**

Document **Conditions promotionnelles**

En l'absence d'opérations promotionnelles, les prévisions commerciales et d'exploitation du produit étaient les suivantes pour septembre-octobre N :

– Ventes prévisionnelles en quantité	400 000 paquets
– Prix de vente HT moyen	2,44 € (prix du paquet facturé aux distributeurs)
– Prix public moyen TTC	3,05 € (taux de TVA : 5,5 %)
– Coût de production du cacao	0,91 €
– Coût du conditionnement	0,15 €
– Coût de distribution	0,30 €
– Coût fixe pour la période	304 898 €

Document **Suite**

Incidences prévisionnelles des trois opérations de promotion sur les ventes (estimations faites d'après les résultats d'opérations similaires) **et sur les coûts**

Réduction de prix
- Incidences sur les ventes : augmentation du nombre de paquets vendus de 25 %
- Prix de vente moyen HT aux distributeurs ramené à 2,13 €
- Coût de distribution unitaire ramené à 0,27 €
- Coût fixe supplémentaire : 30 490 €
- Autres données inchangées

Augmentation de la quantité (300 g au prix de 250 g)
- Incidence sur les ventes : augmentation du nombre de paquets vendus de 10 %
- Coût unitaire du conditionnement porté à 0,18 €
- Coût de production du cacao : proportionnel au poids
- Coût fixe supplémentaire : 30 490 €
- Autres données inchangées

Jeu sans obligation d'achat
- Incidence sur les ventes : augmentation du nombre de paquets vendus de 45 %
- Coût unitaire du conditionnement porté à 0,18 €
- Coût fixe supplémentaire : 167 694 €
- Autres données inchangées

4 Prévoir l'activité par le compte de résultat différentiel

L'unité commerciale Des Joujoux par Milliers réalise un chiffre d'affaires HT de 3 000 000 € pour 1 000 produits vendus. Les charges variables s'élèvent à 1 800 000 € et les charges fixes à 1 000 000 €.

1. **Établissez le compte de résultat différentiel.**
2. **Déterminez le point mort de l'unité commerciale.**

Concernant le rayon principal, les charges fixes représentent 120 000 € et les charges variables sont estimées à 40 % du chiffre d'affaires qui s'élève à 800 000 €.

3. **Calculez le résultat net et le seuil de rentabilité du rayon.**
4. **Comparez ce résultat à celui du magasin. Commentez.**
5. **À quelle date le seuil de rentabilité sera-t-il atteint ?**

Le manageur a prévu pour un département un chiffre d'affaires HT de 1 352 460 €.
Le budget des charges variables est estimé à 125 000 € avec un taux de coût variable de 61 %.
Les charges fixes s'élèveront à 250 000 €.

6. **Calculez le coût d'achat des marchandises vendues.**
7. **Quel sera le résultat prévisionnel du département ?**
8. **Calculez le seuil de rentabilité.**
9. **Quels devront être les taux de marque et taux de marge moyens à appliquer ?**

5 Calculer la rentabilité d'un projet

Vous avez été recruté(e) au sein de la société Hydromat, en qualité de manageur adjoint(e), auprès de M. Schuller, chargé du développement de l'enseigne, pour l'assister dans l'étude d'une nouvelle implantation dans une zone commerciale où le potentiel lui semble suffisant pour ouvrir un centre de type « Bungalow » 5 pistes. Afin d'affiner cette analyse, il vous est demandé d'analyser les conditions de la rentabilité de ce projet.

1. **Calculez le seuil de rentabilité annuel du projet en valeur.**
2. **Déterminez le résultat prévisionnel annuel d'exploitation.**
3. **Concluez.**

Document 1 Rentabilité de l'exploitation d'un centre de lavage de 5 pistes « Bungalow »

- Chiffre d'affaires HT prévisionnel de l'année d'ouverture : 123 483,70 €
- Les consommables (produits d'entretien notamment), l'eau et le poste énergie sont des charges variables. Ils représentent 18 % du chiffre d'affaires HT.
- Les autres charges seront toutes considérées comme des charges fixes.

Après la phase de lancement, on peut évaluer de la manière suivante les charges supportées en année moyenne par l'activité du centre de lavage :
- Terrain (valeur : 167 693,92 €) ; montant du loyer annuel : 12 % de sa valeur.
- *Leasing* (crédit-bail) de l'équipement : l'investissement est financé par crédit-bail ; montant annuel du loyer : 17,72 % de la valeur de l'investissement.

Document 2 Investissement en euros (concept « Bungalow » Éléphant Bleu)

Structure et local technique	49 545,93
Équipement local technique	86 895,94
Équipement pistes	15 244,90
Équipement aspirateur	17 531,64
Package de signalisation	10 671,43
Montage et mise en route	21 342,86

Publicité : 1 524,49 €
Entretien (vidange, fosse) : 4 573,47 €
Assurance : 0,60 % de la valeur totale de l'investissement
Salaires et charges (un poste à mi-temps) : 9 756,74 €
Impôts et taxes : 3 048,98 €
Total des amortissements : 11 433,68 €
Redevance franchise HT versée à Hydromat : 86,90 € par piste et par mois.

6 Analyser l'incidence différentielle d'un investissement

La société Art Flor, qui commercialise des fleurs coupées séchées, a réalisé au cours du dernier semestre de l'exercice N les opérations indiquées dans le document.

1. **Présentez le compte de résultat différentiel pour le dernier semestre de l'exercice N.**
2. **Déterminez le seuil de rentabilité et la date à laquelle il sera atteint sachant que les ventes sont régulières au cours du semestre.**
3. **Quel est le chiffre d'affaires à atteindre pour obtenir un taux de rentabilité de 30 % ? [Taux de rentabilité = (Résultat d'exploitation / Chiffre d'affaires) × 100]**

Art Flor projette d'investir, au 2 janvier N+1, dans un équipement d'une valeur HT de 12 000 €. Cet équipement permettrait de réduire le coût variable à 8 % tout en augmentant les charges fixes (dotations aux amortissements) semestrielles de 1 200 €.

4. **En raisonnant sur le premier semestre N+1, déterminez le nouveau seuil de rentabilité et la date à laquelle il serait atteint si Art Flor réalisait cet investissement.**
5. **Art Flor doit-elle acquérir cet équipement ? Justifiez votre réponse.**

Document Opérations réalisées par Art Flor (dernier semestre N)

– Chiffre d'affaires HT 200 000
– Achat de matières premières......75 000

Les autres charges se décomposent comme suit :
– Charges variables d'approvisionnement..............2 640
– Charges variables de production..................34 420
– Charges variables de distribution 8 280
– Rabais obtenus sur achats de matières premières 340
– Charges fixes...................................24 000

Chapitre 13

Évaluer les performances : le bilan de l'unité commerciale

C. 221 Évaluer les performances

Situation

Nom : Go Sport
CA : 661,9 M€
Points de vente : 334
Collaborateurs : 4 300

Vous occupez actuellement le poste de manageur dans une grande surface de distribution de produits sportifs. Après plusieurs années de pratique, vous souhaiteriez ouvrir une unité commerciale où vous pourriez vraiment tirer profit de votre expérience du commerce, de vos connaissances en gestion et en management opérationnel, et surtout être véritablement indépendant(e).

Vos recherches sur différents sites à la création d'entreprise vous ont conduit(e) à prendre contact avec le réseau Go Sport qui, par sa politique dynamique de développement, recherche des candidats à la création d'un point de vente.

L'unité commerciale

Vous avez repéré un local disponible dans une zone commerciale qui conviendrait parfaitement à votre projet.

Une prise de contact avec le réseau Go Sport vous incite à préparer un dossier dans lequel figure un bilan prévisionnel.

Annexe 1 Relevé des besoins et ressources nécessaires à la construction du dossier de création du point de vente

Estimation des besoins à envisager au démarrage de l'exercice N

Local commercial	150 000 €
Agencement	120 000 €
Stock initial	100 000 €
Trésorerie initiale	30 000 €

Estimation des fonds nécessaires

Fonds personnels	150 000 €
Fonds à emprunter	150 000 €
Financement du stock par un crédit fournisseur	100 000 €

Annexe 2 Données de fin d'exercice N (prévisionnel)

Stock final	45 000 €
Dettes aux fournisseurs	28 000 €
Trésorerie	35 000 €

Travail à faire

1 Évaluer les ressources nécessaires au démarrage de l'activité

Vous êtes conscient(e) que votre projet vous engagera sur plusieurs années.
Vous cherchez à dresser les ressources dont vous disposez actuellement et établissez la liste des besoins indispensables à la constitution de votre unité commerciale.

a. Dans un tableau à quatre colonnes, dressez la liste des besoins matériels pour démarrer l'activité et leur évaluation (colonnes de gauche).

b. Dans les deux colonnes de droite du tableau, reportez les ressources nécessaires pour les financer.

2 Établir un bilan simplifié

a. Établissez le bilan d'ouverture simplifié de votre projet.

Conscient(e) des difficultés rencontrées par une unité commerciale lors des premières années d'exercice, vous vous projetez la première année.

b. Établissez le bilan simplifié en fin d'exercice N en incluant le résultat prévisionnel.

c. Comparez les deux bilans et justifiez la variation du total du bilan.

Annexe 1
- **Relevé des besoins et ressources nécessaires à la construction du dossier de création du point de vente**

Annexe 2
- **Données de fin d'exercice N (prévisionnel)**

Fiche ressource 1
- **Le bilan de l'unité commerciale**

3 Établir un bilan fonctionnel

Vous vous interrogez sur le montage financier de votre affaire et vous vous demandez si l'emprunt que vous avez contracté est suffisant pour assurer l'équilibre financier de l'unité commerciale. Vous souhaitez distinguer les fonds disponibles pour plusieurs exercices de ceux nécessaires à l'exploitation.

a. Rassemblez les éléments stables et circulants du bilan simplifié dans un nouveau tableau.

b. Dressez le bilan fonctionnel de l'unité commerciale.

Fiche ressource 2
- **L'analyse fonctionnelle du bilan**

4 Analyser le bilan fonctionnel

Vous souhaitez étudier le bilan fonctionnel dont vous disposez pour déterminer les équilibres financiers fondamentaux de votre unité commerciale.

a. Calculez le fonds de roulement net global et le besoin en fonds de roulement net global.

b. Retrouvez le montant de la trésorerie.

Fiche ressource 2
- **L'analyse fonctionnelle du bilan**

5 Analyser le bilan par les ratios

a. Calculez les principaux ratios de bilan.

b. Pensez-vous que le montage financier du projet est satisfaisant pour assurer un bon départ de votre unité commerciale ?

Fiche ressource 3
- **L'analyse du bilan par les ratios**

Fiche ressource 1

Le bilan de l'unité commerciale

I Comprendre le bilan

Le bilan est un document comptable normalisé qui établit l'état des biens (ce que possède l'UC) et des dettes (ce que doit l'UC), c'est-à-dire l'état du patrimoine de l'unité commerciale.

Ce que possède l'unité commerciale	Ce que doit l'unité commerciale
– Les investissements immobiliers – Les stocks – Les créances qu'on lui doit : clients, État – La trésorerie	– Au(x) propriétaire(s) : capital et résultat net – À sa banque : emprunt – À ses différents débiteurs : fournisseurs, État…

Le bilan doit être réalisé au moins une fois par an, en général à la fin de l'exercice comptable. Il doit être transmis aux services fiscaux avec le compte de résultat.
Le bilan doit toujours être équilibré : le total de l'actif est égal au total du passif. La différence entre le total de l'actif et le total du passif est le résultat net (bénéfice ou perte).

II Le bilan comptable simplifié

Le bilan simplifié ne reprend que les comptes les plus fréquents.
La colonne de gauche, l'actif, dresse l'état des biens de l'entreprise ; celle de droite, le passif, explique l'ensemble de ses dettes.

1. L'actif (les emplois)

L'actif représente l'ensemble des biens possédés par l'unité commerciale. Les postes qui le composent sont regroupés en deux grandes catégories : l'actif immobilisé et l'actif circulant.

L'actif immobilisé	**Les immobilisations incorporelles**	Immobilisations sans existence matérielle (brevets, fonds commercial)
	Les immobilisations corporelles	Immobilisations ayant une existence matérielle (constructions, agencements et installations, matériel de transport et de bureau, matériel et outillage…)
	Les immobilisations financières	Prêts accordés et participations (représentant entre 10 et 50 % du capital d'une autre entreprise)
L'actif circulant	**Les stocks**	Ils correspondent au stock final.
	Les créances	Créances des clients et autres créanciers
	Les valeurs mobilières de placement (VMP)	Obligations et actions (représentant moins de 10 % du capital d'une autre entreprise)
	Les disponibilités	Sommes immédiatement disponibles en banque ou en caisse

Cette classification de l'actif est fonction de sa liquidité, c'est-à-dire de sa capacité à être transformé en argent liquide immédiatement disponible.
L'actif est présenté en trois colonnes pour indiquer la valeur réelle (nette) des biens :

Valeur brute	Montant des amortissements[1] et provisions[2]	Valeur nette
Valeur initiale de l'actif	Dépréciation subie par l'élément actif entre la date d'achat et celle du bilan	Valeur brute initiale – Amortissements et provisions (différence entre les 2 colonnes précédentes)

1. Les amortissements reprennent les dotations aux amortissements inscrites au compte de résultat (charges d'exploitation) depuis la date d'acquisition de l'immobilisation.
2. Les provisions sont des dépréciations qui peuvent affecter la valeur initiale de certains éléments tels les stocks (dépréciation technologique ou obsolescence) et la valeur des créances clients (créances irrécouvrables).

2. Le passif (les ressources)

Le passif représente l'ensemble des moyens financiers dont dispose l'unité commerciale pour se financer.

Les capitaux propres	**Le capital**	Apports de l'entrepreneur ou des actionnaires
	Le résultat	Bénéfice net du compte de résultat En cas de perte, il vient en diminution des capitaux propres.
Les emprunts	**Les dettes financières**	Ensemble des emprunts effectués auprès des banques, y compris les concours bancaires (découverts et facilités de caisse autorisés par la banque)
Les dettes	**Les autres dettes**	Sommes dues aux fournisseurs, aux organismes sociaux…

III Exemple de bilan simplifié

Exemple : L'unité commerciale Freitas est spécialisée dans la vente de mobilier à destination des professionnels. Elle a réalisé un chiffre d'affaires HT de 9 500 000 € et des achats HT pour 11 023 256 €. Le taux de TVA est de 20 %.
L'unité commerciale a dégagé au compte de résultat un bénéfice de 30 000 €.
Elle présente dans le relevé de son compte bancaire un découvert de 39 000 €.
À la fin de l'exercice comptable N, elle établit le bilan simplifié suivant :

ACTIF	Brut	Amortissements et provisions	Net	PASSIF	Net
Actif immobilisé				**Capitaux propres**	
Immobilisations incorporelles	300 000	200 000	100 000	Capital	3 960 000
Immobilisations corporelles	4 540 000	620 000	3 920 000		
Immobilisations financières	1 256 000	100 000	1 156 000	Résultat	30 000
Total 1	**6 096 000**	**920 000**	**5 176 000**	**Total 1**	**3 990 000**
Actif circulant				**Dettes**	
Stocks	1 510 000	180 000	1 330 000	Dettes financières*	1 340 000
Créances clients	430 000	50 000	380 000	Dettes fournisseurs	1 580 000
Créances diverses	215 000		215 000	Dettes diverses	280 000
Valeurs mobilières de placement	25 000	6 000	19 000		
Disponibilités	70 000		70 000		
Total 2	**2 250 000**	**236 000**	**2 014 000**	**Total 2**	**3 200 000**
TOTAL GÉNÉRAL	**8 346 000**	**1 156 000**	**7 190 000**	**TOTAL GÉNÉRAL**	**7 190 000**

** Dont concours bancaires (découvert) : 39 000 €*

Les concours bancaires (découvert) sont inscrits dans les dettes financières puisque l'organisme bancaire avance ponctuellement ces fonds à l'unité commerciale.
L'actif net (7 190 000 €) est égal à la valeur de l'actif brut (8 346 000 €) moins le montant des amortissements et provisions (1 156 000 €).
Les montants nets de l'actif et du passif sont égaux : c'est le résultat net de l'exercice de 30 000 €, inscrit dans les capitaux propres au passif, qui permet cet équilibre entre l'actif et le passif.

Fiche ressource 2

L'analyse fonctionnelle du bilan

Le bilan fonctionnel permet de dégager une vision plus significative de l'équilibre financier autour de trois grandes fonctions de l'unité commerciale :
– la fonction de financement ou d'investissement ;
– la fonction du cycle d'exploitation ;
– la fonction de gestion de trésorerie.
On établit le bilan fonctionnel à partir du bilan comptable.

I Établir le bilan fonctionnel

Établir le bilan fonctionnel revient à regrouper les emplois et les ressources de l'unité commerciale par fonction :
– pour le cycle de financement : l'actif et le passif stables à plus d'un an, sans les concours bancaires ;
– pour le cycle d'exploitation : l'actif et le passif circulants à moins d'un an, sans les disponibilités ;
– pour la gestion de trésorerie : les disponibilités et les concours bancaires.

ACTIF (en valeurs brutes[1])		PASSIF		Fonction
Actif stable	Valeurs des immobilisations : – Immobilisations corporelles – Immobilisations incorporelles – Immobilisations financières	**Passif stable**	– Capitaux propres – Amortissements et provisions – Dettes financières à long terme (sauf concours bancaires)	Investissement/ financement
Actif circulant	– Stocks – Créances clients (y compris les charges constatées d'avance et les valeurs mobilières de placement)	**Passif circulant**	– Dettes fournisseurs – Dettes fiscales et sociales – Autres dettes (y compris les produits constatés d'avance)	Cycle d'exploitation
Trésorerie positive	Disponibilités[2] (soldes positifs en banque et caisse)	**Trésorerie négative**	Concours bancaires	Gestion de trésorerie

1. Dans le bilan fonctionnel, l'actif et le passif sont évalués à leur valeur d'origine, donc en valeurs brutes.
2. Incluses dans l'actif circulant du bilan comptable.

Exemple : À partir du bilan comptable simplifié de Freitas (voir fiche ressource 1), on peut établir le bilan fonctionnel suivant :

ACTIF	Montant	PASSIF	Montant
Actif stable[1]	6 096 000	Passif stable[4]	6 447 000
		Capitaux propres[3]	*5 146 000*
		Dettes financières	*1 301 000*
Actif circulant[2]	2 180 000	Passif circulant	1 860 000
Trésorerie positive	70 000	Trésorerie négative	39 000
Total	**8 346 000**	**Total**	**8 346 000**

1. Immobilisations corporelles + Immobilisations incorporelles + Immobilisations financières = 300 000 + 4 540 000 + 1 256 000 = 6 096 000
2. Stocks + Créances clients + Créances diverses + Valeurs mobilières de placement = 1 510 000 + 430 000 + 215 000 + 25 000 = 2 180 000
3. Capital + Résultat + Amortissements et provisions = 3 960 000 + 30 000 + 1 156 000 = 5 146 000*
** Les amortissements et provisions dans la troisième colonne de l'actif sont toujours repris dans les capitaux propres pour équilibrer le passif en valeur nette avec l'actif en valeur brute*
4. Capitaux propres + Dettes financières = 5 146 000 + 1 301 000 = 6 447 000

II Analyser le bilan fonctionnel de l'unité commerciale

L'analyse fonctionnelle permet de déterminer certains indicateurs fondamentaux pour établir si l'unité commerciale dispose de moyens financiers à long terme ou stables, capables d'assurer le financement du cycle d'exploitation et d'affronter d'éventuelles difficultés de trésorerie.

1. Le fonds de roulement net global (FRNG)

Le FRNG met en relation les investissements (emplois stables) et leur financement (ressources stables). Il détermine si l'unité commerciale dispose d'un excédent de ressources stables, à long terme.

FRNG = Passif stable – Actif stable

2. Le besoin en fonds de roulement net global (BFRNG)

L'entreprise accorde des délais de paiement à ses clients, et réciproquement. Il existe donc un décalage entre l'encaissement des créances clients et le paiement des dettes fournisseurs. Ce décalage entraîne un BFRNG.

BFRNG = Actif circulant – Passif circulant

3. La trésorerie nette (TN)

La différence entre le FRNG et le BFRNG détermine le niveau de la TN.

TN = FRGN – BFRGN

La trésorerie nette est aussi la différence entre la trésorerie positive (les disponibilités) et la trésorerie négative (les concours bancaires ou découverts).

TN = Disponibilités – Concours bancaires

Exemple (suite) : FRNG = Passif stable – Actif stable = 6 447 000 – 6 096 000 = 351 000 €
BFRNG = Actif circulant – Passif circulant = 2 180 000 – 1 860 000 = 320 000 €
TN = FRNG – BFRNG = 351 000 – 320 000 = 31 000 €
= Trésorerie positive – Trésorerie négative = 70 000 – 39 000 = 31 000 €

Bilan fonctionnel

Actif		Passif	
BFRNG	320 000	FRNG	351 000
Trésorerie positive	70 000	Trésorerie négative	39 000
Total	**390 000**	**Total**	**390 000**

L'unité commerciale dispose d'un fonds de roulement net global positif. Le besoin en fonds de roulement net d'exploitation n'est pas totalement financé par le fonds de roulement, ni le besoin en fonds de roulement net global. La trésorerie est positive mais l'unité commerciale présente un découvert de 39 000 €, heureusement compensé par les disponibilités.

Fiche ressource 3

L'analyse du bilan par les ratios

L'analyse des bilans comptable et fonctionnel s'accompagne également de ratios significatifs pour présenter leur évolution sur plusieurs années.

I Les ratios d'indépendance financière

Les ratios d'indépendance financière permettent d'évaluer le degré d'indépendance de l'entreprise vis-à-vis des prêteurs.

Ratio de fonds de roulement	$\frac{\text{Passif stable}}{\text{Actif stable}}$	Il indique la capacité à financer ses actifs immobilisés par ses ressources stables. Il doit être supérieur à 1.
Ratio d'autonomie financière	$\frac{\text{Capitaux propres}}{\text{Dettes financières}}$	Il indique la part des ressources propres dans le financement stable. Il doit être supérieur à 1 car les ressources internes (capitaux propres) doivent être supérieures aux capitaux empruntés. Inférieur à 1, l'entreprise serait très dépendante de ses prêteurs.
Ratio de trésorerie	$\frac{\text{Actif circulant}}{\text{Passif circulant}}$	Il indique si l'entreprise a la capacité à honorer ses échéances grâce à la totalité de son actif circulant.

II Le ratio de rentabilité financière

Le ratio de rentabilité financière mesure la capacité de l'unité commerciale à rentabiliser les fonds apportés par les associés : plus il est élevé, plus l'UC est financièrement rentable.

Ratio de rentabilité des capitaux investis	$\frac{\text{Résultat net}}{\text{Capitaux propres}}$	Il permet de connaître combien le capital investi rapporte aux investisseurs.

III Les ratios de rotation

Les ratios de rotation évaluent les délais moyens de règlements des clients et des fournisseurs. Ils sont généralement exprimés en jours.

Délai de rotation (ou couverture) des clients	$\frac{\text{Créances clients} \times 360}{\text{Ventes TTC}}$	Il exprime le délai de règlement des clients. Il doit être le moins élevé possible. L'argent rentre plus vite quand les clients règlent les ventes rapidement.
Délai de rotation des fournisseurs	$\frac{\text{Dettes fournisseurs} \times 360}{\text{Achats TTC}}$	Il exprime le délai de paiement des fournisseurs. Il doit être le plus élevé possible. Il est préférable de régler les fournisseurs après avoir vendu la marchandise, voire après avoir encaissé la vente.

Exemple : À partir du l'unité commerciale Freitas, on peut déduire les ratios suivants :

Ratio de fonds de roulement	$\frac{\text{Passif stable}}{\text{Actif stable}}$	$\frac{6\,447\,000}{6\,096\,000} = 1{,}06$
Ratio d'autonomie financière	$\frac{\text{Capitaux propres}}{\text{Dettes financières}}$	$\frac{5\,146\,000}{1\,301\,000} = 3{,}95$
Ratio de trésorerie	$\frac{\text{Actif circulant}}{\text{Passif circulant}}$	$\frac{2\,180\,000}{1\,960\,000} = 1{,}17$
Ratio de rentabilité financière	$\frac{\text{Résultat net}}{\text{Capitaux propres}}$	$\frac{30\,000}{5\,146\,000} = 0{,}005$
Délai de rotation (ou couverture) des clients	$\frac{\text{Créances clients} \times 360}{\text{Ventes TTC}}$	$\frac{380\,000 \times 360}{9\,500\,000 \times 1{,}20} = 12$ jours
Délai de rotation des fournisseurs	$\frac{\text{Dettes fournisseurs} \times 360}{\text{Achats TTC}}$	$\frac{1\,580\,000 \times 360}{11\,023\,256 \times 1{,}20} = 43$ jours

L'unité commerciale Freitas présente une structure financière équilibrée :
- le fonds de roulement net global finance le besoin en fonds de roulement net global pour dégager une trésorerie positive (31 000 €) et un ratio de fonds de roulement de 1,06 ;
- les capitaux propres financent presque 4 fois (3,95) les dettes financières ; l'unité commerciale a donc une large capacité d'endettement ;
- la rentabilité financière demeure faible ; le résultat net (30 000 €) ne rapporte que 0,5 % aux propriétaires du capital ;
- les clients règlent à 12 jours et les fournisseurs sont payés à 43 jours, ce qui favorise un BFRNG positif (320 000 €) ;
- on peut cependant se préoccuper du stock très important mais financés intégralement par les dettes d'exploitation (fournisseurs).

Applications

1 Établir un bilan d'ouverture

Le 2 janvier N, M. Cantal crée un fonds de commerce de détail en droguerie en acquérant
- un magasin aménagé : 72 300 € dont 45 700 € représentent la valeur du local ;
- divers matériels de bureau : 1 289 € ;
- un mobilier de bureau : 981 € ;
- un stock de marchandises de 25 300€ dont 40 % sont payables fin mars.

Il dépose 15 000 € au compte bancaire qu'il a ouvert au nom de son magasin et met 250 € d'espèces en caisse.
Toutes ces opérations sont financées par un apport personnel et un emprunt de 25 000 € auprès d'un établissement financier.

1 **Déterminez le montant de l'apport personnel de M. Cantal.**

2 **Établissez le bilan d'ouverture du magasin le 2 janvier N.**

2 Comprendre le bilan

Le 5 mars N, M. Noël ouvre un commerce de jouets à l'enseigne « Au paradis des jouets ».
Il apporte à son exploitation :

– un local dont il est propriétaire :	30 000 € ;
– un mobilier qu'il a acheté :	6 000 € ;
– une caisse enregistreuse :	250 € ;
– un ordinateur :	800 €.

Il fait procéder à divers aménagements d'un montant de 1 200 €.
Il fait ouvrir un compte à la BNC sur lequel il dépose 6 000 €.
Il dépose 250 € dans la caisse du magasin.
Ces différents éléments représentent l'apport personnel de M. Noël.

1 **Calculez l'apport de M. Noël.**

2 **Établissez le bilan d'ouverture de l'unité commerciale « Au paradis des jouets ».**

Le 8 mars, M. Noël reçoit de son fournisseur Mauriac un lot de marchandises d'une valeur de 3 000 €. Il règle immédiatement 1 500 € par remise d'un chèque bancaire tiré sur la BNC et réglera le reste dans 45 jours.

3 **Présentez le nouveau bilan de l'unité commerciale.**

4 **Les ressources dont dispose M. Noël ont-elles changé ? Pourquoi ?**

Le 10 mars, les ventes de la journée réglées en espèces s'élèvent à 500 € TTC (les marchandises vendues avaient été achetées 360 € HT).

5 **Présentez le nouveau bilan de l'unité commerciale.**

6 **D'où provient l'augmentation des ressources ?**

3 Établir un bilan fonctionnel simplifié

À partir des données communiquées par l'unité commerciale « Salers », établissez le bilan fonctionnel de l'unité commerciale.

Document Données sur l'UC « Salers »

Emprunt CIC sur 12 ans	250 000 €
Créances clients	70 000 €
Stocks	250 000 €
Capitaux propres	310 000 €
Disponibilités	20 000 €
Immobilisations nettes	410 000 €
Concours bancaires	40 000 €
Dettes fournisseurs	150 000 €

4 Analyse fonctionnelle du bilan

Conseiller financier au Crédit Agricole du Nord de France, vous êtes consulté par Monsieur Gorce, PDG de l'unité commerciale « Texti » pour étudier la rentabilité financière de sa société. Il vous communique les deux derniers bilans comptables de son entreprise (document).

1. **Établissez les bilans fonctionnels des deux exercices.**
2. **Calculez ensuite pour les deux années :**
   – le fonds de roulement net global ;
   – le besoin en fonds de roulement global ;
   – la trésorerie.
3. **Calculez les ratios que vous jugerez pertinents.**
4. **Concluez sur l'équilibre financier de la société.**

Document Bilans des deux dernières années (en milliers d'euros)

Actif							Passif		
	N-1			N				N-1	N
	Brut	Amortissement et provisions	Net	Brut	Amortissement et provisions	Net		Net	Net
Immobilisations corporelles	1 300	480	820	1 300	620	680	Capital	520	540
Stocks	216	24	192	256	30	226	Résultat	60	90
Créances clients	682	38	644	788	42	746	Dettes financières	400	337
Disponibilités	24		24				Dettes fournisseurs	658	630
							Dettes financières stables (DFS)	42	53
							Concours bancaires		2
Total	2 222	542	1 680	2 344	692	1 652	Total	1 680	1 652

5 Établir un diagnostic financier

M. Cothurne habite une petite ville de 15 000 habitants dans une zone très urbanisée de l'est de la Moselle. Il est actuellement demandeur d'emploi mais envisage de devenir son propre patron. Une offre se présente à lui : reprendre un commerce de chaussures de sa ville à un couple de commerçants âgés. M. Cothurne a des atouts pour réussir :
- une expérience professionnelle antérieure : vendeur-représentant d'un grand fabricant français de chaussures ;
- un savoir-faire technique ;
- une formation initiale de cordonnier.

Il a cependant besoin d'aide pour savoir si son projet est viable financièrement.

1. **Calculez le montant du prêt nécessaire pour équilibrer les ressources par rapport aux besoins.**
2. **Établissez le bilan de départ.**
3. **Calculez le fonds de roulement net global, le besoin en fonds de roulement et la trésorerie nette.**
4. **Calculez ensuite le ratio d'autonomie financière et la ratio d'autofinancement des immobilisations.**
5. **À partir des résultats obtenus, concluez sur la situation financière de M. Cothurne.**

Document **Ressources et besoins de M. Cothurne**

Ressources de M. Cothurne :
- son apport personnel de 30 500 € ;
- un prêt bancaire à déterminer ;
- un crédit de ses fournisseurs pour 7 625 €.

Principaux besoins de M. Cothurne :
- le rachat du fonds de commerce : 17 730 € ;
- du matériel et de l'équipement : 30 500 € ;
- le stock de départ payable comptant : 12 200 € ;
- un fonds de caisse : 762 €.

6 Analyser le bilan fonctionnel

La société Buroland est une entreprise familiale spécialisée dans la commercialisation de fournitures de bureau. Son offre est constituée de 4 univers :
- le high tech (MP3, tablettes, clés USB, photo et vidéo numérique) ;
- l'informatique (PC, portables, écrans, scanners, imprimantes) ;
- le bureau (mobilier, photocopieurs...);
- la papeterie (consommables...).

Monsieur Jenlin, gérant de l'entreprise, a le projet d'investir et d'agrandir la surface de vente en achetant un local vacant depuis peu qui jouxte son unité commerciale.

Souhaitant financer cet investissement par un emprunt, il veut estimer la situation financière de son affaire avant de rencontrer son conseiller bancaire pour lui présenter son projet.

1. **Dressez le bilan fonctionnel à partir du bilan comptable 20N.**
2. **Calculez le fonds de roulement et le besoin en fonds de roulement.**
3. **Déduisez-en la trésorerie nette.**
4. **Calculez les ratios d'indépendance financière.**
5. **La situation financière de Buroland est-elle satisfaisante ?**

L'investissement se décompose en un local de 100 000 € et en son aménagement (travaux et décoration) pour 50 000 €.
Monsieur Jenlin financera la totalité de son projet par l'emprunt.

---

6. **Dressez le nouveau bilan fonctionnel après la réalisation de l'investissement.**
7. **Calculez le fonds de roulement et le ratio d'autonomie financière.**
8. **Quelle est l'influence de l'emprunt sur l'équilibre financier de Buroland ?**

Document **Bilan comptable simplifié de Buroland 20N**

ACTIF	Brut	Amortissements et provisions	Net	PASSIF	Net
Actif immobilisé				**Capitaux propres**	
Immobilisations incorporelles	32 000	10 000	22 000	Capital	63 000
Immobilisations corporelles	100 500	29 000	71 500	Résultat	3 000
Total 1	**132 500**	**39 000**	**93 500**	**Total 1**	**66 000**
Actif circulant				**Dettes**	
Stocks	20 000	8 000	12 000	Dettes financières (1)	27 500
Créances clients	17 000	1 000	16 000	Dettes d'exploitation	21 000
Créances diverses	7 500		7 500	Dettes diverses	17 000
Disponibilités	2 500		2 500		
Total 2	**47 000**	**9 000**	**38 000**	**Total 2**	**65 500**
TOTAL GÉNÉRAL	**179 500**	**48 000**	**131 500**	**TOTAL GÉNÉRAL**	**131 500**

(1) Dont concours bancaires 4 500 €.

Chapitre 14

Choisir et financer les investissements

C. 221 Évaluer les performances
C. 222 Établir des prévisions

Situation

Dénomination : Happy Burger
Activité : restauration rapide
Localisation : Revel (31)
Effectif : 45 personnes
Chiffre d'affaires HT : 1 175 000 €

La franchise Happy Burger

Un restaurant du réseau Happy Burger est exploité par un affilié ou par la société elle-même.

L'unité commerciale franchisée Happy Burger

Le restaurant de Revel est situé en périphérie du centre-ville. Il dispose de 150 places à l'intérieur et d'une terrasse de 60 places. Il emploie 25 équipiers qui travaillent tous à temps partiel.

À la création, le chiffre d'affaires HT escompté était de 960 000 €, avec une capacité d'accueil de 600 clients par jour. Très rapidement, les prévisions sont dépassées. Aujourd'hui, le chiffre d'affaires HT est de 1 175 000 € pour 800 clients par jour. Le restaurant manque de capacité d'accueil et la qualité globale du service au client tend à se dégrader.

Hélène et Philippe Bonaventura, qui exploitent le restaurant, envisagent de réaliser des travaux sur une parcelle de terrain située à l'arrière du restaurant pour :
– agrandir le restaurant ;
– créer un espace de jeux couvert et climatisé.
L'ensemble du projet serait réalisé en partenariat avec le franchiseur.

Vous êtes assistant(e) manageur au sein du restaurant Happy Burger de Revel. Hélène et Philippe Bonaventura vous associent à la réflexion sur le projet d'extension de l'unité commerciale.

Annexe 1 Le coût des travaux d'extension

1. Honoraires fixes

Cette dépense de 73 500 € HT (quelle que soit la nature des travaux) est nécessaire car elle concerne les études préalables à l'extension.
Elle sera réglée à 50 % par le franchisé et à 50 % par le franchiseur.

2. Devis des travaux

Le coût des travaux se divise en deux parties :
- la première, imputable au franchiseur, concerne le gros œuvre. En effet, c'est le franchiseur qui est propriétaire du terrain et des murs du restaurant ;
- la seconde, imputable au franchisé, concerne les frais de décoration, d'ameublement, d'aménagement des espaces verts et de l'espace de jeux.

- Agrandissement du restaurant
  - Gros œuvre 58 000 € HT
  - Décoration 33 000 € HT
- Création d'un espace de jeux couvert et climatisé
  - Gros œuvre 204 500 € HT
  - Décoration 33 000 € HT
  - Espace de jeux 57 000 € HT

3. Travaux fixes

Des travaux de modification, d'aménagement et de décoration de la terrasse sont à effectuer parallèlement.
- Travaux de terrassement (gros œuvre) 15 000 € HT
- Mobilier et décoration de la terrasse 53 250 € HT

Annexe 2 Les capacités d'autofinancement prévisionnelles

La première année, le chiffre d'affaires prévisionnel est estimé à 1 433 697 €.

Les dépenses hors dotations aux amortissements s'élèvent à 1 379 097 €. Les dotations aux amortissements pour compenser l'usure de l'investissement sont estimées à 39 600 €.

Deux scénarios sont établis sur les incidences financières du projet :

Hypothèse basse
Chaque année, le chiffre d'affaires prévisionnel augmentera de 1 % et les dépenses hors dotations aux amortissements augmenteront de 0,5 %.

Hypothèse haute
Chaque année, le CA augmentera de 2 % et les dépenses hors dotations aux amortissements de 1 % (l'unité commerciale devra embaucher de nouveaux équipiers).

Annexe 3 Le financement des travaux

Conditions proposées par la banque des époux Bonaventura

• *Proposition 1*
– Montant emprunté : totalité du coût des travaux supporté par le franchisé
– Durée de l'emprunt : 6 ans
– Taux d'intérêt annuel : 3 %
– Modalité de remboursement : mensualités calculées sur la base du taux mensuel proportionnel

• *Proposition 2*
– Montant emprunté : totalité du coût des travaux supporté par le franchisé
– Durée de l'emprunt : 5 ans
– Taux d'intérêt annuel : 4 %
– Modalité de remboursement : trimestrialités calculées sur la base du taux trimestriel proportionnel

Contraintes de gestion imposées par le franchiseur

Le rapport entre le total des remboursements annuels et le chiffre d'affaires supplémentaire doit être inférieur ou égal à 17,5 %.

Travail à faire

1 Comprendre le projet d'investissement

a. **Quels éléments peuvent inciter Hélène et Philippe Bonaventura à agrandir leur unité commerciale ?**

b. **Quels paramètres les époux doivent-ils prendre en compte pour concrétiser leur projet ?**

Hélène et Philippe Bonaventura ont contacté le siège français du réseau qui leur a communiqué le détail chiffré des travaux d'extension dans le cadre de la politique commerciale de l'enseigne.

c. **Calculez le montant total des travaux et évaluez le coût du projet pour les Bonaventura.**

d. **Pourquoi cet investissement représente-t-il un risque ?**

Annexe 1 • Le coût des travaux d'extension

Fiche ressource 1 • Les notions de base de l'investissement

2 Évaluer la capacité d'autofinancement du projet

Hélène et Philippe Bonaventura souhaitent rentabiliser leur investissement en 5 ans maximum à un taux d'actualisation de 6 %.

a. **Pourquoi le projet d'investissement doit-il générer une CAF positive ?**

b. **Dans un tableau, calculez les capacités d'autofinancement annuelles du projet pour chacune des deux hypothèses. (Il ne sera pas tenu compte de l'impôt sur les sociétés.)**

Annexe 2 • Les capacités d'autofinancement prévisionnelles

Fiche ressource 1 • Les notions de base de l'investissement

• • •

•••

c. **Pourquoi les prévisions précédentes doivent-elles être actualisées ?**

d. **Calculez les CAF annuelles actualisées.**

e. **Selon quelle hypothèse l'investissement est-il le plus rentable ?**

3 Évaluer la rentabilité du projet d'investissement

a. **Calculez la valeur actualisée nette du projet dans chacune des deux hypothèses.**

b. **Qu'indiquent ces VAN sur la rentabilité du projet ?**

c. **Complétez les tableaux de calcul des CAF pour trouver le DRCI.**

d. **Quelle hypothèse offrirait le délai de récupération du capital investi le plus court ?**

e. **Calculez l'indice de profitabilité dans chacune des hypothèses.**

f. **Combien rapportera chaque euro investi ?**

g. **Comparez l'indice de profitabilité et le taux d'actualisation. L'investissement atteint-il la rentabilité voulue ? Justifiez votre réponse.**

Annexe 2
• Les capacités d'autofinancement prévisionnelles

Fiche ressource 2
• Les outils d'aide à la décision d'investir

4 Évaluer le financement du projet d'investissement

Hélène et Philippe Bonaventura envisagent de financer la totalité des travaux par un emprunt. Ils contactent leur banque, qui leur transmet les conditions de base proposées aux entreprises.

a. **Calculez le montant du remboursement de l'emprunt et le coût du crédit dans chacune des deux propositions de la banque.**

b. **Quelle est la proposition la plus coûteuse ?**

c. **Compte tenu des contraintes de gestion imposées par le franchiseur, les Bonaventura pourront-ils réaliser leur projet en recourant au financement externe ? Justifiez votre réponse.**

Annexe 3
• Le financement des travaux

Fiche ressource 3
• Le financement externe de l'investissement

Fiche ressource
1

Les notions de base de l'investissement

I Les enjeux de l'investissement pour l'unité commerciale

L'investissement est l'emploi d'un capital dans une opération dont on attend un profit dans l'avenir, sur plusieurs années. Il concerne l'ensemble des biens qui apportent une valeur supérieure à l'unité commerciale sur plusieurs exercices. Ces biens peuvent être matériels (local, véhicules, ordinateurs…), immatériels (publicité, création de marque…) ou financiers (prêt, achat d'actions ou de parts d'une autre société).

L'investissement est indispensable pour pérenniser et développer une unité commerciale. Il peut répondre à plusieurs objectifs :

– renouveler les équipements (ex. : remplacement de caisses vieillissantes) ;
– augmenter la capacité de vente (ex. : achat de nouvelles caisses) ;
– moderniser l'unité commerciale et améliorer sa productivité (ex. : caisses automatiques).

L'investissement accroît le patrimoine de l'unité commerciale et est inscrit à l'actif immobilisé de son bilan.

Dès qu'il est supérieur à 500 €, et à l'exception des terrains, il fait l'objet d'un amortissement. Son coût est étalé sur sa durée probable d'utilisation, au cours de laquelle le compte de résultat enregistre chaque année une charge (la dotation aux amortissements), représentant la dépréciation annuelle du bien. Le montant de cette dotation n'est pas décaissé mais il diminue le résultat soumis à l'impôt sur les sociétés.

Si l'investissement est indispensable, il présente toutefois des risques. Aussi, le manageur doit-il estimer la rentabilité de l'investissement et envisager les gains qui en seront dégagés.

II La capacité d'autofinancement du projet

La décision d'investir est un choix présent pour un engagement futur. La difficulté réside dans le fait que les estimations d'origine peuvent subir des modifications dans le temps.

Tout projet d'investissement est caractérisé par quatre paramètres.

Le montant du capital investi (I)	C'est la dépense initiale que doit supporter l'UC pour réaliser le projet : le coût d'acquisition HT et les frais annexes (transport, installation, formation…). L'UC peut financer ce montant sur ses fonds propres ou par financement externe.
La durée de vie du projet (n)	C'est le temps pendant lequel l'investissement entraîne des conséquences financières. Plus cette durée est longue, plus le risque est important pour l'UC.
Le taux d'actualisation (i)	Il correspond au rendement attendu de l'investissement. Il est choisi en fonction du taux d'intérêt sur le marché des capitaux, du risque encouru et de l'inflation.
La capacité d'autofinancement (CAF)	C'est la différence entre les recettes et les dépenses supplémentaires liées à l'investissement. On évalue ici la CAF de l'investissement et non de l'UC (Résultat net – Dotation aux amortissements).

1. Le calcul de la capacité d'autofinancement

Pour l'unité commerciale, la décision d'investir va générer des recettes et des dépenses supplémentaires sur plusieurs années, des économies d'impôts (par les dotations aux amortissements qui diminuent le résultat imposable) et des profits (résultat net).

Pour que le projet soit rentable, il faut que, sur la durée globale de l'investissement, les recettes soient supérieures aux dépenses. Il faut donc les prévoir et calculer la différence, c'est-à-dire les capacités d'autofinancement, ou soldes nets de trésorerie.

Pour faciliter les prévisions de CAF, on construit chaque année un tableau :

Prévisions de chiffre d'affaires – Dépenses envisagées (y compris dotations aux amortissements)
= Résultat avant impôt – Impôt sur les sociétés (IS)
= Résultat net après IS + Dotations aux amortissements (non décaissées)
= Capacité d'autofinancement

Entre deux projets, les décideurs choisiront en général celui qui présente les CAF les plus élevées.

2. L'actualisation de la capacité d'autofinancement

Tout euro investi a un coût d'opportunité car il aurait pu être placé et rapporter un taux d'intérêt. Or, un investisseur cherche à gagner avec l'investissement autant que s'il avait placé ses fonds, voire davantage.

Pour cette raison, on corrige les prévisions de gains futurs en leur appliquant un taux qui traduit les exigences de retour sur investissement et la dépréciation de la monnaie dans le temps. Ce calcul financier s'appelle l'actualisation (c'est l'inverse de la capitalisation).

> Exemple de capitalisation : Si l'on place 100 € avec un taux d'intérêt de 3 %, on aura dans un an : 100 + (100 × 0,03) = 100 × (1 + 0,03) = 100 × 1,03 = 103 €

> Exemple d'actualisation : Si l'on veut obtenir 103 € dans un an et que l'on attend de cet investissement un rendement de 4 % (taux d'actualisation supérieur au taux d'intérêt), alors il faut investir aujourd'hui : $\frac{103}{(1 + 0{,}04)} = \frac{103}{(1{,}04)} = 99{,}04$ €
>
> Autrement dit, 103 € dans un an ont une valeur actuelle de 99,04 €.

Pour comparer des sommes dans le temps et des projets entre eux, il faut donc donner une valeur actuelle aux gains futurs à chacune des *n* années du projet, c'est-à-dire à la CAF annuelle. La formule de calcul de la CAF annuelle actualisée est :

$$\text{CAF de l'année } n \text{ actualisée} = \frac{CAF_n}{(1 + i)^n} = CAF_n \times (1 + i)^{-n}$$

Pour qu'un projet soit rentable, la capacité d'autofinancement actualisée doit être positive.

> Exemple : Une unité commerciale prévoit un investissement de 3 800 € HT et espère rentabiliser ce projet sur 4 ans. Les données prévisionnelles pour ces quatre années sont les suivantes (en milliers d'euros) :
> - Recettes supplémentaires HT : 3 000 (N), 2 500 (N+1), 2 000 (N+2), 2 500 (N+3)
> - Dépenses supplémentaires HT : 1 200 (N), 1 000 (N+1), 800 (N+2), 600 (N+3)
> - Dotations aux amortissements supplémentaires : 950
> - Impôts sur les sociétés (IS) : 33,33 %
> - Taux d'actualisation retenu : 10 %

Tableau des prévisions

Années	N	N+1	N+2	N+3
Chiffre d'affaires	3 000	2 500	2 000	2 500
– Dépenses	1 200	1 000	800	600
– Dotations aux amortissements	950	950	950	950
= Résultat imposable (pour le calcul de l'impôt)	850	550	250	950
– Impôt sur les sociétés (IS)	283	183	83	317
= Résultat après IS	567	367	167	633
+ Dotations aux amortissements	950	950	950	950
= Capacité d'autofinancement	**1 517**	**1 317**	**1 117**	**1 583**
Capacité d'autofinancement actualisée	1 379(1)	1 088	839	1 081

(1) $CAF \times (1 + i)^{-n} = 1\,517 \times (1 + 0{,}10)^{-1} = 1\,517 \times (1{,}10)^{-1} = 1\,379$

Chaque année, l'investissement dégage une CAF actualisée positive. Il est donc rentable.

Fiche ressource 2

Les outils d'aide à la décision d'investir

Au-delà de l'actualisation de la capacité d'autofinancement, tout investisseur cherche à évaluer plus précisément la rentabilité de son projet avant de prendre une décision qui engage des ressources et aura des conséquences sur le long terme. Il peut s'appuyer pour cela sur la valeur actuelle nette (VAN) du projet, sur l'indice de profitabilité (IP) du projet et sur le délai de récupération du capital investi (DRCI).

I La valeur actuelle nette (VAN)

La valeur actuelle nette du projet d'investissement est la différence entre le cumul des capacités d'autofinancement annuelles actualisées et le montant du capital investi (I).
Le cumul des capacités d'autofinancement actualisées sur la durée de vie du projet *n* est la somme des CAF actualisées de l'année 1 à l'année *n*.

$$\begin{aligned} VAN &= \frac{CAF_1}{(1+i)} + \frac{CAF_2}{(1+i)^2} + \frac{CAF_3}{(1+i)^3} + \dots + \frac{CAF_n}{(1+i)^n} - I \\ &= CAF_1 \times (1+i)^{-1} + CAF_2 \times (1+i)^{-2} + CAF_3 \times (1+i)^{-3} + \dots + CAF_n \times (1+i)^{-n} - I \\ &= \Sigma_1^n \ CAF \times (1+i)^{-n} - I \end{aligned}$$

Avec CAF la capacité d'autofinancement, i le taux d'actualisation, n la durée du projet.

La VAN doit être positive. Si elle est nulle, alors le projet rapporte autant qu'il a coûté. Plus elle est élevée, plus le projet est intéressant.
Entre deux investissements de même montant, l'unité commerciale privilégiera celui dont la VAN est la plus élevée.

> Exemple : Une unité commerciale investit 100 000 € dans de nouvelles caisses automatiques. Les capacités d'autofinancement sont respectivement, sur trois ans, de 40 000 €, 65 000 € et 20 000 €. Le taux d'actualisation choisi est de 5 %.
> $VAN = 40\,000 \times (1{,}05)^{-1} + 65\,000 \times (1{,}05)^{-2} + 20\,000 \times (1{,}05)^{-3} - 100\,000$
> $VAN = 38\,095{,}24 + 58\,956{,}92 + 17\,276{,}75 - 100\,000$
> $VAN = 114\,328{,}91 - 100\,000 = 14\,328{,}91$ €
> La VAN est positive car le cumul des CAF actualisées est supérieur au montant de l'investissement du départ. L'opération est rentable.

Quand les capacités d'autofinancement annuelles sont constantes, il est possible d'utiliser une autre formule pour le calcul de la somme cumulée des valeurs actualisées et de la VAN :

$$VAN = [CAF \times \frac{1-(1+i)^{-n}}{i}] - I$$

> Exemple (suite) : L'unité commerciale investit 100 000 € en nouvelles caisses, les capacités d'autofinancement sont cette fois de 40 000 € par an sur 3 ans. Le taux d'actualisation est de 5 %.
> $$VAN = 40\,000 \times \frac{1-(1+0{,}05)^{-3}}{0{,}05} - 100\,000$$
> $VAN = 40\,000 \times 2{,}72 - 100\,000 = 108\,800 - 100\,000 = 8\,800$ €
> Le cumul des capacités d'autofinancement actualisées est de 108 800 € pour un investissement initial de 100 000 €. La VAN est positive et le projet est rentable.

II L'indice de profitabilité (IP)

Pour savoir si un projet est profitable, on ramène la valeur actuelle du projet au montant des capitaux investis. L'indice de profitabilité évalue ainsi le montant obtenu par euro investi :

$$IP = \frac{VAN}{I} = \frac{\sum_1^n CAF\ (1+i)^{-n} - I}{I}$$

L'IP doit être supérieur à 0. Entre deux projets, l'unité commerciale privilégiera celui à l'IP le plus élevé.
On compare ensuite le taux de rendement attendu au taux qu'il rapporte. Le projet est rentable si l'IP multiplié par 100 est supérieur au taux d'actualisation.

> Exemple (suite) :
>
> $$IP = \frac{40\,000 \times (1{,}05)^{-1} + 65\,000 \times (1{,}05)^{-2} + 20\,000 \times (1{,}05)^{-3} - 100\,000}{100\,000} = \frac{14\,328{,}91}{100\,000} = 0{,}1433$$
>
> L'indice de profitabilité est bon car supérieur à 0. Le taux de rapport de l'investissement est de 14,33 %. Avec un taux d'actualisation de 5 %, le projet est rentable car pour 100 € investis, le rendement est de 5 € et le rapport de 14,33 €.

III Le délai de récupération du capital investi (DRCI)

Le DRCI est le temps nécessaire pour que l'unité commerciale récupère le capital investi dans le projet.
Dans le tableau de calcul des capacités d'autofinancement annuelles, on ajoute d'abord une première colonne correspondant à l'année 0, année de versement du capital initial I.
Puis on ajoute une dernière ligne dans laquelle on déduit du capital initial engagé la capacité d'autofinancement actualisée dégagée chaque année.
La valeur obtenue la dernière année est la valeur actuelle nette du projet. La décomposition année par année permet de repérer quand le cumul des CAF actualisées devient positif. L'investissement est alors récupéré et, à partir de là, le projet devient rentable.

Exemple (suite) :
En reprenant le tableau de calcul des capacités d'autofinancement :

Années	N	N+1	N+2	N+3
CAF		40 000	65 000	20 000
CAF actualisée = CAF × $(1{,}05)^{-n}$		38 095,24	58 956,92	17 276,75
Cumul des CAF actualisées	– 100 000,00	– 61 904,76 (1)	– 2 947,85	14 328,91

(1) – 100 000 + 38 095,24 = – 61 904,76

Le cumul bascule dans le positif en N+3. Le projet ne devient rentable qu'au cours de la 3e année. Dans cet investissement sur 3 ans, il faut donc au moins 2 ans à l'unité commerciale pour récupérer ses 100 000 € de départ.

Si l'investisseur hésite entre deux projets, le projet considéré comme le plus rentable est celui dont le DRCI est le plus court.
Lorsque la VAN d'un projet est négative, cela signifie que le délai de récupération n'est pas atteint au cours de la durée envisagée de l'investissement. Le projet pourrait cependant se révéler intéressant sur une durée plus longue, ou avec un taux d'actualisation inférieur.
En général, l'investisseur recherche plutôt une rentabilité rapide et privilégie le projet d'investissement avec le taux d'actualisation le plus élevé et le délai de récupération le plus court.

Fiche ressource 3

Le financement externe de l'investissement

L'unité commerciale qui souhaite investir doit trouver les fonds nécessaires. Lorsqu'elle ne les détient pas en propre, elle doit les emprunter en tout ou en partie, c'est-à-dire faire appel à un financement externe.

Différents modes de financement externes existent :
- l'augmentation de capital (émissions de nouvelles actions en contrepartie de liquidités) ;
- l'emprunt de capitaux auprès d'une ou de plusieurs banques ;
- la location de longue durée (location d'un bien qui sera restitué en fin de contrat) ;
- le crédit-bail (location d'un bien avec possibilité d'achat en fin de contrat).

Le mode de financement le plus courant est l'emprunt bancaire. L'unité commerciale devra ensuite rembourser régulièrement le capital emprunté (amortissement financier) et verser des intérêts. Le coût de l'emprunt pèse alors sur la décision d'investissement.

I Le tableau d'amortissement financier

Pour calculer le remboursement d'un emprunt, différents éléments sont pris en compte :
- **C**, le montant du capital emprunté ;
- **i**, le taux d'intérêt (en pourcentage) du prêteur (la banque) ;
- **n**, le nombre de périodes (échéances) de remboursement sur la durée de l'emprunt (en mois, trimestres, semestres ou années) ;
- **IC**, le montant des intérêts sur le capital à verser à chaque échéance ;
- **A**, le montant de l'amortissement du capital (remboursement du capital emprunté) ;
- **R**, le montant du remboursement à chaque échéance (intérêts + amortissement du capital) ;
- l'assurance du prêt et les frais de dossier facturés par la banque.

Le coût du crédit est égal au montant remboursé total (amortissement du capital + total des intérêts + assurances + frais administratifs) diminué du capital emprunté.

Pour faciliter les calculs et visualiser l'échéancier de l'emprunteur jusqu'à remboursement complet du capital, on utilise un tableau d'amortissement financier. C'est en général la banque qui l'établit.

Tableau d'amortissement financier

Période	Capital restant dû	Intérêts	Amortissement	Remboursement
1	C_0	$IC_1 = C_0 \times i$	A_1	$R_1 = A_1 + IC_1$
2	$C_1 = C_0 - A_1$	$IC_2 = C_1 \times i$	A_2	$R_2 = A_2 + IC_2$
[...]	[...]	[...]	[...]	[...]
n	$C_n = C_0 - A_1 - \ldots - A_{n-1}$	$IC_n = C_n \times i$	A_n	$R_n = A_n + IC_n$

II L'emprunt par remboursement constant

L'emprunteur peut choisir de rembourser l'emprunt en versant un montant identique (constant) à chaque échéance. C'est la modalité de remboursement la plus courante.

Pour connaître ce montant, on calcule d'abord le montant à payer à chaque période.

La valeur actuelle d'un capital dont le remboursement se fera par montant constant se calcule ainsi : $C = R \times \frac{1 - (1 + i)^{-n}}{i}$

Avec C le montant de l'emprunt, i le taux d'intérêt, n le nombre d'échéances de remboursement.

Le calcul du montant du remboursement constant (R) peut donc se faire grâce à la formule :

$$R = C \times \frac{i}{1 - (1 + i)^{-n}}$$

Attention ! La formule ne doit être appliquée que sur des variables cohérentes dans le temps (par exemple, un taux d'intérêt annuel et une période de remboursement annuelle). Si ce n'est pas le cas, il faut au préalable établir une équivalence des taux et des périodes (voir plus loin).

Une fois le montant du remboursement constant connu, on calcule, pour chaque période :
– les intérêts sur le capital restant dû (IC = montant du capital restant dû E × taux d'intérêt i) ;
– l'amortissement du capital (A = montant du remboursement constant R – intérêts IC).
Au fur et à mesure du remboursement de l'emprunt, les intérêts diminuent et l'amortissement du capital augmente.

Exemple : Une agence commerciale emprunte 100 000 € sur 4 ans, avec des remboursements annuels constants (annuités) au taux annuel de 5 % l'an.

Calcul de l'annuité : $R = 100\,000 \times \frac{0{,}05}{1 - (1 + 0{,}05)^{-4}} = 100\,000 \times 0{,}2820118 = 28\,201{,}18$

Tableau d'amortissement financier

Année	Capital restant dû	Intérêts	Amortissement	Annuité
N	100 000,00	5 000,00(1)	23 201,18(2)	28 201,18
N+1	76 798,82(3)	3 839,94(4)	24 361,24(2)	28 201,18
N+2	52 437,58(3)	2 621,88	25 579,30	28 201,18
N+3	26 858,28	1 342,91	26 858,27	28 201,18
Totaux		**12 804,72**	**100 000,00**	**112 804,72**

(1) 100 000 × 5 % = 5 000
(2) 28 201,18 – 5 000 = 23 201,18 ; 28 201,18 – 3 839,94 = 24 361,24
(3) 100 000 – 23 201,18 = 76 798,82 ; 76 798,82 – 24 361,24 = 52 437,58
(4) 76 798,82 × 5 % = 3 839,94

Le coût de cet emprunt est 12 804,72 €.

III L'équivalence des taux d'intérêt et des périodes

Le taux d'intérêt de base est toujours un taux annuel. Or, le remboursement peut intervenir sur une base mensuelle, trimestrielle ou semestrielle. Dans ce cas, on harmonise les taux et les périodes en calculant les équivalences. On corrige le nombre de remboursements et on ramène le taux annuel à un taux proportionnel.

	Périodicité	Taux proportionnel	Nombre de périodes
Taux annuel i n périodes	Semestre	i / 2	n × 2
	Trimestre	i / 4	n × 4
	Mois	i / 12	n × 12

Exemple (suite) :
Si l'agence commerciale rembourse l'emprunt de 100 000 € sur 4 ans au taux de 5 % par mensualités :
– le taux d'intérêt mensuel est de : 5 % / 12 = 0,4167 % ;
– le nombre de mensualités est de 48 (4 × 12).
La formule du calcul de la mensualité constante est alors :

Remboursement constant $R = 100\,000 \times \frac{0{,}004167}{1 - (1{,}004167)^{-48}} = 2\,302{,}95$ €.

Applications

1 Évaluer la rentabilité d'un investissement

Le groupe Hydromat, spécialisé dans le lavage à haute pression des véhicules automobiles, a développé le réseau Éléphant bleu, qui comprend 470 centres de lavage, dont 402 sont exploités par des franchisés et 68 détenus en propre par le groupe.
M. Lafarge, cadre demandeur d'emploi, a pris de multiples contacts avec Hydromat pour ouvrir une nouvelle station de lavage Éléphant bleu dans le centre-ville d'une ville moyenne.
Adjoint de M. Schuller, chargé du développement de l'enseigne, vous avez pour mission d'assister M. Lafarge dans la phase exploratoire d'évaluation du projet.
Vous disposez du projet d'investissement d'une station (document).

1. **Calculez la valeur actuelle nette de ce projet afin d'en apprécier la rentabilité.**
2. **Présentez à M. Lafarge vos conclusions sur l'opportunité du projet.**

Document **Projet d'investissement d'une station**

- Durée du contrat de franchise : 9 ans
- Coût des travaux de génie civil (terrassement, alimentation en eau…) pris en charge par M. Lafarge : 114 336,76 € (montant prévisionnel total)
- Fonds de roulement nécessaire à son exploitation : 27 440,82 €
- Ces deux postes (travaux et fonds de roulement) seront financés par apport personnel.
- Capacités d'autofinancement par l'activité du centre : 22 867,35 € par an. Flux constants et égaux pendant toute la durée du contrat de franchise.
- Le taux de l'actualisation retenu est de 6 %.

2 Évaluer la rentabilité d'un investissement

Le groupe de distribution Carrefour envisage de réaliser des travaux de rénovation dans un de ses hypermarchés implantés dans un centre commercial. Le coût de l'investissement est évalué à 125 000 € HT.
La durée habituelle de ce type de projet est de 6 ans. La valeur résiduelle est considérée comme nulle puisque l'investissement est globalement immatériel (petits travaux, peinture, décoration…), donc sans revente possible. Le taux d'actualisation est de 4 %. La capacité d'autofinancement annuelle est estimée à 30 000 €.

1. **Calculez le délai de récupération du capital investi.**
2. **Déduisez-en la valeur actuelle nette.**
3. **Justifiez la suite à donner au projet.**

Les six exercices écoulés ont finalement été en-dessous des prévisions et ont donné les résultats indiqués dans le document.

4. **Calculez les capacités d'autofinancement annuelles réelles.**
5. **Calculez à nouveau la valeur actuelle nette et le délai de récupération du capital investi ainsi que l'indice de profitabilité du projet.**
6. **Concluez sur la rentabilité du projet.**

Document **Résultat des six exercices écoulés**

	N	N+1	N+2	N+3	N+4	N+5
Chiffre d'affaires	50 000	55 000	58 000	50 000	51 000	53 000
Charges	20 000	25 000	28 000	30 000	31 000	33 000
Dotations aux amortissements	10 000	10 000	10 000	10 000	10 000	10 000

3 Calculer le remboursement d'un emprunt

laforêt

M. Wera, cadre d'industrie, a ouvert avec sa fille, titulaire du BTS Professions immobilières, une agence immobilière Laforêt à Saint-Jean-de-Braye (45) dans un petit centre commercial d'un nouveau quartier résidentiel.
L'investissement initial de 200 000 € HT a été réalisé par un apport du quart sur fonds propres, le reste par un emprunt à 5,4 % sur 10 ans. Les remboursements constants sont mensuels.

1. **Calculez la mensualité.**
2. **Présentez les trois premières lignes du tableau d'amortissement de l'emprunt.**
3. **Calculez le coût du crédit.**

Un emprunt complémentaire de 40 000 € a été réalisé auprès de la banque pour l'acquisition :
– d'un véhicule de société, M. Wera utilisant au début son véhicule personnel ;
– de logiciels de gestion immobilière, l'unité commerciale ayant décidé d'étendre son activité à la gestion de locations.
Cet emprunt sera remboursé en huit semestrialités constantes au taux annuel de 5 %.

4. **Calculez le montant de la semestrialité.**
5. **Présentez les trois premières lignes du tableau d'amortissement financier de l'emprunt.**
6. **Calculez le coût du crédit.**

M. Wera, seul sur le quartier, doit désormais s'agrandir. Un local commercial jouxtant l'agence immobilière se libère. L'occasion est à saisir.

7. **Déterminez le mode de financement le plus favorable pour réaliser ce projet.**

Document 1 Modalités de financement du projet d'investissement

L'investissement est envisagé pour un montant HT de 188 160 €.

Deux modalités de financement sont retenues : un emprunt ou un contrat de crédit-bail.

- Modalité 1 : emprunt bancaire sur 5 ans, sur 70 % du montant du projet, remboursement en 5 annuités de 41 600 €, le premier versement payable un an après le mise à disposition des fonds.
- Modalité 2 : une société de crédit-bail met à disposition le bien pour une durée de 5 ans ; pendant cette période, l'unité est tenue de verser un loyer à terme échu de 58 000 €.

Au terme du contrat, elle pourra :

– soit mettre fin au contrat en rendant le bien au bailleur ;

– soit racheter le bien en versant le prix de sa valeur résiduelle fixée au contrat pour 8 960 €.

Document 2 Les principes du crédit-bail immobilier

Dans un crédit-bail immobilier, c'est la banque qui achète pour votre compte le bien immobilier nécessaire à votre activité professionnelle et vous le loue pendant la durée du contrat, le plus souvent entre 8 et 15 ans. Avant de prendre sa décision, la banque envoie un expert immobilier afin d'estimer la qualité et la valeur du bien immobilier pour lequel vous demandez un crédit-bail.

Les échéances mensuelles ou trimestrielles sont appelées loyers et sont payables d'avance, autrement dit « à terme à échoir ».

Le financement est possible à 100 %, sans versement de premier loyer majoré.

Le premier loyer peut aussi être majoré et ainsi correspondre à un apport personnel que vous auriez versé dans une opération avec un prêt immobilier professionnel classique. Au début du crédit-bail, vous pouvez aussi verser un dépôt de garantie, qui correspond souvent à la valeur de rachat du bien en fin de contrat de location.

Le fait de déposer un dépôt de garantie ou un premier loyer majoré permet de diminuer les échéances de loyer versées.

Pendant toute la durée de votre contrat de crédit-bail, vous êtes locataire du bien financé. À l'issue du contrat de location, ou en cours de celui-ci selon les cas, vous avez généralement la possibilité d'acheter le bien à un prix déterminé au début de votre contrat. Le prix à payer pour racheter votre contrat, ou capital restant dû, tient compte des loyers déjà versés, c'est la valeur résiduelle.

Si vous exercez votre option d'acquérir le bien immobilier à votre nom, le montant restant dû sera minoré du dépôt de garantie. Si vous renoncez à votre option d'achat, vous récupérez votre dépôt de garantie, vous ne verserez pas de valeur résiduelle, et vous ne serez donc pas propriétaire du bien immobilier.

Les avantages du crédit-bail immobilier

Le principal avantage du crédit-bail immobilier réside dans la déductibilité totale des loyers.

En effet, vous pouvez déduire le montant du loyer de votre compte de résultat, en charges d'exploitation, à la ligne « Locations immobilières », pour le prix du loyer hors taxes.

De plus, la TVA sur le loyer se récupère au moment de sa déclaration au même titre que la TVA déductible.

www.lesclesdelabanque.com

Document 3 Tableau d'équivalence des taux proportionnels

Taux d'intérêt	Taux d'intérêt trimestriel	Taux d'intérêt semestriel	Taux d'intérêt mensuel
5	1,250	2,500	0,417
5,1	1,275	2,550	0,425
5,2	1,300	2,600	0,433
5,3	1,325	2,650	0,442
5,4	1,350	2,700	0,450
5,5	1,375	2,750	0,458

4 Formuler un dossier de financement

Conseiller financier à l'agence bancaire du Crédit Agricole de Gennevilliers située dans le département des Hauts de Seine, vous recevez sur rendez-vous la visite de Monsieur et Madame Michel qui souhaitent acheter un appartement trois pièces dans la ville d'Asnières.
Vous relevez la situation financière du couple et formulez un dossier de financement de leur projet.

1. **Présentez les deux premières lignes du tableau d'amortissement de l'emprunt, assurances comprises.**
2. **Calculez le coût du crédit hors assurances obligatoires pour cette proposition.**
3. **Vérifiez l'acceptabilité du dossier Michel.**
4. **Avancez éventuellement d'autres propositions à Monsieur et Madame Michel.**

Document 1 Fiche rédigée sur le couple Michel

Clients : M. et Mme Michel	
Situation familiale	mariés, 1 enfant
Situation professionnelle	fonctionnaires
Titulaires d'un compte joint depuis le 24/1/2004 au Crédit Agricole : aucun incident	
Montant de l'investissement immobilier envisagé	380 000 €
Apport personnel constitué par la vente estimée de l'appartement actuel (deux pièces)	170 000 €
Épargne mobilisable pour le projet (2 livrets A)	40 000 €
Revenus mensuels moyens du ménage (net d'impôt)	4 800 €
Crédit souhaité	Taux fixe Durée d'emprunt : 10 ans Assurance sur les deux emprunteurs

Document 2 Proposition de prêt immobilier

Taux nominal annuel de 2,66 % sur 10 ans.
Assurance DIT (Décès, Invalidité, Incapacité de travail) : 0,3 % du capital emprunté par personne.
Frais de dossier : 300 €
Modalités de remboursement : mensualités constantes
Le montant du remboursement mensuel assurances comprises ne peut dépasser strictement 30 % des revenus nets mensuels.

Autres propositions à la disposition du conseiller financier
Taux nominal : 2,75 % sur 12 ans
Taux nominal : 2,90 % sur 15 ans

Chapitre 15

Établir des prévisions

C. 222 Établir des prévisions
C. 223 Fixer des objectifs commerciaux et financiers

Situation

Dénomination : Auchan
Activité : grande distribution
Localisation : Englos (59)

L'hypermarché Auchan d'Englos, dans le Nord de la France, ouvre ses portes en 1969. Situé dans une zone commerciale, il atteint aujourd'hui la surface de 16 493 m², avec une galerie marchande de 2 800 m².

Manageur du rayon « Électroménager », vous dirigez une équipe de 5 personnes. Comme tout manageur, vous devez prévoir votre activité pour l'année prochaine (N+1). Vous pourrez ainsi mener les actions commerciales et promotionnelles pertinentes et animer votre équipe en conséquence.

Vous envisagez d'étudier, par l'analyse statistique, les dépenses des clients porteurs de la carte de fidélité du magasin (carte Waaoh), ainsi que les statistiques de ventes des principaux produits de votre rayon.

Le chiffre d'affaires de votre unité commerciale suit des variations mensuelles. Pour que vos prévisions soient précises, il faudra que vous teniez compte de leur impact.

Annexe 1 Relevé des ventes de six produits phares du rayon pour l'année N

Produits (x_i)	Quantités vendues (n_i)	$x_i n_i$	$x_i^2 n_i$
Appareil à raclette (1)	66		
Aspirateur (2)	72		
Four à micro-ondes (3)	53		
Lave-vaisselle (4)	51		
Lave-linge (5)	37		
Réfrigérateur (6)	18		
Total			

NB : les produits sont remplacés par leur ordre dans la série, soit : 1, 2, 3, 4, 5 et 6.

Annexe 2 Relevé du chiffre d'affaires du rayon en euros et par client pour l'année N

Chiffre d'affaires	Nombre de clients (n_i)	x_i	$x_i n_i$	$x_i^2 n_i$
[0-50[	1 400			
[50-100[	2 280			
[100-150[	677			
[150-200[	711			
[200-250[	398			
[250-500[	109			
[500-1 000[	25			
Total	**5 600**			

Réalisé sur 5 600 clients détenteurs de la carte Waaoh.

Annexe 3 Relevé des chiffres d'affaires HT des six dernières années (en centaines de milliers d'euros)

Années (x_i)	N-5 (1)	N-4 (2)	N-3 (3)	N-2 (4)	N-1 (5)	N (6)
CA (y_i)	512	527	550	586	587	600
x_i^2						
$x_i y_i$						

NB : les années sont remplacées par leur ordre dans la série, soit : 1, 2, 3, 4, 5 et 6.

Annexe 4 Tableau préparatoire de calcul des coefficients saisonniers des trois dernières années (en centaines de milliers d'euros)

	N-2	N-1	N	Moyenne mensuelle y_i	Coefficient saisonnier simple (%)	Coefficient saisonnier double moyenne (indice)	N+1
Janvier	22	22	27				
Février	30	30	34				
Mars	43	44	46				
Avril	53	54	55				
Mai	65	64	66				
Juin	75	75	78				
Juillet	22	24	23				
Août	19	18	20				
Septembre	28	30	33				
Octobre	36	37	44				
Novembre	77	75	74				
Décembre	116	114	100				
Total	**586**	**587**	**600**		**100 %**	**12**	

Travail à faire

1 Analyser les données statistiques du rayon « Électroménager »

a. Pourquoi est-il important pour un manageur de comprendre le comportement de la valeur moyenne d'une variable ?

Fiche ressource 1
- L'analyse statistique d'une série

b. Quels sont les usages possibles de l'analyse statistique dans une unité commerciale ?

c. Calculez la moyenne, la variance et l'écart type pour les ventes de produits phares puis pour le CA généré par les clients porteurs de la carte Waaoh. Complétez les tableaux.

Annexe 1
- Relevé des ventes de six produits phares du rayon pour l'année N

Annexe 2
- Relevé du chiffre d'affaires du rayon en euros et par client pour l'année N

Fiche ressource 1
- L'analyse statistique d'une série

d. Représentez graphiquement les deux séries statistiques.

e. Au vu de ces résultats, quels objectifs N+1 pourrez-vous fixer aux vendeurs en termes de nombre de produits phares et de CA par client ?

Fiche ressource 2
- La représentation graphique d'une série statistique

2 Déterminer le CA prévisionnel du rayon pour l'année N+1

a. Pourquoi est-il pertinent de s'appuyer sur l'analyse d'une série statistique pour établir des prévisions de ventes ?

Fiche ressource 3
- Les prévisions des ventes

b. Déterminez l'équation de la droite d'ajustement :
- par la droite des points extrêmes ;
- par la droite de la double moyenne ;
- par la droite des moindres carrés.

Annexe 3
- Relevé des chiffres d'affaires HT des six dernières années (en centaines de milliers d'euros)

c. Calculez le chiffre d'affaires pour N+1 avec chaque droite. Comparez les résultats obtenus. Que constatez-vous ?

Fiche ressource 3
- Les prévisions des ventes

d. Quelles conséquences un impact sur la réalisation de ces prévisions pourrait-il avoir ?

3 Analyser la saisonnalité du rayon « Électroménager »

a. Quel est l'intérêt de connaître avec précision l'influence de la saisonnalité dans l'activité commerciale ?

Fiche ressource 4
- Les prévisions des ventes à caractère saisonnier

b. Représentez graphiquement les chiffres d'affaires mensuels pour les trois dernières années.

Annexe 4
- Tableau préparatoire de calcul des coefficients saisonniers des trois dernières années (en centaines de milliers d'euros)

c. Pourquoi peut-on affirmer qu'il existe une saisonnalité dans cette activité ?

Fiche ressource 4
- Les prévisions des ventes à caractère saisonnier

• • •

• • •

d. **Calculez les coefficients saisonniers mensuels du rayon « Électroménager » :**
– par la méthode des coefficients simples (pourcentage) ;
– par la méthode de la double moyenne (indice).

Annexe 4
• Tableau préparatoire de calcul des coefficients saisonniers des trois dernières années (en centaines de milliers d'euros)
Fiche ressource 4
• Les prévisions des ventes à caractère saisonnier

e. **Appliquez les coefficients saisonniers mensuels obtenus par la méthode de la double moyenne au CA prévisionnel N+1 obtenu par la droite des moindres carrés (question 2b).**

Annexe 4
• Tableau préparatoire de calcul des coefficients saisonniers des trois dernières années (en centaines de milliers d'euros)
Fiche ressource 4
• Les prévisions des ventes à caractère saisonnier

f. **Au vu de ces résultats, durant quels mois de N+1 l'équipe devra-t-elle être renforcée ?**

Fiche ressource 1

L'analyse statistique d'une série

La gestion d'une unité commerciale implique un grand nombre de décisions commerciales et managériales : le manageur est alors souvent amené à recueillir les données antérieures de son activité et à s'appuyer sur leur analyse statistique. C'est par l'étude statistique d'un certain nombre de variables (quantités vendues, dépenses par client…) que le manageur pourra comprendre leur comportement sur une ou plusieurs périodes et motiver ses décisions.

I Les différentes variables d'une série statistique

Une série statistique est un ensemble de valeurs prises par une variable observée.
On distingue deux types de variable :
– une variable discrète ne prend que des valeurs entières (ex. : le nombre de produits achetés, le nombre de clients) ;
– une variable continue prend toutes les valeurs d'un intervalle entre deux nombres donnés (ex. : le chiffre d'affaires, le prix d'un produit).

II Les principaux paramètres de l'analyse statistique

1. La moyenne arithmétique pondérée

La moyenne simple correspond au total des valeurs observées divisé par le nombre de valeurs. La moyenne arithmétique pondérée permet d'affecter des coefficients aux valeurs observées, et donc de tenir compte de l'effectif associé à chaque valeur. Elle est très utile car la moyenne simple ne décrit pas nécessairement la situation la plus fréquente.
La moyenne arithmétique pondérée $\overline{x}$ se calcule par la formule suivante :

$$\overline{x} = \frac{\sum_{i=1}^{i=n} x_i n_i}{N} = \frac{x_1 n_1 + x_2 n_2 + \ldots + x_n n_n}{n_1 + n_2 + \ldots + n_n}$$

avec x_i la valeur de la variable, n_i l'effectif attribué à la variable, N l'effectif total.

a. La moyenne arithmétique pondérée d'une série de variables discrètes

Exemple : Un magasin de prêt-à-porter a lancé une carte de fidélité offrant des promotions exclusives à ses adhérents. Pour évaluer l'efficacité de la carte, le responsable du magasin recense le nombre de produits promotionnels vendus depuis son lancement.

Nombre de produits promotionnels (x_i)	0	1	2	3	4	Total
Nombre de clients avec carte (n_i)	5	45	30	15	5	100
$x_i n_i$	0	45	60	45	20	170

$\overline{x} = \frac{170}{100} = 1{,}7$

La moyenne arithmétique pondérée est de 1,7. Les 100 clients avec carte ont acheté 1,7 produit en moyenne. La carte a donc une incidence sur les ventes.

b. La moyenne arithmétique pondérée d'une série de variables continues

Dans une série de variables continues, on répartit ces valeurs en intervalles [*a*-*b*[, [*b*-*c*[, etc. Comme on ne peut pas effectuer des calculs sur un intervalle, on extrait d'abord le centre de classe pour déterminer la valeur de x_i.

$x_i = \frac{a+b}{2}$ où a et b sont les bornes de l'intervalle.

Exemple : Le chef du rayon « Outillage » relève le chiffre d'affaires en euros généré par 108 clients et le répartit en différentes classes. Il cherche le niveau de dépenses moyen des clients et demandera à ses vendeurs d'atteindre au moins ce niveau dans leur objectif de ventes.

Chiffre d'affaires (x_i)	[10-50[	[50-100[	[100-150[	[150-200[	[200-250[	[250-500[	[500-1 000[	Total
Nombre de clients (n_i)	14	28	37	11	9	7	2	108
Centre de classe (x_i)	30*	75	125	175	225	375	750	
$x_i n_i$	420	2 100	4 625	1 925	2 025	2 625	1 500	15 220

* $\frac{(10 + 50)}{2} = 30$

Moyenne $\bar{x} = \frac{15\,220}{108} = 140{,}93$. Les clients dépensent en moyenne 140,93 €.

Les vendeurs devront chercher en moyenne à conclure pour au moins 140,93 € de vente par client.

2. La variance et l'écart type

Une fois que l'on connaît la moyenne, il est intéressant de calculer l'écart type, qui permet de mesurer la dispersion des valeurs par rapport à la moyenne. Par exemple, un enseignant ne réagira pas de la même manière si, pour deux devoirs dont la moyenne est 10, les valeurs observées sont 0 et 20 ou 10 et 10. Plus l'écart type est grand, plus la dispersion est importante.

Pour simplifier le calcul de l'écart type, on calcule au préalable la variance, qui est la somme des écarts au carré. On ne conserve ainsi que des nombres positifs (les valeurs inférieures à la moyenne donnent des écarts négatifs).

On retrouve ensuite l'écart type en calculant la racine carrée de la variance.

$$\text{Variance } V(x) = \frac{\sum_1^n x_i^2 n_i}{N} - \bar{x}^2 = \frac{x_1^2 n_1 + x_2^2 n_2 + \ldots + x_n^2 n_n}{n_1 + n_2 + \ldots + n_n} - \bar{x}^2$$

$$\text{Écart type } \sigma(x) : \sqrt{V(x)}$$

Exemple (suite) : Au-delà du montant moyen de dépenses des clients, le manageur du rayon « Outillage » souhaite savoir où se situent la plupart des achats par rapport à la moyenne.

Chiffre d'affaires (x_i)	[10-50[	[50-100[	[100-150[	[150-200[	[200-250[	[250-500[	[500-1 000[	Total
Nombre de clients (n_i)	14	28	37	11	9	7	2	108
x_i	30	75	125	175	225	375	750	
$x_i^2 n_i$	12 600	157 500	578 125	336 875	455 625	984 375	1 125 000	3 650 100

Moyenne $\bar{x} = 140{,}93$

Variance $V(x) = \frac{3\,650\,100}{108} - 140{,}93^2 = 13\,935{,}96$

Écart type $\sigma(x) = \sqrt{13\,935{,}96} = 118{,}05$

En moyenne, les clients dépensent donc ± 118,05 € par rapport à la moyenne de 140,93 €, soit entre 22,88 € et 258,98 €.

Fiche ressource 2

La représentation graphique d'une série statistique

La représentation graphique d'une série permet de visualiser rapidement les diverses variables.

I Le diagramme en bâtons

Le diagramme en bâtons sert à représenter les séries où les variables x_i sont des valeurs discrètes.

Exemple :

Impact du prix d'achat sur le nombre de clients

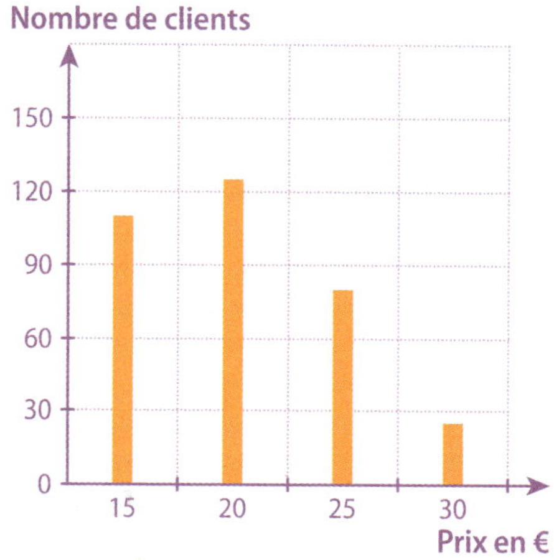

II L'histogramme

Il consiste à représenter la série de variables continues par des rectangles. La base du rectangle matérialise l'intervalle.

Exemple :

Répartition du nombre de clients selon les intervalles de prix

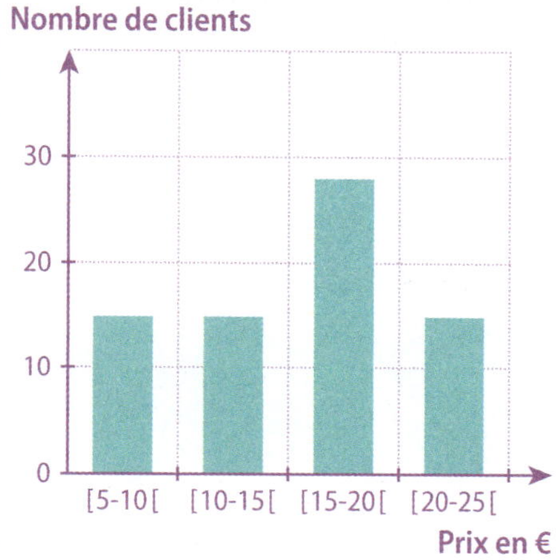

III La courbe ou droite

On l'utilise pour représenter des cumuls, par exemple des effectifs cumulés.

Exemple :

Représentation du nombre cumulé de clients selon le prix

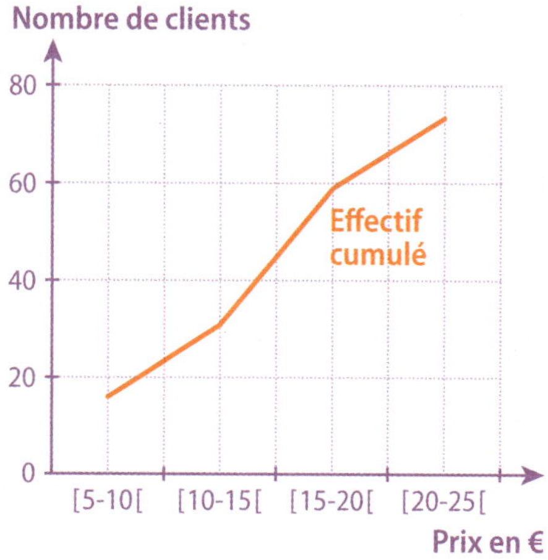

IV Le diagramme circulaire

Il est très utilisé pour représenter les pourcentages d'une série statistique.

Exemple :

Représentation du chiffre d'affaires par type de produit

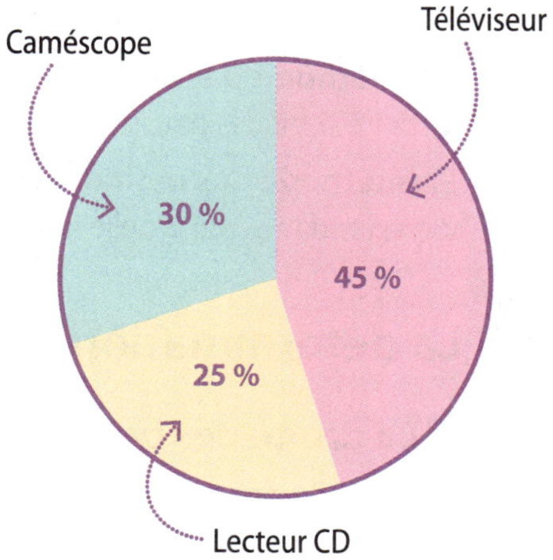

Fiche ressource 3

Les prévisions des ventes

Le manageur d'une unité commerciale doit adopter une démarche prévisionnelle pour déterminer un cap à suivre pour son équipe et pour lui-même. Prévoir les ventes et le chiffre d'affaires de l'année suivante est à ce titre essentiel. Pour y parvenir, on cherche à dessiner la tendance des années précédentes sous la forme d'une droite, dont on pourra déduire la tendance à venir.

I Le principe de la droite d'ajustement

Si l'on représente graphiquement les chiffres d'affaires des années précédentes, chaque donnée de la série statistique correspondra à un point de coordonnées (x_i ; y_i). L'ensemble de ces points représentera un nuage de points (ceux-ci ne seront pas alignés mais dispersés). On cherche donc la droite qui passe au plus près du plus grand nombre de points : c'est la droite d'ajustement ou de tendance. L'équation de cette droite permettra de calculer la valeur des chiffres d'affaires suivants.

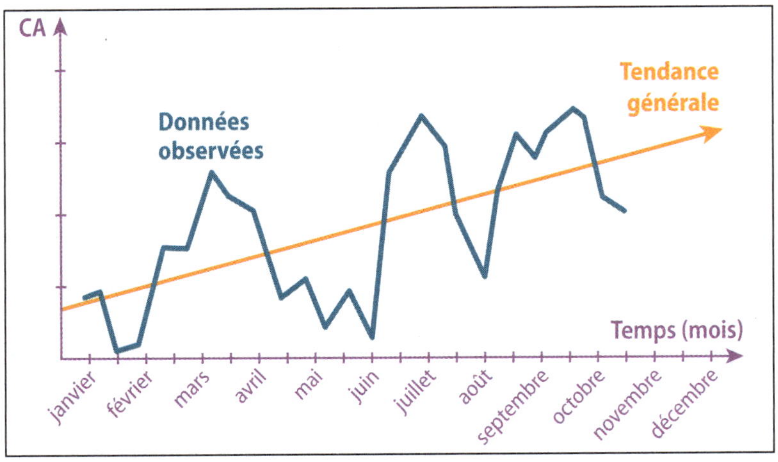

Toute droite a pour équation $y = ax + b$ (avec a le coefficient directeur qui indique la pente de la droite et b l'ordonnée à l'origine) et on sait qu'une seule droite passe par deux points A(x_1 ; y_1) et B(x_2 ; y_2). Il suffit donc de définir deux points de la série pour trouver l'équation de la droite d'ajustement.

Trois méthodes peuvent être utilisées pour déterminer cette droite :

– la **méthode des points extrêmes** est la plus simple, mais elle ne peut s'appliquer que si la série est régulièrement croissante ou décroissante, et que l'on s'attend à une même tendance ;

– la **méthode par la double moyenne** compense les irrégularités de la tendance quand l'activité subit des hausses et des baisses ;

– la **méthode des moindres carrés**, plus mathématique et plus juste, s'applique quelle que soit la tendance puisqu'elle intègre toutes les variations dans le calcul.

II La détermination de la droite d'ajustement

1. La droite des points extrêmes (DPE)

La méthode des points extrêmes consiste à prendre comme valeurs de A et B les première et dernière valeurs de la série. On résout ensuite un système d'équations pour déterminer les deux inconnues a et b.

Exemple : L'unité commerciale Desjoyaux présente, pour les quatre années précédentes, les données suivantes en millions d'euros :

Année (x_i)	N-3 (1)	N-2 (2)	N-1 (3)	N (4)
Chiffre d'affaires (y_i)	**41,30**	49,50	60,20	**79,30**

NB : les années x_i sont remplacées pour le calcul par leur ordre dans la série, soit respectivement par 1, 2, 3, 4).

Les deux points extrêmes ont ici pour coordonnées A (4 ; 79,30) et B (1 ; 41,30). Ils nous donnent deux valeurs possibles pour x et y dans l'équation de la droite $y = ax + b$. D'où le système d'équations à deux inconnues suivant :

$$79{,}30 = 4a + b$$
$$41{,}30 = 1a + b$$

- Pour résoudre le système d'équations, on va chercher isoler l'une des deux inconnues (par exemple, *a*) :

$$79{,}30 = 4a + b \qquad 79{,}30 = 4a + b$$
$$41{,}30 = a + b \qquad 41{,}30 - b = a$$

- On va ensuite remplacer *a*, dans la première équation, par le résultat trouvé :

$$79{,}30 = 4 \times (41{,}30 - b) + b$$

- On résout alors l'équation pour trouver la valeur de *b* :

$$79{,}30 = 4 \times 41{,}30 - 4b + b$$
$$79{,}30 = 165{,}20 \quad - 3b$$
$$79{,}30 - 165{,}20 = - 3b$$
$$- 85{,}90 = - 3b$$
$$\mathbf{28{,}63 = b}$$

- On peut maintenant remplacer *b*, dans la première équation, par le résultat trouvé :

$$79{,}30 = 4a + \mathbf{28{,}63}$$
$$79{,}30 - 28{,}63 = 4a$$
$$50{,}67 = 4a$$
$$\mathbf{12{,}67 = a}$$

- L'équation de la droite d'ajustement est donc : $\mathbf{y = 12{,}67x + 28{,}63}$

Pour l'année N+1 (la 5e année, donc $x_i = 5$), le CA prévisionnel (y_5) de Desjoyaux est :
$y_5 = (12{,}67 \times 5) + 28{,}63 = 91{,}98$ millions d'euros.

2. La droite de la double moyenne (droite de Mayer ou DDM)

On divise la série statistique en deux sous-séries égales et on retient comme valeurs pour A et B les coordonnées d'un point moyen dans chaque sous-série.

Exemple (suite) : Si l'on détermine deux sous-séries :

	Sous-série 1		Sous-série 2	
Année (x_i)	N-3 (1)	N-2 (2)	N-1 (3)	N (4)
CA (y_i)	41,30	49,50	60,20	79,30
Moyenne $\bar{x}$	$\frac{1+2}{2} = 1{,}5$		$\frac{3+4}{2} = 3{,}5$	
Moyenne $\bar{y}$	$\frac{41{,}30 + 49{,}50}{2} = 45{,}40$		$\frac{60{,}20 + 79{,}30}{2} = 69{,}75$	

En retenant les deux points moyens A(1,5 ; 45,40) et B(3,5 ; 69,75), on peut poser le système d'équations suivant :
$45{,}40 = 1{,}5a + b$
$69{,}75 = 3{,}5a + b$
En résolvant le système de deux équations comme précédemment, on trouve : $a = 12{,}175$ et $b = 27{,}1375$. La droite d'ajustement a pour équation : $y = 12{,}175x + 27{,}1375$
Pour l'année N+1, le CA prévisionnel de Desjoyaux par cette méthode est :
$y_5 = (12{,}175 \times 5) + 27{,}1375 = 88{,}0125$ millions d'euros.

3. La droite des moindres carrés (DMC)

La méthode des moindres carrés consiste à trouver la droite qui minimise la somme des carrés des distances entre chaque point du nuage et la droite d'ajustement.
On détermine d'abord la moyenne des années ($\bar{x}$) et la moyenne des CA ($\bar{y}$) :

$$\bar{x} = \frac{\Sigma x_i}{n} = \frac{x_1 + x_2 + \ldots + x_n}{n} \qquad \bar{y} = \frac{\Sigma y_i}{n} = \frac{y_1 + y_2 + \ldots + y_n}{n}$$

où n correspond au nombre de variables de la série.

Puis on calcule la covariance, qui indique si les variables vont dans le même sens (relation positive) ou dans un sens opposé (relation négative).

Elle se calcule par la formule suivante :

$$\text{Covariance} = \text{Cov}(x\,;y) = \Sigma_1^n x_i y_i - n\bar{x}\bar{y} = (x_1y_1 + x_2y_2 + \ldots + x_ny_n) - n\bar{x}\bar{y}$$

On calcule ensuite la variance :

$$\text{Variance} = \text{V}(x) = \Sigma_1^n x_i^2 - n\bar{x}^2 = (x_1^2 + x_2^2 + \ldots + x_n^2) - n\bar{x}^2$$

À partir de ces résultats, on obtient l'équation de la droite des moindres carrés avec :

$$a = \frac{\textit{Covariance}}{\textit{Variance}} \text{ et } b = \bar{y} - a\bar{x}$$

Exemple : Calcul du CA prévisionnel de Desjoyaux pour l'année N+1 :

Année (x_i)	N-3 (1)	N-2 (2)	N-1 (3)	N (4)	Total
CA (y_i)	41,30	49,50	60,20	79,30	**230,30**
x_i^2	1 × 1 = 1	4	9	16	**30**
x_iy_i	1 × 41,30 = 41,30	99	180,60	317,20	**638,10**

Avec $n = 4$ (4 variables)
Moyenne des années : $\bar{x} = \frac{\Sigma x_1}{n} = \frac{10}{4} = 2{,}50$

Moyenne des CA : $\bar{y} = \frac{\Sigma y_1}{n} = \frac{230{,}30}{4} = 57{,}58$

Variance des années : $V(x) = \Sigma_1^n x_i^2 - n\bar{x}^2 = 30 - (4 \times 2{,}5 \times 2{,}5) = 30 - 25 = 5$

Covariance : $\text{Cov}(x\,;y) = \Sigma_1^n x_i y_i - n\bar{x}\bar{y} = 638{,}10 - (4 \times 2{,}5 \times 57{,}58) = 638{,}10 - 575{,}80 = 62{,}30$

$a = \frac{Cov(x\,;y)}{V(x)} = \frac{62{,}30}{5} = 12{,}46$

$b = \bar{y} - a\bar{x} = 57{,}58 - (12{,}46 \times 2{,}50) = 26{,}43$

L'équation de la droite d'ajustement est donc : $y = 12{,}46x + 26{,}43$

Pour l'année N+1, soit $x_i = 5$, on aura un chiffre d'affaires y_5 de :

$y_5 = (12{,}46 \times 5) + 26{,}43 = 88{,}73$ millions d'euros.

Fiche ressource 4

Les prévisions des ventes à caractère saisonnier

Les ventes sont parfois dépendantes de la saison ou d'événements annuels (rentrée des classes, Noël…). Repérer ces variations et appliquer des coefficients saisonniers aux prévisions permet d'anticiper plus précisément les approvisionnements et les effectifs nécessaires à l'activité.

I L'identification de la saisonnalité

1. Vérification du caractère saisonnier des ventes

Pour qu'il y ait saisonnalité, les ventes doivent :
– être irrégulières ;
– présenter ces irrégularités aux mêmes périodes (mois, trimestre…) sur plusieurs années.

2. Représentation graphique de la saisonnalité

Pour représenter graphiquement une série chronologique à caractère saisonnier, on utilise un chronogramme parallèle (les périodes se superposent) ou séquentiel (les périodes se succèdent).

Chronogramme parallèle

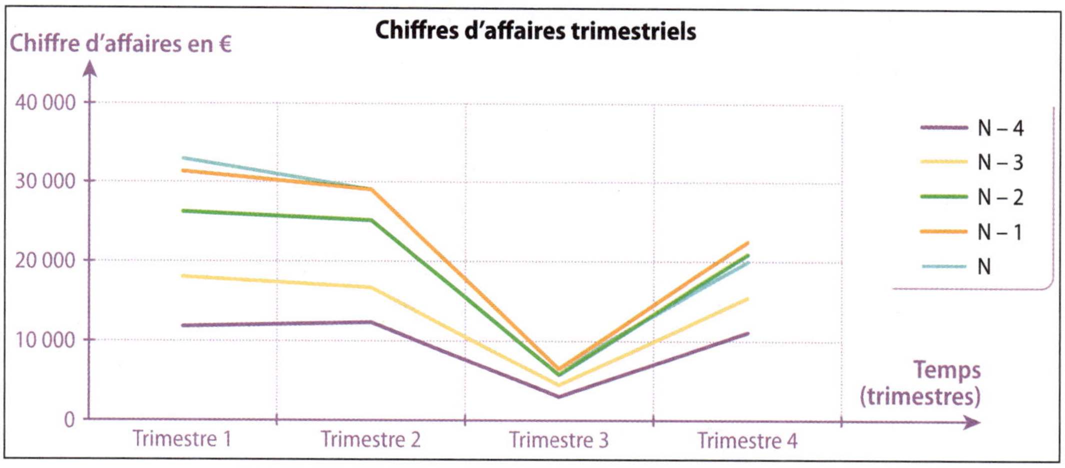

Chronogramme séquentiel

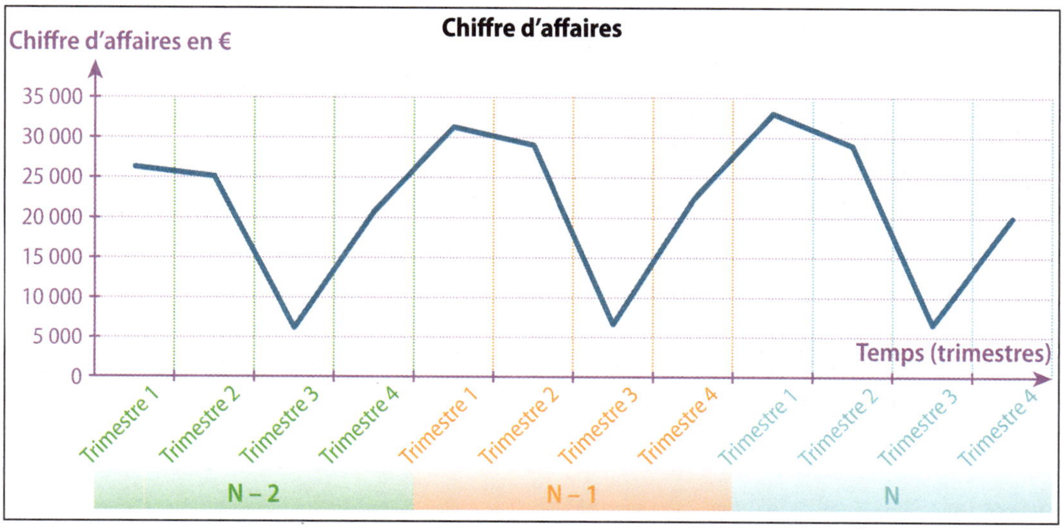

II Le calcul des coefficients saisonniers

Deux méthodes sont fréquemment utilisées : la méthode des coefficients simples et la méthode par la double moyenne. La première exprime les coefficients en pourcentages. La seconde, plus technique, les donne en indices.

1. La méthode des coefficients simples

On exprime en pourcentage la moyenne de chaque période sur la moyenne des totaux annuels.

$$\text{Moyenne de la période} = \frac{\text{Total des périodes}}{\text{Nombre de périodes}}$$

$$\text{Moyenne des totaux annuels} = \frac{\text{Total des années}}{\text{Nombre d'années}}$$

$$\text{Coefficient saisonnier de la période} = \frac{\text{Moyenne de la période} \times 100}{\text{Moyenne des totaux annuels}}$$

Pour calculer le chiffre d'affaires périodique, on applique le coefficient saisonnier au chiffre d'affaires total.

2. La méthode des coefficients par la double moyenne

On calcule :

– la moyenne de chaque période = $\frac{\text{Total des périodes}}{\text{Nombre de périodes}}$

– la moyenne de toutes les périodes = $\frac{\text{Total des moyennes de chaque période}}{\text{Nombre de périodes}}$

– la moyenne de chaque période sur la moyenne de toutes les périodes.

Pour calculer le chiffre d'affaires périodique, on applique le coefficient saisonnier au chiffre d'affaires périodique moyen.

Exemple : Soit les CA trimestriels de l'entreprise Desjoyaux pour N-1 et N (en milliers d'euros) :

Périodes	Année N-1	Année N	Moy.	Coefficient saisonnier simple	Coefficient saisonnier par la double moyenne
1er trimestre	20,47	27,97	24,22	35 %[a]	1,39[b]
2e trimestre	8,43	9,65	9,04	13 %	0,52
3e trimestre	21,67	30,76	26,21	37 %	1,50
4e trimestre	9,63	10,92	10,27	15 %	0,60
Total	**60,20**	**79,30**	**69,74**	**100 %**	**4**

a. (Moyenne du trimestre / Moyenne des totaux annuel) × 100 = (24,22 / 69,74) × 100 = 35 %
b. Moyenne de tous les trimestres = 69,74 / 4 = 17,435
Moyenne de chaque trimestre / Moyenne de tous les trimestres = 24,22 / 17,435 = 1,39
Le chiffre d'affaires prévisionnel de Desjoyaux pour N+1 a été évalué à 88 millions d'euros.

Par la méthode des coefficients simples, le CA prévisionnel du 1er trimestre est donc égal à :
88 × 35 % = 30,8 millions d'euros.
Le chiffre d'affaires trimestriel moyen est de : 88 / 4 = 22 millions d'euros.
Par la méthode de la double moyenne, le CA prévisionnel pour le 1er trimestre est égal à :
22 × 1,39 = 30,58 millions d'euros.

Applications

1 Calculer les paramètres statistiques d'une série à variables continues

Responsable du rayon « Informatique » d'un magasin spécialisé, vous souhaitez étudier le relevé des factures (ou tickets de caisse du mois de mai).
La caisse centrale vous communique les factures que vous regroupez dans un tableau (document).

1. **Calculez la moyenne, la variance et l'écart type.**
2. **Interprétez les résultats.**

Document **Relevé du nombre de factures par montant**

Montant (en centaines d'euros)	[0-2[	[2-3[	[3-4[	[4-5[	[5-6[	[6-7[	[7-8[	[8-9[	9 et +
Nombre	3	5	9	12	18	15	10	8	3

2 Calculer les paramètres statistiques d'une série à variables continues

Un distributeur lance, en collaboration avec une entreprise spécialisée dans les produits d'hygiène et de beauté, un bain moussant sous la marque de distributeur Acapulco avec un conditionnement pratique et original.
Il fait effectuer un sondage pour savoir si la clientèle reconnaît le produit par son emballage.
La société de sondage vous communique l'âge des interviewés qui ont reconnu l'emballage.

1. **Calculez la moyenne, la variance et l'écart type.**
2. **Interprétez les résultats.**

Document **Relevé du nombre de clients reconnaissant l'emballage par classe d'âge**

Classe d'âge	[15-20]	]20-25]	]25-35]	]35-50]	]50-65]	]65-80]
Oui	11	42	95	99	59	53

3 Utiliser les résultats statistiques

Le manageur du centre d'appels d'une filiale d'un grand groupe de distribution spécialisé dans le crédit aux particuliers effectue un relevé des appels entrants sur une journée normale d'activité.
Il relève ainsi la durée en minutes de chaque conversation des conseillers financiers. Il regroupe ensuite les résultats dans un tableau récapitulatif fourni en document.
À partir d'une analyse statistique de ces résultats, il souhaite ainsi s'assurer que l'effectif de son service est suffisant et/ou réorganiser éventuellement le planning de présence des conseillers.

1. **Quelle est la durée du nombre d'appels le plus important ?**
2. **Quelle est la durée moyenne d'un appel ? Quel est l'écart type par rapport à cette durée moyenne ?**

La durée maximale d'appel souhaitée par le directeur doit être inférieure à 8 minutes ; la durée minimale acceptable pour résoudre une demande client avoisine 2 minutes.

3. **Évaluez en pourcentage l'effectif et les effectifs cumulés de la série.**
4. **Combien relève-t-on d'appels supérieurs dépassant la durée maximale, en quantité et en pourcentage ?**
5. **Combien relève-t-on d'appels supérieurs à la durée minimale, en effectif et en pourcentage ?**
6. **Commentez les résultats obtenus.**

Document **Relevé du nombre d'appels par durée**

Durée en minutes	[0-2[	[2-3[	[3-4[	[4-5[	[5-6[	[6-7[	[7-8[	[8-9[
Nombre d'appels	30	50	90	120	180	150	100	80

4 Déterminer les ventes prévisionnelles avec la droite de la double moyenne

Le directeur commercial de la société Gaspard, distributeur en demi-gros et au détail de mobilier et fournitures de bureau, doit calculer le chiffre d'affaires prévisionnel pour N+1. Il pense pouvoir projeter les ventes de l'année à venir par la droite de Mayer à partir de l'historique des chiffres d'affaires des années précédentes.

1. **Donnez l'équation de la droite d'ajustement.**
2. **Calculez le chiffre d'affaires prévisionnel pour N+1 si la tendance est maintenue.**

Document **Chiffres d'affaires annuels (en milliers d'euros)**

Année	N-5	N-4	N-3	N-2	N-1	N
Chiffre d'affaires	719,50	843,20	927,30	1 004,50	1 142,20	1 243,30

5 Déterminer les ventes prévisionnelles avec la droite des points extrêmes

La SARL Atrium à l'enseigne Delbard est une jardinerie particulièrement dynamique malgré la concurrence des hypermarchés et grandes surfaces spécialisées présents dans la zone de chalandise. L'atout majeur de la société est la présentation, dans une serre de plus de 2 000 m², d'une gamme très complète de produits horticoles et d'une pépinière.
Vous êtes l'adjoint(e) du responsable du magasin. Celui-ci vous confie la préparation des prévisions de ventes pour la prochaine assemblée générale des associés.

1. **Déterminez l'équation de la droite d'ajustement de la série.**
2. **Calculez le chiffre d'affaires prévisionnel pour N+1 si la tendance est maintenue.**

Document **Chiffres d'affaires annuels (en milliers d'euros)**

Année	N-6	N-5	N-4	N-3	N-2	N-1	N
Chiffre d'affaires	1 088	1 181	1 473	1 837	1 715	2 004	2 418

6 Déterminer les ventes prévisionnelles avec la droite des moindres carrés

Les ventes d'une unité commerciale d'articles de prêt-à-porter pour les cinq dernières années, trimestre par trimestre, s'établissent comme indiqué dans le document.

1. **Représentez graphiquement les ventes pour chaque année.**
2. **Peut-on affirmer que les ventes sont saisonnières ?**
3. **Calculez les coefficients saisonniers.**
4. **Établissez la prévision des ventes annuelles pour N par la droite des moindres carrés.**
5. **Calculez les ventes prévisionnelles trimestrielles.**

Document **Ventes trimestrielles de l'UC (en milliers d'euros)**

Année	Trimestre 1	Trimestre 2	Trimestre 3	Trimestre 4
N-5	11 864	12 119	3 051	11 017
N-4	17 997	16 568	4 285	15 235
N-3	26 313	25 112	5 952	20 883
N-2	31 381	29 140	6 388	22 415
N-1	33 040	29 146	6 372	20 060

7 Déterminer les budgets par les variables dépendantes

L'unité commerciale Batirénov est spécialisée dans la commercialisation de fenêtres et portails.
Comme il existe un lien de dépendance entre le chiffre d'affaires et les dépenses publicitaires, M. Gaby, responsable du budget de communication, envisage d'établir le budget publicitaire pour l'année N+1.
Il vous communique les données des années précédentes (en millions d'euros) :

1. **Déterminez l'équation de la droite des moindres carrés.**
2. **Calculez le chiffre d'affaires de N+1 avec un budget publicitaire prévisionnel de 100 000 K€.**
3. **Compte tenu du chiffre d'affaires prévisionnel de la direction commerciale de 350 000 K€, quel devrait être le budget publicitaire ?**

Document **CA et dépenses publicitaires pour les années N-4 à N (en milliers d'euros)**

	N-4	N-3	N-2	N-1	N
Dépenses publicitaires	40	57	59	77	88
Chiffres d'affaires	200	250	280	310	327

8 Interpréter les paramètres de position

La société Calesse, qui commercialise des fournitures pour les cafés-hôtels-restaurants, a constaté l'alourdissement de ses charges financières liées à un découvert bancaire régulier.
M. Calesse, directeur général, remarque que le règlement des clients est de plus en plus tardif.
Il vous charge d'étudier, en tant que responsable adjoint(e) de l'entrepôt, le délai de règlement des clients.
Vous relevez les dates de facturation et de règlement et centralisez vos résultats dans un tableau (document)

1. **Représentez par un histogramme la série statistique « Règlement en jours ».**
2. **Calculez la moyenne, la variance et l'écart-type de cette série.**
3. **Calculez la moyenne, la variance et l'écart-type de la série « Créances ».**
4. **Indiquez le pourcentage de clients qui règlent après 12 jours.**
   Quelle part de l'ensemble des clients représente-t-il ?

Document **Relevé des dates de facturation et de règlement**

Règlement (en jours)	Nombre de clients	Montant moyen de la créance (en €)
[1-4[	216	361
[5-8[	272	470
[9-12[	312	658
[13-16[	327	894
[17-20[	128	852
+ de 20	61	1 062

Chapitre 16

Établir le budget de trésorerie

C. 223 Fixer des objectifs commerciaux et financiers
C. 224 Établir le budget de trésorerie

Situation

Atout *Chic*

Le marché du prêt-à-porter (PAP) sous franchise

Le prêt-à-porter (mode homme/femme, chaussures, accessoires, bijoux, lingerie, puériculture et sportswear) représente un quart du nombre de réseaux de franchise présents en France.

Le marché du PAP étant très concurrentiel, les entrepreneurs préfèrent souvent opter pour un réseau plutôt que de se lancer en indépendant. En effet, faire le choix d'une franchise de PAP paraît plus judicieux et plus sécurisé que d'ouvrir une boutique indépendante.

L'unité commerciale

M. Dumortier, commerçant indépendant en prêt-à-porter pour hommes, se sentant trop isolé pour affronter la concurrence, décide d'adhérer au réseau de franchise Atout *Chic* afin de développer son commerce. Il étendra ainsi son activité au prêt-à-porter pour femmes et pour enfants.

La politique commerciale du franchiseur le contraint toutefois à modifier l'agencement de son magasin. Les travaux seront réalisés durant le mois de juillet, période d'activité plus creuse à cause des vacances, d'autant que les soldes auront permis de réduire fortement son stock.

M. Dumortier vous a recruté(e) pour l'assister dans son développement. Vous êtes chargé(e) de préparer les budgets prévisionnels pour le premier semestre.

Annexe 1 Les prévisions de ventes et les conditions d'encaissement

Les prévisions de ventes ont été établies en fonction des statistiques fournies par le franchiseur sur des points de vente présentant les mêmes caractéristiques.

Les ventes sont les seules recettes prévisionnelles de l'unité commerciale. Elles sont encaissées comptant.

Prévisions de ventes TTC (en €)

Juillet*	0
Août*	0
Septembre	19 500
Octobre	27 500
Novembre	20 500
Décembre	17 500

* Outre la fermeture en juillet pour travaux, le commerce sera fermé en août, comme tous les ans.

Annexe 2 Les prévisions de charges et les conditions de décaissement

Les achats

M. Dumortier réceptionnera les premiers achats de la collection « automne-hiver » en août et leur livraison se poursuivra en septembre. Les livraisons des trois derniers mois de l'année correspondront à quelques commandes de réapprovisionnement.

Les achats seront réglés 30 % à 30 jours et 70 % à 45 jours.

Planning des achats HT (en €)

Juillet	0
Août	22 800
Septembre	20 400
Octobre	3 600
Novembre	2 400
Décembre	0

Les autres charges

- Des charges externes (location, assurances) seront supportées, y compris pendant les périodes de fermeture. Elles s'élèveront à 1 570 € TTC par mois.
- M. Dumortier a prévu d'engager début septembre deux vendeuses (dont une à temps partiel). Les salaires, versés en fin de mois, s'élèveront à 1 350 € et les charges sociales de 620 € seront réglées avec un mois de décalage.

Annexe 3 Informations complémentaires

- Le coût des travaux s'élève à 42 000 € TTC, payables en trois fractions égales en août, octobre et décembre.
- La banque a accordé un prêt de 25 000 €, débloqué le 20 août et remboursable par 48 mensualités de 634 € chacune, la première réglée le 20 septembre.
- Au 30 juin, la trésorerie affiche un solde positif de 580 €.
- Il ne sera pas tenu compte du budget de TVA.

Annexe 4 Budgets des encaissements et des décaissements

Budget des encaissements

	Juillet	Août	Septembre	Octobre	Novembre	Décembre
Ventes						
Emprunts						
Total encaissements						

Budget des décaissements

Achats TTC		Juillet	Août	Septembre	Octobre	Novembre	Décembre
Juillet	0						
Août	22 800 €						
Septembre	20 400 €						
Octobre	3 600 €						
Novembre	2 400 €						
Décembre	0						
Total décaissements sur achats							
Charges externes							
Salaires							
Charges sociales							
Investissement							
Mensualité d'emprunt							
Total décaissements sur charges							
Total décaissements							

Il ne sera pas tenu compte du budget de TVA.

Travail à faire

1 Préparer les budgets

a. De quelles prévisions essentielles devez-vous disposer pour élaborer les budgets ?

b. Quels budgets devez-vous construire et dans quel ordre ?

Fiche ressource 1 • La démarche budgétaire

c. Construisez les budgets d'exploitation mensuels de l'unité commerciale pour le dernier semestre de l'année.

Annexe 1 • Les prévisions de ventes et les conditions d'encaissement

Annexe 2 • Les prévisions de charges et les conditions de décaissement

d. Quel budget fixera les objectifs des futures vendeuses ?

Fiche ressource 2 • Les budgets préparatoires

2 Construire le budget de trésorerie

a. Pourquoi les conditions de règlement négociées avec les clients et les fournisseurs influencent-elles les budgets ?

b. Complétez les tableaux des encaissements et des décaissements.

c. Construisez le budget de trésorerie.

Annexe 1 • Les prévisions de ventes et les conditions d'encaissement

Annexe 2 • Les prévisions de charges et les conditions de décaissement

Annexe 3 • Informations complémentaires

Annexe 4 • Budgets des encaissements et des décaissements

Fiche ressource 3 • Le budget de trésorerie

3 Analyser l'état de la trésorerie

a. Interprétez l'état de la trésorerie mensuelle.

Fiche ressource 3 • Le budget de trésorerie

b. Quelles actions pourriez-vous envisager ?

c. L'état de la trésorerie permettrait-il de faire passer à temps complet la vendeuse à temps partiel ?

d. Quel serait l'impact d'un crédit de TVA ?

Fiche ressource 1

La démarche budgétaire

À partir des prévisions établies et des objectifs de l'unité commerciale, la direction construit différents budgets. Les budgets se présentent sous forme de tableaux qui répartissent les prévisions de recettes et de dépenses en catégories distinctes : les ventes, les achats, les charges hors achats, les investissements, la TVA, la trésorerie. Ils affinent également les prévisions par mois, secteur, produit, équipe…

Cette fixation des prévisions en différents budgets permet de mieux maîtriser la gestion de l'unité commerciale. Transmis aux manageurs et aux responsables, les budgets sont des outils de planification et de contrôle de leur activité. Ils déterminent leurs objectifs commerciaux et financiers.

La gestion budgétaire répond à une démarche rigoureuse.

I Les prévisions

Elles sont réalisées à partir de l'observation et de l'étude statistique de l'activité passée, mais aussi de l'évolution du marché et de l'environnement, des objectifs de l'unité commerciale et de sa politique commerciale.

II L'élaboration des budgets

Les budgets sont interdépendants et doivent être élaborés dans un ordre précis. On commence toujours par le budget des ventes car il sert de base à tous les autres. On établit ensuite le budget des achats (approvisionnements) qui en découle, puis le budget des charges (autres qu'achats) et le budget des investissements. Le budget de la TVA résulte des quatre précédents. Enfin, le budget de trésorerie récapitule les encaissements et les décaissements prévus dans tous les autres budgets.

III Le contrôle budgétaire

Il compare les réalisations aux prévisions pour repérer les éventuels écarts. Leur analyse permettra de mettre en place des actions correctives, voire de réajuster les prévisions (nouvelle version des budgets).

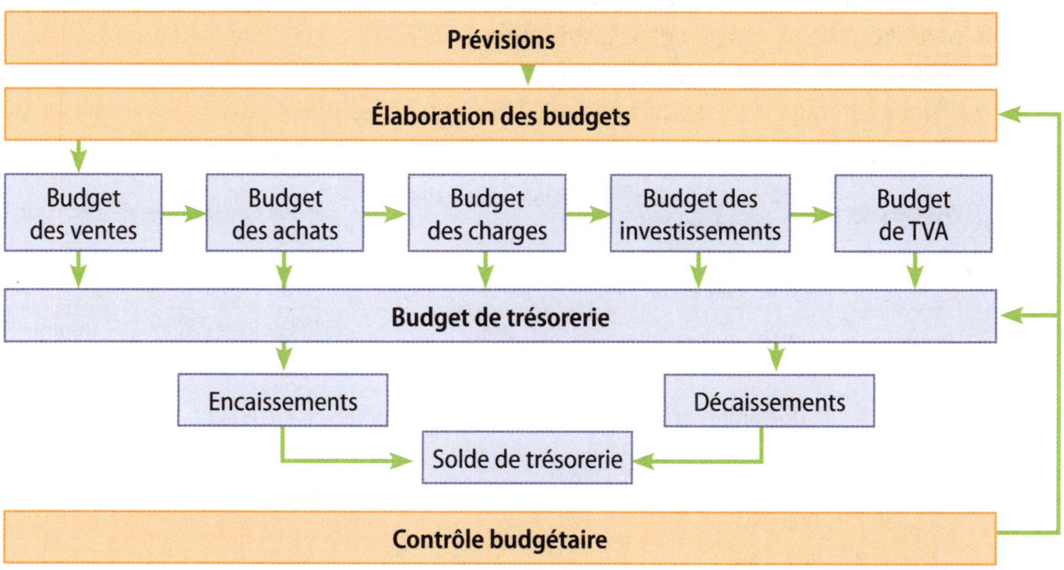

Fiche ressource 2

Les budgets préparatoires

I Les budgets d'exploitation

• Le budget des ventes

Il est construit à partir des prévisions de ventes annuelles. Il tient compte de l'éventuel caractère saisonnier de l'activité et est réparti par période pertinente (le mois, la semaine…). Il peut être ventilé par canal de distribution, type de clientèle, région, rayon, famille de produits, vendeur… Il fixe les objectifs de ventes en quantité et en valeur, en fonction des prix de vente unitaires définis.

• Le budget des achats

Il est élaboré en fonction des plans d'approvisionnement (marchandises, matières premières…) nécessaires à la réalisation du budget des ventes. Sa répartition est généralement mensuelle. Le chiffrage en valeur peut être calculé à partir du coût d'achat prévisionnel ou en fonction d'un taux de marge ou d'un taux de marque moyen défini.

> Exemple : Pour des ventes prévisionnelles de 1 000 € en janvier :
> – si le taux de marge est de 25 %, les achats prévisionnels seront de : 1 000 / 1,25 = 800 € ;
> – si le taux de marque est de 30 %, les achats prévisionnels seront de : 1 000 × 70 % = 700 €.

• Le budget des charges

Il prévoit, mois par mois, toutes les autres charges (hors achats) liées au fonctionnement de l'unité commerciale : les salaires, les achats de biens et services (loyer, électricité, fournitures, transport, assurances…), les impôts et taxes, les actions marketing (études, animations, publicité…), les frais financiers. Le budget des charges a un impact fort sur l'activité du manageur car il fixe sa marge de manœuvre en termes d'embauche et de rémunération.

II Le budget des investissements

Les projets d'investissement décidés (acquisition de biens, travaux…) doivent être budgétés chaque année. L'unité commerciale doit prévoir les coûts d'acquisition ainsi que les éventuels coûts de financement (par emprunt, location ou crédit-bail).

III Le budget de TVA

L'État perçoit une taxe sur la valeur ajoutée (TVA) auprès de chacun des opérateurs qui interviennent dans le circuit de production et de distribution. La TVA est due chaque mois ou chaque trimestre. Établi à partir des budgets précédents, le budget de TVA récapitule les montants de TVA collectés par l'unité commerciale et les montants de TVA déductibles, pour établir le solde vis-à-vis de l'État.

Terme	Fait générateur de TVA	
TVA collectée	TVA sur les ventes : elle est facturée au client et perçue par l'UC.	Elle doit être reversée au Trésor public.
TVA déductible	TVA sur les achats, les charges et les acquisitions : elle est facturée à l'UC par le fournisseur.	Elle vient en déduction de la TVA collectée.
TVA due	TVA collectée – TVA déductible	Si le solde est négatif, l'UC dispose d'un crédit de TVA.

> Exemple : Une unité commerciale achète une marchandise 120 € HT et la revend 140 € HT ; le taux de TVA applicable est de 20 %.

	HT	TTC	TVA	
Prix d'achat (PA)	120	144	24	*TVA déductible sur PA*
Prix de vente (PV)	140	168	28	*TVA collectée sur PV*
TVA due			4	*TVA à verser le mois suivant*

Fiche ressource 3

Le budget de trésorerie

Établi en dernier, le budget de trésorerie récapitule, mois par mois, les encaissements et les décaissements qui découlent des budgets précédents. Les problèmes de trésorerie peuvent coûter très cher à l'unité commerciale. Même s'il est impossible de tout prévoir, il est essentiel de les anticiper.

I Le budget des encaissements

Les encaissements sont les recettes perçues sur la période : les ventes TTC, les subventions reçues, les emprunts contractés, les cessions. Il faut également tenir compte des créances de l'exercice précédent à encaisser sur le nouvel exercice budgétaire.
Les principales recettes de l'unité commerciale, les ventes, sont encaissées soit au comptant, soit à crédit. Les conditions de règlement accordées aux clients ont un impact direct sur le budget des encaissements.

Exemple : Import Elec vend des chaînes hi-fi en gros auprès des grandes et moyennes surfaces (GMS). Ses clients règlent pour 30 % comptant, le solde à 30 jours. Les créances au 1er janvier (83 400 €) seront encaissées à raison de 50 % en janvier et 50 % en février. Import Elec fera aménager un show-room en mars. Elle réglera la première moitié au comptant et contractera un emprunt de 15 000 € pour le solde en mai.

Budget semestriel des encaissements TTC en milliers d'euros

Recettes prévisionnelles		Budget semestriel					
		Janvier	Février	Mars	Avril	Mai	Juin
Créances au 01/01	83,40	41,70	41,70				
Ventes prévisionnelles janvier	45,60	13,68	31,92				
Ventes prévisionnelles février	52,80		15,84	36,960			
Ventes prévisionnelles mars	50,64			15,192	35,448		
Ventes prévisionnelles avril	58,20				17,460	40,74	
Ventes prévisionnelles mai	69,60					20,88	48,72
Ventes prévisionnelles juin	67,20						20,16
Total encaissements sur ventes		**55,38**	**89,46**	**52,152**	**52,908**	**61,62**	**68,88**
Emprunt	15,00					15,00	
Total encaissements		**55,38**	**89,46**	**52,152**	**52,908**	**76,62**	**68,88**

II Le budget des décaissements

Les décaissements sont toutes les dépenses payées sur la période : les achats TTC, les salaires et les autres charges, les remboursements d'emprunts, la TVA due. Il faut également tenir compte des dettes de l'exercice précédent à payer sur le nouvel exercice budgétaire.
Le décaissement des achats est directement lié aux conditions commerciales et aux délais de règlement négociés avec les fournisseurs. La plupart des autres charges sont mensuelles.

Exemple (suite) : Import Elec paie ses achats à raison de 60 % au comptant et 40 % à 30 jours. Les dettes au 1er janvier (71 390 €) seront réglées par fractions égales sur les deux premiers mois. Ses charges mensuelles s'élèvent à 16 300 € (dont 4 000 € TTC de charges externes et 12 300 € de charges salariales). Le show-room aménagé en mars (33 600 € TTC) est dû pour moitié au comptant et pour moitié en mai.

Budget semestriel des décaissements TTC en milliers d'euros

Dépenses prévisionnelles		Budget semestriel					
		Janvier	Février	Mars	Avril	Mai	Juin
Dettes au 01/01	71,39	35,695	35,695				
Janvier	24,00	14,400	9,600				
Février	26,40		15,840	10,56			
Mars	32,40			19,44	12,96		
Avril	38,40				23,04	15,36	
Mai	43,20					25,92	17,28
Juin	43,20						25,92
Total décaissements sur achats		**50,095**	**61,135**	**30,00**	**36,00**	**41,28**	**43,20**
Charges mensuelles (hors achats)		16,300	16,300	16,30	16,30	16,30	16,30
Investissement	33,60			16,80		16,80	
Total décaissements sur charges		**16,300**	**16,300**	**33,10**	**16,30**	**33,1**	**16,30**
Total décaissements		**66,395**	**77,435**	**63,10**	**52,30**	**74,38**	**59,50**

III Établir le budget et gérer la trésorerie

Il faut ensuite rassembler les tableaux précédents et calculer, pour chaque période, la différence entre les encaissements et les décaissements afin de déterminer le solde de trésorerie de fin de période. Le solde de l'exercice budgétaire précédent est reporté comme solde initial de période.

Exemple (suite) : Import Elec présente au 1er janvier un solde de trésorerie de 8 200 €. Son budget de trésorerie du premier semestre est le suivant (pour simplifier, on ne tient pas compte de la TVA) :

Budget de trésorerie	Janvier	Février	Mars	Avril	Mai	Juin
Solde début de mois	*8,200*	*– 2,815*	*9,210*	*– 1,738*	*– 1,130*	*1,11*
Total des encaissements	55,380	89,460	52,152	52,908	76,620	68,88
Total des décaissements	66,395	77,435	63,100	52,300	74,380	59,50
Solde fin de mois	*– 2,815*	*9,210*	*– 1,738*	*– 1,130*	*1,110*	*10,49*

On remarque que la trésorerie est négative en mars et en avril, du fait de l'autofinancement des travaux en mars, tandis que le solde de mai est financé par emprunt.

L'analyse des soldes de trésorerie permet au manageur d'envisager des décisions période par période, des actions ponctuelles ou des actions structurelles.

- Si **le solde est toujours positif**, la trésorerie est saine mais l'unité commerciale peut en avoir trop. Le manageur pourra en profiter pour améliorer sa compétitivité, investir dans des immobilisations plus productives, placer une partie à court ou moyen terme, ou payer plus rapidement ses fournisseurs pour obtenir de meilleures conditions d'achat.
- Si **le solde est toujours négatif,** l'unité commerciale doit assainir sa trésorerie. Le manageur devra envisager de renégocier ses conditions de paiement aux fournisseurs, d'accélérer le règlement des clients, d'améliorer la rotation de stocks, de trouver un financement externe à long terme, de procéder à une augmentation de capital ou de céder des immobilisations.
- Si **le solde est temporairement négatif**, l'unité commerciale peut envisager des mesures préventives. Le manageur peut retarder l'investissement à une période de trésorerie excédentaire, anticiper l'appel à l'emprunt, dynamiser les ventes par des actions commerciales ou solliciter un crédit de trésorerie auprès de la banque.

Applications

1 Établir le budget des ventes saisonnières

Adjoint(e) au directeur d'une unité de négoce, vous êtes chargé(e) de bâtir un budget de trésorerie annuel en fonction des prévisions d'activité retenues par la direction.
Les hypothèses de travail sont les suivantes : le chiffre d'affaires HT prévu pour l'année N est de 72 000 000 €. Sa répartition mensuelle devrait être conforme à celle des années précédentes ; elle est donnée par le tableau des coefficients saisonniers (document).

- **Établissez le budget des ventes pour N.**

Document **Tableau des coefficients saisonniers**

Janvier	0,92	**Avril**	1,03	**Juillet**	0,95	**Octobre**	1,10
Février	0,96	**Mai**	1,08	**Août**	0,80	**Novembre**	1,03
Mars	0,98	**Juin**	1,10	**Septembre**	1,03	**Décembre**	1,02

La TVA est au taux normal de 20 % sur l'ensemble des ventes.
Tous les clients règlent comptant.

2 Préparer la négociation avec sa banque

La société coopérative agricole Plein Champ exploite en libre-service 23 magasins en France.

Recruté(e) pour diriger une unité commerciale, vous êtes chargé(e) par le siège de dresser le budget de trésorerie pour le second semestre. Vous disposez des informations prévisionnelles (document).

- **Dressez le budget de trésorerie.**

Document **Informations prévisionnelles (en milliers d'euros)**

	Juillet	Août	Septembre	Octobre	Novembre	Décembre
Ventes HT	655,00	777,00	953,00	795,00	939,00	904,00
Achats HT	430,00	270,00	654,00	400,00	706,00	530,00
Autres charges HT	342,00	223,20	271,60	272,00	191,70	213,00

Vous ferez abstraction des problèmes de TVA.

- Les clients règlent généralement 60 % de leurs achats au comptant, 10 % à 30 jours et 30 % à 60 jours par traite.
- Les approvisionnements sont payables 15 % à 30 jours, 70 % à 60 jours et 15 % à 90 jours par traite.
- Il faut prévoir une moyenne de 124 000 € de salaires mensuels ; les charges sociales (environ 45 % du montant des salaires) sont réglées le 15 du mois suivant (celles de juin n'ont pas été payées).
- Fin juin :
  – les disponibilités s'élèvent à 12 000 € ;
  – le compte clients s'établit à 302 000 € à encaisser fin juillet et 29 000 € en août ;
  – le compte fournisseurs correspond à 183 200 € à payer fin juillet, 98 200 € en août et 42 100 € en septembre.

3 Calculer le budget de TVA

L'unité commerciale Flavie vous communique ses données HT pour le deuxième trimestre (document 1).
Le taux de TVA est le taux normal. Le solde de la TVA pour le mois est acquitté le mois suivant. Le crédit de TVA est également reporté sur la TVA due le mois suivant.
L'entreprise a acquis un véhicule de livraison au mois d'avril pour un montant HT de 22 867,35 €.
L'entreprise doit 11 586 € en avril au titre de la TVA due en mars.

En complétant le tableau du document 2 :

1. **Déterminez le budget de la TVA due pour le trimestre.**
2. **Déterminez ensuite la TVA à décaisser chaque mois.**

Document 1 **Données du 2e trimestre**

	CA HT	Achats HT
Avril	121 959,21 €	60 979,61 €
Mai	137 204, 12 €	76 224,51 €
Juin	129 581,66 €	76 224,51 €

Document 2 **Le budget de TVA**

	Avril	Mai	Juin
TVA collectée			
TVA déductible sur achats			
TVA déductible sur immobilisations			
TVA due			
Crédit de TVA			
TVA à décaisser			

4 Établir le budget de trésorerie trimestriel

M. Buchet, convaincu de l'intérêt d'implanter un libre-service agricole à Arras, vous demande de participer à l'élaboration du budget de trésorerie qui précède l'ouverture d'un point de vente. Il met à votre disposition les informations nécessaires (document).
Vous ferez abstraction des problèmes de TVA.

- **Présentez le budget de trésorerie du futur point de vente pour les trois premiers mois d'activité. Concluez.**

Document **Éléments financiers prévisionnels**

- **Prévision de chiffre d'affaires**

1er mois d'activité : 30 000 €

Il faut tabler sur une augmentation de chiffre d'affaires de 25 % par mois.

- **Prévision des charges**

– Achats (payables à 30 jours) : 65 % du chiffre d'affaires
– Charges de personnel : 7 500 € par mois
– Charges de communication :
  - Campagne d'ouverture (1er mois) : 15 000 €
  - Communication d'entretien : 5 % du CA
– Remboursement d'emprunt : 9 000 € par mois (dont 750 € d'intérêts)
– Autres charges : 6 000 € par mois

Il est raisonnable d'envisager une progression de ces charges de 750 € par mois.

Remarque : à l'exception des achats, toutes les autres charges sont réglées le mois où elles sont supportées.

5 Calculer la TVA à décaisser

L'unité commerciale Valence vous communique les opérations qu'elle a réalisées au mois de mars (document).

1. **Complétez le tableau (document).**
2. **Déterminez le montant de la TVA due au titre du mois de mars.**

Document **Opération réalisées au mois de mars par l'UC**

	Taux de TVA	Prix HT	Prix TTC	TVA	TVA collectée	TVA déductible
Ventes TTC	20 %		2 779,73 €			
Ventes TTC	5,5 %	760,22 €				
Achats HT	20 %	506,23 €				
Achats HT	5,5 %			21,49 €		
Acquisitions HT	20 %			152,40 €		

6 Établir le budget de trésorerie semestriel

L'unité commerciale Janpasse et Desmeyer, spécialisée dans le bricolage, vous confie les prévisions de trésorerie pour le premier semestre de l'année N.

1. **Présentez le budget de trésorerie du premier semestre à partir d'un tableau des encaissements et des décaissements, sans prendre en compte le budget de TVA.**
2. **Évaluez les crédits clients et dettes fournisseurs au 30 juin.**
3. **Exprimez vos recommandations à M. Janpasse.**

Document **Prévisions de trésorerie pour le premier semestre N**

Les prévisions des ventes HT en milliers d'euros sont les suivantes :

Décembre	Janvier	Février	Mars	Avril	Mai	Juin
368,00	253,00	241,50	257,60	280,60	322,0	414,00

Les ventes sont réglées :
- 50 % au comptant ;
- 50 % à un mois.

Le taux de marque global est de 13 %.
Le taux de TVA est de 20 %.

Les charges fixes mensuelles sont les suivantes :
- les achats sont réglés 25 % au comptant, 75 % à un mois ;
- charges d'exploitation : 10 000 € ;
- salaires et charges salariales : 30 500 €.

Les disponibilités étaient de 20 000 € au 1er janvier.

M. Janpasse, directeur, envisage d'acquérir plusieurs camionnettes de livraison en mai.
Prix : 30 000 € HT, réglé 50 % au comptant, 50 % à un mois.

La SAS Computer Service

M. Gilliot est président de la société par actions simplifiée Computer Service, spécialisée dans le secteur d'activité de la réparation d'ordinateurs et d'équipements périphériques. Son activité principale est le remplacement d'éléments défectueux dans les ordinateurs, leur optimisation, l'installation des logiciels…

M. Gilliot souhaite diversifier l'activité de Computer Service dans le domaine de la création de sites Internet et la mise en place de réseaux dans les TPE, PME et chez les particuliers.

Il est conscient que sa nouvelle activité ne sera pas sans risque et qu'il devra sans nul doute réorganiser le fonctionnement de son unité commerciale.

Afin que ses nouvelles installations techniques ne subissent pas de défaillances, il devra par ailleurs assurer leur maintenance dès la mise en place de son projet.

En tant qu'adjoint(e) de M. Gilliot, vous participez à l'instauration de cette nouvelle activité.

DOSSIER 1 L'étude de la rentabilité de l'investissement

M. Gilliot vous demande de mener une étude prévisionnelle sur la rentabilité de l'investissement qu'il compte engager pour réaliser son projet (annexes 1 et 2).

1. **Calculez les capacités d'autofinancement annuelles (vous arrondirez tous les nombres à l'euro le plus proche).**
2. **Calculez le délai de récupération du capital investi, la valeur actuelle nette et l'indice de profitabilité.**
3. **M. Gilliot doit-il réaliser son projet ?**
4. **Calculez la mensualité liée à l'emprunt.**
5. **Établissez les trois premières lignes du tableau d'amortissement financier de l'emprunt.**
6. **Calculez le coût du crédit.**

DOSSIER 2 La gestion des risques et la maintenance des installations

Suite à une violente tempête et de fortes rafales de vent, l'agglomération a connu des coupures d'électricité et de la téléphonie. Comme beaucoup de petites unités non munies de générateurs, l'unité commerciale n'a pu poursuivre son activité pendant une semaine. Fort heureusement, M. Gilliot avait contracté une assurance « pertes d'exploitation » (annexes 3 et 4).

1. **Calculez le montant de l'indemnisation liée au sinistre.**
2. **Dressez le compte de résultat avant le sinistre.**
3. **Dressez le compte de résultat après le sinistre en faisant apparaître l'indemnisation.**

Annexe 1 Données prévisionnelles liées au projet d'investissement

L'étude prévisionnelle de M. Gilliot permet d'envisager un chiffre d'affaires HT supplémentaire de 5 000 € la première année puis une augmentation de 10 % par an les années suivantes.
Les charges liées à l'augmentation de l'activité sont évaluées à 20 % du chiffre d'affaires, auxquelles il faut ajouter 3 500 € de charges par an (hors dotations aux amortissements) pour frais divers de fonctionnement.
L'investissement initial en matériel informatique est estimé à 2 000 €.
La dotation aux amortissements annuelle s'élèvera à 400 €.
Le taux de l'impôt sur les bénéfices (IS) est à 33,33 %.
M. Gilliot espère récupérer l'investissement dans les cinq années à un taux d'actualisation de 6 %.

Annexe 2 Conditions de l'emprunt contracté par M. Gilliot

Pour financer convenablement son projet, M. Gilliot prévoit un emprunt de 7 000 € sur 5 ans à un taux d'intérêt de 4 %.
L'emprunt sera remboursé par mensualités constantes.
Frais de dossier : 70 € versés lors de la première mensualité.
Assurance de l'emprunt : 3 € par 1 000 € empruntés, payable par mensualité.

Annexe 3 Baisse du chiffre d'affaires HT liée au sinistre

L'unité commerciale prévoyait pour la semaine un chiffre d'affaires de 17 531 €.
Elle a réalisé 10 622 € au cours des trois semaines du mois précédant le sinistre.
Le taux de marque est de 40 %. Les charges normales fixes mensuelles s'élèvent habituellement à 5 259 €.
Pendant le mois, l'unité commerciale a économisé 682 € avec la panne générale.
La remise en état des installations a coûté 1 524 €.

Annexe 4 Conditions d'indemnisation d'un sinistre fournies par le contrat d'assurance « pertes d'exploitation »

L'assurance « pertes d'exploitation » permet à l'entreprise de compenser les effets de la diminution du chiffre d'affaires et de faire face à ses charges fixes en couvrant les frais généraux permanents. Elle aidera aussi l'entreprise à supporter les frais exceptionnels consécutifs au sinistre.
L'indemnité versée au titre de la garantie des pertes d'exploitation est destinée à compenser la baisse du chiffre d'affaires. Elle permet de replacer l'entreprise dans la situation financière qui aurait été la sienne si le sinistre n'avait pas eu lieu. L'assureur et les experts spécialisés recherchent aussi des solutions pour que l'activité reprenne dans les meilleurs délais.

Le contrat stipule que la compagnie d'assurances versera une indemnité « pertes d'exploitation » qui compensera :
- la perte de marge commerciale ;
- les charges fixes supplémentaires supportées suite au sinistre.

Réussir l'épreuve E4

I Présentation de l'épreuve

1 Sa forme

L'épreuve de Management et gestion des unités commerciales est une épreuve écrite d'une durée de 5 heures. Elle prend la forme d'une étude de cas, c'est-à-dire d'une épreuve de synthèse relative à une unité commerciale confrontée à une série de problèmes de management et de gestion.
Ces derniers sont en général exposés en différents dossiers et illustrés par des documents. À chaque problème correspond une série de questions auxquelles il vous faut répondre.

2 Ses objectifs

L'épreuve de Management et gestion des unités commerciales vous met en situation d'analyse et de résolution de problèmes de management et gestion dans le cadre d'une unité commerciale dont vous seriez responsable. Elle vise ainsi à mesurer votre aptitude à résoudre des problèmes concrets en suivant des méthodes de travail précises et cohérentes. Elle est également destinée à vérifier l'acquisition et la maîtrise des connaissances techniques dispensées durant l'année en cours.

3 Les critères d'évaluation

L'épreuve permet de :
– vérifier que vous maîtrisez effectivement les techniques de management et de gestion commerciale ;
– s'assurer de vos aptitudes à analyser des problèmes de management de l'équipe commerciale et de gestion de l'unité commerciale à partir d'une situation professionnelle réelle ;
– vérifier que vous savez choisir des méthodes et techniques appropriées à la situation étudiée et que vous êtes capable de les mettre en œuvre ;
– voir que vous êtes à même de proposer des solutions réalistes permettant de résoudre efficacement les problèmes posés et de justifier les décisions prises en mobilisant les savoirs associés.
Enfin, en tant que technicien supérieur, la mise en situation suppose que vous présentiez votre copie sous la forme d'un rapport identique à celui que vous remettriez à votre supérieur hiérarchique.

II Méthodologie de travail et conseils de préparation

1 Comment organiser votre travail ?

Le sujet commence par deux pages : une page de garde rappelant les modalités de l'épreuve et une page présentant l'unité commerciale et les dossiers à traiter.
Chaque dossier comporte un titre mis en évidence et des annexes s'y rapportant.
Vérifiez d'abord que le sujet est complet : comptez le nombre de pages (un sujet comporte en général une quinzaine de pages numérotées).
Prenez connaissance des dossiers et des travaux demandés.
Lisez d'abord les questions en relevant les termes principaux, sans vous préoccuper des annexes, afin de mobiliser vos connaissances en rapport avec l'énoncé (utilisez un surligneur).
Puis lisez les annexes avec attention (ne surlignez que les éléments nécessaires pour traiter la partie concernée) quand vous aborderez le traitement du dossier.
Vérifiez que les travaux demandés peuvent être traités de façon indépendante ; dans ce cas, vous pourrez traiter les différentes questions dans l'ordre que vous préférez, mais vous devrez répondre dans l'ordre des questions.
Préparez une feuille de brouillon par question ; numérotez vos feuilles de brouillon pour les retrouver plus facilement.
Recopiez la question en tête de chaque feuille de brouillon en précisant le numéro des annexes.

Puis mettez en pratique le principe de la lecture active : au fur et à mesure de la lecture, relevez les éléments qui permettent de répondre à chaque question en précisant les annexes de référence.
Si vous ne traitez pas la question immédiatement, laissez l'espace nécessaire sur votre copie pour rédiger la réponse ultérieurement, s'il vous reste du temps.

2 Comment gérer votre temps ?

L'épreuve dure 5 heures ; consacrez au moins un quart d'heure à la lecture du cas et à la réflexion sur la façon dont vous allez le traiter.
Évaluez le temps que vous allez consacrer à chaque dossier, voire à chaque question (ce temps doit être proportionnel à l'ampleur du problème et à ses difficultés).
Consacrez 15 minutes à la relecture et aux dernières améliorations : corrections, soulignement, encadrement des résultats, etc.

3 Comment présenter votre copie ?

Une présentation soignée est de mise. Elle représente 5 points sur 80 qui sont le coup de cœur du correcteur pour les copies bien présentées, orthographiées correctement, agréables à lire…
Soignez donc la forme : aérez vos réponses, soulignez les titres (à la règle), utilisez des couleurs (notamment pour les graphiques), soignez l'expression française.
Traitez les dossiers dans l'ordre et respectez l'ordre des questions.
Pensez à réaliser les travaux rédactionnels et les documents demandés (lettre, rapport, compte-rendu, note de synthèse, annonce pour une offre d'emploi, grille d'évaluation…) sur une feuille séparée en respectant les règles de présentation.

4 Les trucs et astuces pour réussir l'épreuve

a) **Les conseils qu'il faut suivre**
– Restez neutre (pas de considération personnelle ni familière).
– Adaptez vos réponses au cas précis.
– Faites preuve d'un esprit synthétique mais augmentez vos réponses.
– Présentez, si nécessaire, vos résultats sous forme de tableaux.
– Utilisez un vocabulaire professionnel.
– Relisez-vous.

b) **Les erreurs qu'il faut éviter**
– Recopier les annexes.
– Reprendre des listings de données historiques ou des catalogues fastidieux de chiffres.
– Négliger les termes techniques qui font appel à une partie de cours précise sur laquelle on attend de vous les connaissances adéquates et utiliser un vocabulaire approximatif, voire inapproprié.
– Répondre évasivement aux questions sans justification.
– Présenter la copie sous forme de dissertation.
– Énumérer les réponses sans justification et en abuser.
– Écrire de façon illisible ou faire des fautes d'orthographe et de grammaire.

En conclusion

Soyez professionnel(le) et considérez que votre correcteur est votre manageur !

Étude de cas 1

Select & Store

Vous travaillez dans une grande surface alimentaire du réseau Select & Store en tant qu'assistant(e) manageur au rayon « Boulangerie-Pâtisserie ».
Vos missions actuelles portent sur la constitution d'une équipe professionnelle et motivée, et sur la gestion de l'offre.

Votre responsable vous charge de trois dossiers concernant :
– le recrutement d'un nouveau pâtissier ;
– l'animation et la stimulation des équipes ;
– la fixation du prix de vente d'une nouvelle offre.

DOSSIER 1 Le recrutement d'un pâtissier (annexes 1 et 2)

Le rayon « Boulangerie-Pâtisserie » compte une dizaine d'employés, répartis en deux équipes. Le sous-rayon « Pâtisserie » emploie six salariés, dont deux pâtissiers qualifiés de niveau V, titulaires d'un CAP dans les métiers de bouche. L'un des deux pâtissiers a demandé et obtenu sa mutation pour un autre magasin du réseau. Il devra être remplacé dans deux mois.
Votre responsable vous charge de l'assister dans ce recrutement.

1. **Quelles sources de recrutement préconisez-vous pour trouver un pâtissier qualifié ?**
2. **Rédigez et présentez l'annonce de recrutement qui sera diffusée sur le site institutionnel du réseau, dans la rubrique « Emploi ».**
3. **Comparez la nouvelle méthode de recrutement adoptée par Auchan Saint-Cyr-sur-Loire à la méthode classique de recrutement par CV et entretiens.**
4. **Votre responsable souhaite tester la nouvelle méthode de recrutement présentée en annexe 2. Listez les différentes tâches à accomplir pour préparer efficacement la journée de sélection des candidats.**
5. **Votre manageur désire faciliter l'intégration du nouveau pâtissier dans l'équipe. Quels moyens proposez-vous pour réussir cette intégration ?**

DOSSIER 2 L'animation et la stimulation des équipes (annexes 3, 4 et 5)

Une réunion mensuelle d'équipe aura lieu prochainement. L'ordre du jour comprend deux points : l'analyse des performances commerciales trimestrielles du rayon « Boulangerie-Pâtisserie » et les montants des primes trimestrielles d'équipe.
Une étude de satisfaction de la clientèle a été menée récemment dans votre rayon. Votre responsable vous a communiqué les résultats de cette enquête. Vous disposez par ailleurs de données chiffrées sur le premier trimestre concernant les performances commerciales du rayon.
Vous êtes sollicité(e) pour analyser ces documents et en faire la synthèse oralement en réunion d'équipe. Vous êtes chargé(e) également de calculer le montant des primes variables collectives.

1. **Relevez les points positifs dont les équipes peuvent être fières.**
2. **Présentez les points faibles du rayon et dégagez les axes de progrès pour chaque sous-rayon.**
3. **Préparez un support synthétique présentant le bilan de vos analyses (ce document sera présenté lors de la réunion à l'aide d'un vidéoprojecteur).**
4. **Calculez le montant de la prime variable d'équipe d'un employé en boulangerie et d'un employé en pâtisserie pour le trimestre 1. Commentez ces résultats ainsi que la méthode de calcul utilisée.**
5. **Proposez une amélioration du mode de calcul actuel de la prime collective.**

DOSSIER 3 La fixation du prix de vente d'une nouvelle offre (annexes 6 et 7)

Le magasin organise, durant tout le mois de mai, une période d'animation de ses rayons « Produits frais ». Pour la circonstance, le sous-rayon « Pâtisserie » propose une nouveauté : une boîte de quatre mille-feuilles aux fraises.
Le responsable vous charge de déterminer le coût de revient et le prix de vente de cette nouvelle offre.

1. **Déterminez le coût de revient d'une boîte de quatre mille-feuilles aux fraises.**
2. **Une étude a été menée récemment pour déterminer le prix d'acceptabilité d'une boîte de quatre gâteaux individuels. Calculez le prix psychologique et donnez les limites de cette méthode.**
3. **Proposez un prix de vente TTC de la boîte de quatre mille-feuilles, sachant que : le magasin pratique habituellement un taux de marque de 40 % sur ce type de produit, le prix moyen observé chez les concurrents est de 6,30 €, la TVA est de 5,5 %. Argumentez votre choix.**
4. **Finalement, le prix de vente retenu par votre responsable est de 6,15 € TTC. Les ventes prévisionnelles de la première semaine d'animation sont estimées à 420 boîtes. Calculez la marge globale.**
5. **Le responsable du rayon souhaiterait dynamiser les ventes de ce produit pour la deuxième semaine. Il envisage une baisse du prix de vente unitaire de 10 %. En admettant que l'élasticité de la demande par rapport au prix pour ce produit soit de – 1,2, calculez l'incidence sur la marge globale de cette baisse du prix de vente unitaire. Concluez sur la pertinence d'une telle décision.**

Annexe 1 Le métier de pâtissier

Le métier de pâtissier vu par Perso.wanadoo.fr

- **Activités principales**

– Recherche des produits de base.
– Réalisation des décors sur les entremets et pâtisseries.
– Gestion du stock de certains produits.
– Entretien des équipements particuliers.

- **Compétences requises**

– Maîtriser les règles de fabrication des pâtisseries (notamment de cuisson du sucre et du chocolat).
– Présenter les mets de manière attrayante.
– Respecter les recettes imposées.
– Appliquer les règles d'hygiène générale et alimentaire.
– Appliquer les règles de sécurité du travail.
– Gérer un stock de produits périssables.

- **Diplômes obligatoires**

Tous diplômes de l'enseignement technique des métiers de bouche et particulièrement : CAP Pâtisserie, CAP Confiserie, CAP Traiteur, CAP Cuisine option Pâtisserie, BEP Cuisine Restauration.
Dans tous les cas, une expérience dans le domaine est souhaitée.

Le métier de pâtissier vu par Artifrance

- **Qualités requises**

– Qualités physiques pour une activité qui s'exerce debout.
– Excellente hygiène.
– Talent artistique.
– Rigueur et précision.
– Aptitudes en matière de goût, habileté manuelle pour acquérir et pratiquer les tours de main.
– Bon contact clientèle et sens commercial.

ANDRM.

Annexe 2 Recrutement : Auchan innove pour les métiers de bouche

Gaëlle, Bruno, Raïcha, etc. En cette matinée de juin, onze candidats sélectionnés par Pôle emploi découvrent une nouvelle méthode de recrutement testée par Auchan Saint-Cyr-sur-Loire. Au lieu du traditionnel entretien face à face avec le responsable des ressources humaines, ils se retrouvent tous autour d'une table dans une des salles de l'hypermarché. Instigateur de cette démarche inédite, Fadi Lahiani, stagiaire au service des ressources humaines, les accueille chaleureusement et leur explique le but de la manœuvre : anticiper le recrutement futur de vendeurs compétents en métiers de bouche. Le magasin

•••

Annexe 2 Recrutement : Auchan innove pour les métiers de bouche (suite)

n'a en effet pas identifié de besoins immédiats en personnel mais une rapide lecture de l'historique permet de prévoir des opportunités dans les deux mois à venir.

Les métiers présentés par les chefs de rayon

Autre originalité, les candidats n'ont pas été sélectionnés sur leur diplôme mais sur leurs aptitudes à devenir de bons vendeurs. Soit parce qu'ils l'ont déjà été, soit parce que leur expérience leur a permis d'acquérir des compétences intéressantes en métier de bouche. Bruno a, par exemple, travaillé dans la restauration collective, ce qui semblerait d'emblée le prédisposer à un poste au rayon traiteur. D'autres ont une courte expérience à la tête d'une petite entreprise et possèdent des bases en gestion potentiellement intéressantes. La matinée est ensuite consacrée à la présentation de l'enseigne, de ses postes et des opportunités. « Plus que de simples vendeurs, nous recherchons également des capacités à devenir manageur par la suite », annonce Fadi Lahiani. Et d'insister sur les sommes investies chaque année par le groupe pour former ses équipes. Après une courte pause, c'est au tour des chefs de rayon charcuterie-traiteur, fromage coupe et volaille de présenter les spécificités de leurs métiers et de répondre aux questions des candidats. Le tout se déroule dans une ambiance détendue. « Nous avons élaboré cette journée en essayant de retirer toutes les sources de stress qui peuvent altérer un entretien d'embauche », explique en effet Fadi Lahiani. Les perspectives d'embauche étant lointaines, la pression est différente, ce qui permet aux candidats de laisser paraître leur véritable personnalité.

L'après-midi débute, quant à elle, par une série de tests distribués aux candidats. Le premier est un questionnaire de mise en situation. Plusieurs scènes sont décrites, auxquelles les futures recrues doivent réagir par écrit : « Un client retardataire se présente en rayon alors que vous avez tout remballé, que faites-vous ? », etc. Suivent trois tests psychologiques permettant de déceler les principaux traits de caractère. Plus surprenant, l'animateur invite les participants à se prêter à un petit jeu : établir collégialement une liste de dix objets à emmener sur une île déserte. Sans aucun rapport avec le métier, cette mise en scène permet aux psychologues du travail présents d'observer les réactions du groupe. Qui est le meneur ? Qui participe le plus ? Certains se mettent-ils en retrait ? Alors que les discussions vont bon train, les professionnels prennent des notes permettant d'évaluer la capacité à intégrer une équipe. Ce n'est qu'après avoir passé toutes ces étapes que les candidats déposent leur curriculum vitae, l'enseigne s'engageant à suivre chacun d'entre eux.

Trois embauches dans la semaine suivante

Bilan de la journée ? Trois participants ont été embauchés dans la semaine qui a suivi, pour des CDD allant de un à quatre mois avec possibilité de reconduction. Visiblement satisfait, le magasin a déjà réalisé une deuxième session pour laquelle il a obtenu le droit de tester ses candidats sur le terrain à travers une convention pour évaluation en milieu de travail. À terme, l'objectif est double. Auchan entend étendre la méthode dans tous les hypermarchés pour se constituer un vivier de candidats en métiers de bouche. Partenaire historique d'Auchan pour le recrutement des employés, Pôle emploi, de son côté, compte se servir des résultats pour élaborer un package de recrutement complet, comme elle le fait déjà pour les employés en libre-service depuis 1998, avec la méthode dite « des habiletés ».

Élodie Martel, *Linéaires*, n° 206.

Annexe 3 Résultats partiels de l'étude de satisfaction de clientèle

L'enquête a été menée en mars auprès de 249 clients du rayon « Boulangerie-Pâtisserie » selon une méthode d'échantillonnage non probabiliste*.

- 93 % des personnes interrogées trouvent le rayon propre et bien rangé.
- 85 % des clients jugent le rayon chaleureux et agréable esthétiquement.
- 20 % des clients estiment qu'un effort particulier est à faire concernant l'étiquetage.
- 65 % des clients sont satisfaits par les prix pratiqués.
- Pour 75 % des clients sondés, la variété des pains proposés est suffisante. Par contre, 51 % des clients sont moyennement satisfaits par les qualités gustatives du pain.
- 57 % des clients réclament un plus grand choix de pâtisseries individuelles.
- 56 % souhaitent plus de pâtisseries aux fruits frais de saison.
- 55 % des clients attendent plus d'animations et de promotions, notamment dans le sous-rayon « Boulangerie ».
- 87 % des clients jugent les employés aimables et souriants.

* Méthode d'échantillonnage non probabiliste utilisée quand on ne dispose pas d'une base de sondage exhaustive et que les individus sont sélectionnés de manière raisonnée et non aléatoire (ex : méthode des quotas et méthode des itinéraires).

Annexe 4 Performances du rayon « Boulangerie-Pâtisserie » – Trimestre 1 (N)

Tableau 1 : Les paniers

	Panier moyen T1 (N)	Panier moyen T1 (N-1)	Panier articles T (N)	Panier articles T (N-1)	Objectif panier moyen (N)	Objectif panier article (N)
Sous-rayon « Boulangerie »						
Magasin	0,98	0,85	1,20	1,10	0,98	1,21
Région	1,10	0,95	1,37	1,23	1,09	1,35
Réseau	1,30	1,15	1,63	1,49	1,32	1,64
Sous-rayon « Pâtisserie »						
Magasin	4,83	4,50	1,10	1,07	4,98	1,12
Région	5,83	5,45	1,33	1,29	6,00	1,35
Réseau	5,74	5,34	1,31	1,27	5,87	1,33

Le panier articles est le nombre moyen d'articles par achat dans le rayon.

Tableau 2 : Chiffres d'affaires prévus et réalisés pour le trimestre 1 (T1) – années N et N-1

	Objectif niveau 1 T1 (N)	Objectif niveau 2 T1 (N)	Réalisé T1 (N)	Réalisé T1 (N-1)
Sous-rayon « Boulangerie »				
Magasin	70 000	84 000	71 500	68 055
Région	90 750	108 900	88 450	86 240
Réseau	99 450	119 340	99 655	96 740
Sous-rayon « Pâtisserie »				
Magasin	95 000	114 000	93 541	88 429
Région	111 498	133 798	121 450	109 311
Réseau	118 387	142 065	120 510	114 939

- Les chiffres donnés dans les tableaux 1 et 2, pour la région et pour le réseau, sont des moyennes calculées sur des rayons aux superficies identiques.
- Le réseau fixe deux niveaux d'objectifs : un premier niveau (N1) qui doit, en principe, pouvoir être atteint, et un deuxième niveau (N2) plus ambitieux. L'atteinte ou le dépassement de l'un de ces niveaux d'objectifs conditionne l'octroi et le calcul de la prime trimestrielle d'équipe.

Annexe 5 Éléments de calcul de la prime d'équipe

Nature de la prime	Prime variable collective attribuée tous les trois mois en cas d'atteinte ou de dépassement de l'objectif de chiffre d'affaires du rayon.
Méthode de calcul	La prime est un pourcentage du salaire trimestriel brut du salarié. Le pourcentage appliqué varie en fonction du niveau d'objectif atteint : – si le niveau 1 est atteint ou dépassé, le pourcentage applicable est de 3 % ; – si le niveau 2 est atteint ou dépassé, le pourcentage applicable est de 6 %.

Le salaire brut moyen mensuel d'un employé au rayon « Boulangerie-Pâtisserie » est de 1 400 €.

Annexe 6 Éléments pour évaluer le prix d'acceptabilité

Afin de déterminer le prix de vente accepté par le plus grand nombre de clients pour une boîte de quatre gâteaux individuels, les deux questions suivantes ont été posées à 249 clients :

Question 1 : « En dessous de quel prix considérez-vous la boîte de quatre gâteaux de mauvaise qualité ? »

Question 2 : « Au-dessus de quel prix trouvez-vous cette boîte de quatre gâteaux trop chère ? »

Prix proposé	Nombre de réponses à la question 1	Nombre de réponses à la question 2	Prix proposé	Nombre de réponses à la question 1	Nombre de réponses à la question 2
4,00 €	25	0	5,60 €	9	20
4,20 €	10	0	5,80 €	9	63
4,40 €	27	0	6,00 €	2	71
4,60 €	40	0	6,20 €	2	0
4,80 €	28	6	6,40 €	0	13
5,00 €	72	8	6,60 €	0	7
5,20 €	19	3	6,80 €	0	0
5,40 €	6	10	7,00 €	0	48

Annexe 7 Charges nécessaires à la fabrication et à la commercialisation de 8 mille-feuilles

Charges directes pour la fabrication de 8 mille-feuilles individuels aux fraises

	Nature de l'unité	Quantité	Coût de l'unité
Matières premières pour la fabrication de la pâte feuilletée			
Farine	Kilogramme	500 g	0,44 €
Beurre	Kilogramme	375 g	0,84 €
Sel fin	Kilogramme	10 g	0,28 €
Eau	Litre	250 ml	0,15 €
Matières premières pour la fabrication de la crème pâtissière			
Lait	Litre	50 cl	0,50 €
Œufs	Vingtaine	3 œufs	7,50 €
Sucre	Kilogramme	100 g	0,46 €
Maïzena	Kilogramme	50 g	0,48 €
Crème fraîche	Litre	150 ml	0,89 €
Beurre	Kilogramme	25 g	0,84 €
Vanille	Gousse	1	0,12 €
Ingrédients pour le montage et la décoration des gâteaux			
Fraises	Kilogramme	300 g	1,50 €
Autres charges directes de production			
Fabrication de la pâte feuilletée	Heure de main-d'œuvre	3 minutes	9,80 €
Fabrication de la crème	Heure de main-d'œuvre	6 minutes	9,80 €
Cuisson de la pâte	Kilowattheure	550 watts	0,10 €
Montage et décoration des gâteaux	Heure de main-d'œuvre	3 minutes	9,80 €
Charges directes de distribution			
Emballage	Boîte	2	0,06 €
Autres charges directes de distribution	6 % du coût de production		

Charges indirectes de production pour 8 mille-feuilles
- Fabrication de la pâte feuilletée : 3 minutes à 0,12 € la minute
- Fabrication de la crème : 6 minutes à 0,14 € la minute
- Montage et décoration des gâteaux : 3 minutes à 0,13 € la minute

Charges indirectes de distribution pour 8 mille-feuilles : 2 minutes à 0,12 € la minute

Étude de cas 2

Culturama

La SARL Culturama, créée en 1976 à la périphérie est de la ville de Blois par M. Leprêtre, son frère et sa sœur, est une jardinerie indépendante particulièrement dynamique. Elle compte une surface de vente couverte de 998 m², à laquelle il faut ajouter les réserves, une pépinière, une serre et un parking. L'unité commerciale est implantée sur un terrain familial de plusieurs hectares qu'elle pourrait exploiter davantage, notamment en ajoutant d'autres serres dans lesquelles M. Leprêtre, titulaire d'un diplôme « Production horticulture, spécialité Pépinière », pourrait exercer pleinement son savoir-faire.

La SARL gère 60 000 références et se compose des rayons suivants :

– « Pépinière - Plein air » ;

– « Animalerie » ;

– « Serres » ;

– « Motoculture » ;

– « Terreau - Graines - Outillage ».

Chaque rayon est dirigé par un responsable de rayon, assisté d'un ou de deux vendeurs. La société emploie au total 9 salariés à temps plein.
Vous avez été récemment recruté(e) comme assistant(e) manageur de M. Leprêtre, qui vous confie diverses tâches.

DOSSIER

1 L'opération « Bonsaïs » (annexes 1 et 2)

Le rayon « Serres » référencie depuis un an un nouveau produit dont l'origine est très ancienne : le bonsaï.
Il propose à la clientèle une quarantaine de variétés d'intérieur et d'extérieur. Les approvisionnements sont réalisés pour 80 % auprès d'importateurs étrangers ou de grossistes spécialisés. Le prix de vente en magasin varie de 25 € à 150 €.
Le vendeur a un rôle très important à jouer dans la vente de ce produit (origine, particularité, entretien, soins…).

1. **Calculez le prix moyen d'un bonsaï (arrondi à l'euro le plus proche).**
2. **Déterminez pour l'année N+1 la fourchette de chiffre d'affaires prévisionnel qui sera réalisée par la vente des bonsaïs.**
3. **Compte tenu du prix moyen d'un bonsaï, combien de bonsaïs peut-on vendre au maximum pendant l'année N+1 (arrondir à l'unité la plus proche) ?**
4. **Établissez le cadencier des approvisionnements en ayant comme objectif d'éviter surstockage et rupture de stock. Justifiez vos calculs.**

DOSSIER

2 L'agrandissement de l'unité commerciale (annexes 3 et 4)

Face au développement constant du jardinage et de l'écologie, et avec la poussée du développement durable, M. Leprêtre décide d'investir dans la construction de nouvelles serres sur le terrain familial.
Après consultation, les associés proposent d'apporter un capital total de 130 000 €.
M. Leprêtre vous charge de l'assister dans son projet d'agrandissement.

DOSSIER 2 (suite)

La prévision des besoins de financement en début d'activité

1 Déterminez le montant de l'emprunt à réaliser afin de dégager un fonds de roulement net global de 12 000 €.

L'ouverture de l'extension du point de vente nécessitera l'acquisition d'un stock de départ d'environ 5 000 € HT réglé aux fournisseurs pour moitié au comptant, le solde étant payé le 10 du mois suivant (taux de TVA applicable : 20 %).

2 Calculez le besoin en fonds de roulement lors de l'ouverture.

3 Déduisez-en le montant de la trésorerie disponible à ce moment-là.

La prévision d'activité pour la première année d'exercice

M. Leprêtre vous indique qu'il a été décidé de contracter un emprunt de 96 000 €. Par ailleurs, il vous signale qu'en tant qu'investisseur dans une zone franche, il bénéficiera de l'exonération de l'impôt sur les bénéfices.

4 Établissez le compte de résultat prévisionnel pour la première année d'exploitation.

5 Calculez la capacité d'autofinancement prévisionnelle.

DOSSIER 3 La mise en œuvre du projet (annexe 5)

M. Leprêtre vous remet un planning recensant les étapes préalables à l'ouverture d'une serre.

1 Déterminez la durée minimale de réalisation du projet.

Il est probable qu'un retard de 20 jours soit pris dans le recrutement du personnel.

2 Analysez l'influence de ce retard sur le planning d'ouverture des serres.

DOSSIER 4 L'organisation de l'équipe commerciale (annexes 6 et 7)

M. Leprêtre vous demande d'aborder le problème de la disponibilité des vendeurs dans la serre.
Vous disposez en annexe du planning prévisionnel de répartition des vendeurs sur la semaine.

1 Évaluez, pour chaque demi-journée de la semaine, l'effectif de vendeurs permettant d'assurer un bon service à la clientèle.

2 À partir du planning de répartition des vendeurs, déterminez les besoins en personnel de vente. Qu'en concluez-vous ?

Annexe 1 Répartition du chiffre d'affaires

Prix des bonsaïs (selon l'espèce)	Pourcentage des ventes pendant l'année N
De 25 à 80 €	80
De 80 à 100 €	15
De 100 à 150 €	5

L'augmentation moyenne du chiffre d'affaires de l'année N-2 à l'année N avoisine 20 % par an.
Le chiffre d'affaires prévisionnel de l'unité commerciale pour l'année N est de 2 000 000 €.

D'autre part, on sait que :
– le chiffre d'affaires du rayon « Serres » représente 22 % du chiffre d'affaires du magasin ;
– le chiffre d'affaires des plantes vertes représente 23 % du chiffre d'affaires du rayon « Serres » ;
– les ventes de bonsaïs représentent 8 à 10 % du chiffre d'affaires des plantes vertes.

Annexe 2 Prévisions de ventes des bonsaïs

M. Leprêtre a estimé les prévisions de ventes des bonsaïs pour les douze prochains mois à 300 unités.

Quantités mensuelles des ventes prévisionnelles de bonsaïs

J	F	M	A	M	J	J	A	S	O	N	D
14	10	20	35	40	28	20	14	20	33	40	30

Vous devez tenir compte des contraintes suivantes :
– les livraisons sont faites par lots de 25 unités, ce qui minimise les coûts d'approvisionnement ;
– il est nécessaire de disposer en permanence d'un stock de 5 unités ;
– les délais de livraison des fournisseurs sont de 15 jours et plusieurs livraisons peuvent être réceptionnées au cours du même mois ;
– il n'y a pas de stock début janvier ;
– pour simplifier les calculs, vous prendrez des mois de 30 jours.

Annexe 3 Données chiffrées pour l'ouverture des serres

Budget d'investissement	
Investissement immatériel	**35 000,00 €**
Formation du personnel	8 000,00 €
Droit au bail	7 000,00 €
Publicité	9 000,00 €
Autres frais d'établissement	11 000,00 €
Investissement matériel	**165 000,00 €**
Matériel	50 000,00 €
Aménagement des serres	115 000,00 €
Total	**200 000,00 €**

Annexe 4 Éléments du compte de résultat prévisionnel

Chiffre d'affaires prévisionnel HT	500 000 €
Taux de marge moyen	48,8 %
Prime d'intéressement	6 % du CA HT
Publicité annuelle	1,5 % du CA HT
Autres charges externes	48 500 €
Impôts et taxes	4 000 €
Salaires fixes et charges sociales	104 500 €
Dotations aux amortissements	21 000 €
Charges financières (intérêts d'emprunt)	5 040 €

Annexe 5 Planning des étapes préalables à l'ouverture des serres

Tâche	Nature de la tâche	Durée en jours	Tâches antérieures
A	Commande de l'équipement (mobilier et matériel)	20	–
B	Recrutement (annonces, réception et tri des candidatures)	30	–
C	Détermination du plan de communication	10	–
D	Installation du mobilier et de l'équipement du magasin	3	A
E	Entretien et sélection des candidats	3	B
F	Formation du personnel sélectionné en magasin	3	D, E
G	Choix et réservation des réseaux d'affichage	30	C
H	Commande des affiches, dépliants publicitaires, traiteur	15	G
I	Distribution des dépliants sur la zone de chalandise	4	H
J	Commande, réception et mise en place des fleurs	10	D
K	Décoration du point de vente	7	F, J
L	Cocktail d'ouverture	1	I, K

Annexe 6 Contraintes d'organisation de l'équipe commerciale

Horaires du point de vente

Du mardi au samedi inclus
Matin : 8 h-12 h
Après-midi : 14 h-18 h

Horaires d'un vendeur

- 35 heures hebdomadaires de présence dans le magasin, dont 7 heures consacrées à la formation, aux travaux administratifs et aux réunions de travail.
- Chaque vendeur consacre des demi-journées entières de vente (en matinée ou en après-midi) à l'accueil et au contact avec la clientèle.
- L'expérience montre que chaque vendeur peut se consacrer efficacement à 9 clients au maximum par heure. Par souci de simplification, on admettra que les clients se répartissent de manière régulière sur chaque demi-journée de vente.

Amplitude de fréquentation du point de vente par la clientèle

M. Leprêtre a effectué des pointages sur la fréquentation dans son magasin. Il en a déduit qu'il peut tabler sur 1 000 clients par semaine, dont 80 % environ auront besoin d'une assistance à la vente.

Résultat des pointages : moyenne des clients assistés par un vendeur en semaine standard, hors pointes saisonnières ou périodes promotionnelles

Journée	Matin	Après-midi	Total journée
Mardi	36	54	90
Mercredi	72	108	180
Jeudi	54	72	126
Vendredi	108	126	234
Samedi	108	126	234
Total demi-journée	**378**	**486**	**864**

Annexe 7 Planning prévisionnel de présence des vendeurs

Journée	Période	Andrieux	Meurin	Fernay
Mardi	Matin	✗		
	Après-midi	✗	✗	
Mercredi	Matin	✗	✗	
	Après-midi	✗	✗	✗
Jeudi	Matin		✗	✗
	Après-midi			✗
Vendredi	Matin			✗
	Après-midi	✗	✗	✗
Samedi	Matin	✗	✗	✗
	Après-midi	✗	✗	✗
	Totaux	7	7	7

Remarque : l'équipe commerciale se compose des vendeurs dont le planning de présence figure ci-dessus, de deux employés de libre-service, d'un réceptionnaire et d'un responsable de rayon.

Lexique

A

Acompte : versement partiel à déduire du prix convenu ; les deux parties sont tenues d'exécuter le contrat.

Actif : ensemble des avoirs ou biens détenus par une entreprise ; c'est un emploi.

Actif circulant : actif détenu pour une durée inférieure à l'exercice comptable.

Actif immobilisé : actif composé de biens durables (immobilisations).

Actif stable : actif détenu pour une durée supérieure à l'exercice comptable.

Actualisation : procédé de calcul qui permet de comparer des valeurs à un instant t en les ramenant à l'instant présent.

Amortissement (pour dépréciation) : cumul des dotations aux amortissements pratiquées sur une immobilisation ; il est inscrit à l'actif du bilan.

Amortissement financier : remboursement de la fraction du capital emprunté.

Annualisation du temps de travail : répartition inégale du temps de travail sur l'année, le salarié pouvant être amené à travailler plus pendant les périodes de forte activité et moins pendant les périodes de faible activité.

Annuité : versement régulier permettant de rembourser un emprunt incluant les intérêts et l'amortissement financier.

Appel d'offres : procédure qui consiste à diffuser largement une même demande d'achat afin de choisir la plus économique.

Approvisionnement : fourniture de biens et de services nécessaires à l'exploitation de l'unité commerciale dans les meilleures conditions de coût, de délai et de qualité.

Arrhes : versement d'une partie du prix par l'acheteur au vendeur mais le contrat n'étant pas définitif, chaque partie peut se dégager.

Autoévaluation : démarche qui vise à s'évaluer soi-même.

Avoir : geste commercial accordé au client particulier en compensation d'un échange de marchandise.

B

Besoins extrinsèques : ils sont liés principalement aux relations et aux aspects extérieurs du travail (relations avec le supérieur, les collègues, les subordonnés, rémunération, conditions de travail, statut, sécurité).

Besoins intrinsèques : ils sont liés essentiellement au contenu du travail (réalisation de soi, reconnaissance, intérêt du travail, responsabilités, avancement, développement des compétences).

Besoin en fonds de roulement : besoin de financement généré par l'insuffisance des ressources à court terme.

Besoin en fonds de roulement d'exploitation : besoin de financement généré par l'insuffisance des ressources d'exploitation.

Bilan : document comptable de synthèse donnant l'image du patrimoine de l'entreprise à un moment donné. Il regroupe l'actif et le passif.

***Blended-learning* (ou formation mixte ou hybride)** : dispositif de formation qui cumule différentes modalités d'apprentissage : le présentiel (formation collective en salle) et le distanciel (formation en ligne).

Budget : ensemble des prévisions de données futures.

C

Capacité d'autofinancement (CAF) : ressource générée par l'activité de l'entreprise résultant de la différence entre les produits encaissés et les charges décaissées.

Capitalisation : procédé de calcul qui permet de déterminer une valeur à un instant t en la projetant à un instant futur.

Capitaux propres : ensemble des ressources de l'entreprise dues aux propriétaires de l'entreprise (entrepreneur individuel, associés, actionnaires).

Centrale d'achat : organisme groupant les achats en vue d'obtenir les meilleurs prix.

Charge directe : charge affectée directement à un centre de profit.

Charge exceptionnelle : charge dont le fait générateur s'est produit lors d'un exercice comptable antérieur ou qui n'est ni lié à l'exercice ni à l'exploitation.

Charge fixe : charge dont le montant est indépendant du volume de chiffre d'affaires.

Charge variable : charge variant proportionnellement avec le chiffre d'affaires.

Chiffre d'affaires : réunit les recettes tirées de la commercialisation des produits et/ou services ; il s'agit dans une unité commerciale des ventes ou prestations de services.

Climat social (ou climat de travail) : degré de satisfaction des salariés dans l'entreprise.

Coaching individuel : action de perfectionnement et de conseil individualisé.

Coaching d'équipe (ou collectif) : accompagnement d'une équipe visant à optimiser ses atouts et à la rendre plus efficace, mature, autonome et responsable.

Cohésion d'équipe : ensemble des liens qui unissent les membres d'une équipe et les incitent à coopérer ensemble et à être solidaires.

Compétence professionnelle : pour un poste de travail donné, aptitude à mener les tâches attendues, combinant à la fois des connaissances (savoirs), des pratiques professionnelles (savoir-faire), des comportements relationnels (savoir-être) et des aptitudes physiques.

Comportement : manière d'agir ou de réagir d'un individu face aux événements et aux situations.

Compte personnel de formation (CPF) : dispositif qui remplace le droit individuel à la formation (DIF) depuis le 1er janvier 2015 et qui vise à favoriser l'accès du salarié à la formation professionnelle tout au long de la vie.

Concession : contrat commercial entre un commerçant indépendant, le concessionnaire, et une entreprise, le concédant, auprès duquel le concessionnaire se procure des marchandises qu'il s'engage à commercialiser sous le nom du concédant.

Concours bancaires : dettes contractées auprès des banques pour subvenir à un besoin de disponibilités résultant de l'exploitation ; ils concernent généralement le découvert bancaire.

Conditions de travail : conditions portant sur l'aménagement, le contenu, les temps et les rythmes de travail.

Contrat à durée déterminée (CDD) : contrat de travail obligatoirement écrit, conclu pour une durée limitée, dans des circonstances précises, spécifiées par la loi. Le terme peut être précis (de date à date) ou imprécis (remplacement d'un salarié en congé maladie). La durée maximale d'un CDD à terme précis est en principe de 18 mois.

Contrat à durée indéterminée (CDI) : contrat de travail, sans limitation de durée, auquel doit normalement recourir un employeur.

Contrat de travail à temps partiel : contrat qui prévoit une durée de travail inférieure à la durée légale du travail. La durée minimale d'un contrat de travail à temps partiel est de 24 heures par semaine.

Contrat de travail temporaire : contrat utilisé pour une mission précise et temporaire, et seulement dans les cas prévus par la loi.

Coût de revient : somme de charges relatives à un stade intermédiaire de l'activité de l'entreprise.

Coût moyen unitaire pondéré (CMUP) : coût de l'unité détenue en stock déterminé en faisant la moyenne pondérée des coûts d'entrée.

Crédit-bail (ou location avec option d'achat) : pratique consistant à prendre en location un bien avec option d'achat au terme du contrat de location.

Culture d'entreprise : ensemble de valeurs partagées, d'attitudes cohérentes dans l'approche des problèmes qui lient entre eux les membres d'une entreprise.

Cycle d'exploitation : concerne les différentes étapes successives de l'approvisionnement à la distribution ; ensemble des opérations correspondant à l'activité normale et répétitive.

D

Décision : choix entre plusieurs options.

Découvert : forme de crédit souple et coûteuse accordée par le banquier ; voir *Concours bancaires*.

Délai de récupération du capital investi (DRCI) : date ou année de récupération du montant investi.

Démarque : différence entre les relevés de l'inventaire physique et théorique ; elle peut être connue ou inconnue.

Disponibilités : actifs circulants constitués par les soldes débiteurs (positifs) en banque et en caisse.

Dotations : montants annuels consacrés aux amortissements et aux provisions.

Dysfonctionnement : élément qui perturbe le bon fonctionnement d'un système.

E

Échéance (terme) : date à laquelle une créance ou une dette doit être réglée.

Effet de commerce (lettre de change ou traite) : document représentatif d'une créance payable à une date d'échéance définie à l'avance.

***E-learning* (ou formation en ligne)** : type de formation à distance utilisant les outils informatiques (CD-rom, Internet, intranet, extranet) et mettant à disposition des apprenants des contenus pédagogiques.

Empathie : capacité à se mettre à la place de l'autre et à éprouver ses sentiments et ses émotions.

Emploi : point d'arrivée d'un flux ; il est financé par une ressource.

Emprunt : dette monétaire à moyen et long terme.

Entretien annuel d'évaluation (ou évaluation pyramidale) : échange entre un collaborateur et son supérieur hiérarchique direct pour faire le bilan de l'année écoulée et fixer les objectifs de l'année à venir.

Escompte : opération consistant à se faire régler un effet de commerce avant la date d'échéance ou à accorder une réduction de prix si le règlement est immédiat.

Évaluation à 360° : technique qui consiste à faire évaluer un salarié par son supérieur, ses collègues, ses partenaires, ses clients, etc.

Exercice : période de référence de départ et de fin de tenue de la comptabilité annuelle.

F

Facture : document obligatoire remis au client en contrepartie de son achat.

Fédérer une équipe : la rassembler autour d'un projet collectif.

Facture d'avoir : document obligatoire remis au client en contrepartie d'une erreur dans une facture ou une commande.

Flexibilité : capacité d'une entreprise à s'adapter rapidement aux modifications de l'environnement en utilisant ses ressources.

Fonds de roulement : ressources financières à long terme disponibles dans l'entreprise qui financent le cycle d'exploitation.

Franchise : accord commercial qui lie une entreprise propriétaire d'une marque ou d'une enseigne (le franchiseur) et un ou plusieurs commerçants indépendants (les franchisés).

G/H/I/J

Gantt : méthode d'ordonnancement utilisée pour visualiser dans le temps l'ensemble des tâches constitutives d'un projet.

Gestion calendaire (ou méthode à recomplètement périodique) : méthode d'approvisionnement qui consiste à commander des quantités variables à intervalles de temps fixes.

Gestion des ressources humaines : ensemble des procédures et des pratiques mises en œuvre pour traiter les flux de personnel, les rémunérations et la formation.

Gestion des stocks : activité qui consiste à optimiser la présence des marchandises dans l'unité commerciale tout en limitant les coûts de stockage et de passation des commandes.

Heures complémentaires : heures effectuées par un salarié à temps partiel au-delà de la durée contractuelle de travail, et sans lui faire atteindre l'horaire légal hebdomadaire. Les heures complémentaires effectuées dans la limite du 1/10 du temps de travail prévu au contrat sont majorées d'au moins 10 %.

Heures supplémentaires (HS) : heures effectuées par un salarié au-delà de la durée légale de travail. Les HS donnent droit à une majoration de salaire.

Immobilisation : emploi à long terme ; elle peut être d'origine financière, matérielle ou immatérielle.

Implication au travail : engagement du salarié dans son travail.

Indicateurs du climat social : *turn-over*, revendications, absentéisme, recrutement de nouveaux salariés.

Indice de profitabilité : indique le taux que rapporte l'investissement.

Intégration d'un salarié : période d'apprentissage du salarié au cours de laquelle il découvre ses nouvelles missions (aspects techniques liés au poste) et son nouvel environnement (aspects culturels et sociaux de l'organisation).

Intéressement : dispositif facultatif d'épargne salariale pouvant être mis en place sans condition de taille, d'activité ou de statut juridique.

Intérêt : rémunération financière due au prêteur.

Interim : définition 1 : remplacement/définition 2 : travail temporaire

Investissement : opération par laquelle une entreprise affecte des ressources à l'acquisition de biens pour en retirer un profit futur sur plusieurs périodes.

L/M

Licenciement : rupture du contrat de travail à durée indéterminée, pour faute ou raison économique.

Location longue durée : location simple, d'une durée supérieure à un an, sans possibilité pour le locataire d'acheter le bien en fin de contrat.

Logistique : ensemble des opérations visant à acheminer les marchandises vers les points de vente.

Maintenance : ensemble des opérations d'entretien, de dépannage et de réparation visant à maintenir ou rétablir les biens dans un état acceptable de fonctionnement.

Management : manière de diriger une entreprise, de l'organiser et de gérer son évolution.

Management opérationnel : management centré sur l'animation et la motivation de l'équipe, pour une meilleure efficacité.

Marchandise : ce que l'unité commerciale achète pour le revendre en l'état.

Marge : différence entre le prix de vente HT et le prix d'achat HT.

Marge sur coût variable : marge obtenue après déduction du chiffre d'affaires de toutes les charges variables.

Méthode de recrutement par simulation (MRS) : encore appelée méthode des habiletés, cette méthode de recrutement utilisée par Pôle Emploi permet aux candidats de monter leurs habiletés dans le cadre de simulations professionnelles.

Méthode du point de commande : méthode d'approvisionnement dans laquelle les quantités commandées sont fixes et les dates d'approvisionnement variables.

Mission : ensemble de tâches données en charge à un salarié et concourant à un même objectif. (Exemple : une mission d'implantation d'un rayon).

Mobilité interne : changement de poste, de métier, de fonction au sein d'une même unité commerciale ou au sein du réseau auquel appartient l'unité.

Motivation : force intérieure qui pousse les hommes à travailler.

O

Objectif : résultat précis attendu.

Obsolescence : diminution de la valeur d'un actif, non par son usure, mais par son caractère démodé.

Ordonnancement : définition de l'ordre dans lequel doivent être enchaînées diverses tâches concourant à un projet.

Organigramme de structure : représentation graphique de la structure d'une organisation mettant en évidence les différentes fonctions et leurs liaisons.

Organisation : système constitué par une entreprise ou toute communauté humaine structurée.

P

Participation aux résultats : dispositif d'épargne salariale obligatoire pour les entreprises de plus de 50 salariés.

Pénalités de retard : ce sont des intérêts dus au créancier par le débiteur en cas de retard de paiement d'une facture.

Passif : ensemble des fonds et ressources mis à disposition de l'entreprise.

Passif circulant : moyens de financement utilisés par l'entreprise à court terme (moins d'une année).

Passif stable : moyens de financement utilisés par l'entreprise de façon durable (plus d'une année).

Performance d'un individu (d'une équipe) : résultats obtenus par un individu (ou une équipe).

PERT *(Program Evaluation and Review Technique)* : méthode d'ordonnancement des tâches permettant de réaliser un projet dans un minimum de temps.

Plateforme collaborative : système informatique qui intègre des outils informatiques, des logiciels ainsi que des méthodes de travail en groupe et qui met à disposition des salariés des ressources et des outils pour leur permettre de travailler ensemble plus efficacement (communication, production, coordination).

Point mort : date à laquelle l'unité commerciale commence à dégager un bénéfice.

Potentiel d'un individu (ou d'une équipe) : possibilités ou capacités d'un individu (ou d'une équipe) qui existent virtuellement et qui peuvent être développées.

Premier entré – premier sorti (PEPS) : méthode d'évaluation des stocks selon l'ordre d'entrée.

Processus de recrutement : ensemble des démarches mises en œuvre par un recruteur pour définir le besoin, rechercher des candidats, évaluer les candidatures, recruter et intégrer.

Produit : ressource à court terme (monétaire) ; bien fabriqué (production).

Produit exceptionnel : produit dont le fait générateur s'est produit dans un exercice comptable antérieur ou qui n'est ni lié à l'exercice ni à l'exploitation.

Profil de poste : il décrit les différents aspects d'un poste de travail tels que le lien hiérarchique entre le poste et la hiérarchie directe, les missions, les responsabilités, la rémunération…

Profil de compétences : il complète le profil de poste et détaille les compétences clés requises pour réussir à un poste. Ces compétences sont déclinées en comportements attendus.

Profil du candidat : il énumère les connaissances et compétences requises, les diplômes souhaités, l'expérience nécessaire, les savoir-être utiles (qualités humaines, comportementales, relationnelles), le potentiel.

Provision : charge créée pour anticiper une dépréciation d'actif.

Q/R

Ratio : rapport entre deux grandeurs économiques.

Recouvrement : fait pour un créancier d'obtenir le paiement de sa créance au terme convenu.

Recrutement : processus par lequel on attire et sélectionne un candidat par rapport à un poste à pourvoir.

Rendement horaire : rapport entre le chiffre d'affaires (ou la marge) d'une période donnée et le nombre d'heures de travail sur la même période.

Rentabilité : capacité à dégager des bénéfices.

Ressource : point de départ d'un flux.

Résultat : différence entre les produits et les charges.

S

Salaire brut : salaire dû au salarié en contrepartie de son contrat de travail, avant prélèvement de toute cotisation salariale.

Salaire net : salaire perçu par le salarié, en contrepartie de son contrat de travail, après déduction des cotisations salariales obligatoires.

Sentiment d'appartenance : adhésion d'un individu à l'équipe ou à l'entreprise à laquelle il appartient.

Seuil de rentabilité : chiffre d'affaires à partir duquel l'unité commerciale dégage un bénéfice.

SMIC : salaire minimum interprofessionnel de croissance, salaire horaire minimum en dessous duquel aucun salarié ne peut être payé. Celui-ci est réévalué tous les ans, au premier janvier.

Stimulation : ensemble d'actions ayant pour objectif d'améliorer la performance.

Stock : ensemble des produits et marchandises immobilisés dans l'attente d'être vendus.

Stock d'alerte : niveau de stock à partir duquel il faut passer une commande.

Stock de sécurité : niveau de stock permettant de faire face aux aléas de la demande ou de livraison.

Stock final : valeur du stock inscrite au bilan.

Stock minimum : stock nécessaire pour satisfaire la demande des clients entre la passation de la commande et la livraison.

Style de management : manière d'exercer son pouvoir sur un groupe.

Système d'information : ensemble des moyens matériels et humains mis en œuvre dans l'entreprise pour organiser la gestion de l'information.

T

Tableau de bord : document permettant de comparer les prévisions et les réalisations pour déterminer les écarts.

Tableau de répartition des tâches : tableau qui regroupe les opérations effectuées aux différents postes.

Taux de marge : pourcentage de la marge sur le PA HT.

Taux de marque : pourcentage de la marge sur le PVHT.

Travail hebdomadaire : travail réalisé en une semaine.

U/V

Unité commerciale : lieu physique ou virtuel, nécessitant un déplacement du client, pour qu'il soit mis au contact d'une offre de produits ou de services.

Valeur actuelle nette (VAN) : profit global dégagé par un investissement.

Valeurs de l'entreprise : ensemble des règles de conduite que l'entreprise choisit d'adopter.

Variation de stock : différence entre le stock initial et le stock final, soit la différence de stock entre deux exercices consécutifs.

IMPRIM'VERT
Votre imprimeur agit pour l'environnement

FSC
www.fsc.org
MIXTE
Papier issu de sources responsables
FSC® C022030

N° projet : 10217596 - IRILYS
Dépôt légal : Septembre 2015
Achevé d'imprimer en Italie par L.E.G.O. S.p.A., Lavis (TN)